Inszenierte Realität

D1731953

Klaus-Dieter Felsmann

Inszenierte Realität

DEFA-Spielfilme als Quelle
zeitgeschichtlicher Deutung

© 2020 DEFA-Stiftung • Alle Rechte vorbehalten
DEFA-Stiftung • Franz-Mehring-Platz 1 • 10243 Berlin
www.defa-stiftung.de • info@defa-stiftung.de

Schriftenreihe hg. von der DEFA-Stiftung, Berlin 2020
Redaktion: Dr. Ralf Schenk
Lektorat: Gabriele Funke
Satz, Bildbearbeitung und Herstellung: Bertz + Fischer
Umschlagfoto: © DEFA-Stiftung / Thomas Plenert:
Christine Schorn in EINE SONDERBARE LIEBE
Fotos Innenteil: siehe Nachweis S. 198
Druck: Standartų spaustuvė, www.standart.lt, Vilnius, Litauen
Vertrieb: Bertz + Fischer Verlag, Berlin
Printed in Germany

ISBN 978-3-86505-417-3

Inhalt

Schaut auf die Filme 122

Da war doch noch was ... 195

Zum Geleit

Zu den Bonmots, die Filmautor Wolfgang Kohlhaase gern pflegt, gehört sinngemäß folgendes: Die Politik hatte sich bei den Künstlern die Wirklichkeit bestellt, aber wenn es diese dann gab, folgte die Strafe auf dem Fuße. – Kohlhaase weiß, wovon er spricht; mit BERLIN UM DIE ECKE (1965/66, Gerhard Klein) war er direkt vom Filmverbot betroffen. Das war nach dem 11. Plenum des Zentralkomitees der SED, als im Laufe eines halben Jahres elf Gegenwartsfilme in den Tresor wanderten und viele gar nicht erst gedreht werden durften. Mit ihrer Produktion hatte die DEFA 1965/66 einen Panoramablick auf die Gesellschaft gewagt, nicht vom Standpunkt außenstehender Alleswisser, sondern aus der Perspektive engagierter Solidarität. Doch gerade das war den Kulturverwaltern nicht geheuer.

Beim Blick auf die DEFA-Geschichte wird mitunter das Resümee gezogen, das 11. Plenum markiere einen Schlusspunkt in Sachen kritischer Durchleuchtung der DDR-Gegenwart durch die DEFA. Das ist natürlich Unsinn. Was sich veränderte, war die Art und Weise, wie Gegenwart abgebildet wurde: Gesellschaftliche Konflikte wurden gleichsam privatisiert; Widersprüche zwischen Propaganda und Alltagsrealität wurden nun anhand von Reibungen und Brüchen in der Familie, im Freundeskreis, im Arbeitskollektiv exemplifiziert.

Zu den wichtigsten Verbündeten von Regisseurinnen und Regisseuren bei der Darstellung von Gegenwart gehörten Kameramänner, Szenenbildnerinnen und Szenenbildner sowie ihre Kolleginnen vom Kostümbild. Deren Kunst und Handwerk trugen wesentlich zum Gehalt an Wahrhaftigkeit bei. An Originalschauplätzen oder in den Ateliers wurde Realität zur Kunst verdichtet, die wiederum mit dieser Realität korrespondierte. Das gelang mal mehr, mal weniger. Wer heute etwas vom Alltag in der DDR erfahren will, entdeckt in DEFA-Filmen sicher nicht alles, aber vieles. Selbst Nichtgezeigtes, Beschwiegenes erzählt eigene Geschichten.

Klaus-Dieter Felsmann hat im vorliegenden Buch DEFA-Spielfilme der 1970er-, 1980er-Jahre auf ihren Wirklichkeitsgehalt untersucht. Mitarbeiterinnen und Mitarbeiter der Studios erinnern sich, wie diese »Kamerarealität« entstand, welche Hürden es gab, welche Zweifel und Erfolge. Im zweiten Teil des Buches beschreibt Felsmann ausgewählte Gegenwartsfilme, die beim Betrachten Zeitreisen ermöglichen und ästhetische Erlebnisse bereiten. Als Beispiel legt die DEFA-Stiftung diesem Band den Film EINE SONDERBARE LIEBE (1984, Lothar Warneke) bei.

Wenn man fragt, ob DEFA-Filme heute noch Impulse geben können, sei auf ihre genaue Darstellung sozialer Beziehungen im Privaten und in den Arbeitswelten verwiesen. Hier wäre durchaus von der DEFA zu lernen.

Ralf Schenk, Vorstand der DEFA-Stiftung, im März 2020

Authentisches Erzählen unter widersprüchlichen Bedingungen

»Sabine Wulff ist einfach nicht mehr wertvoll«, so war im April 1994 ein Artikel in der »Magdeburger Volksstimme« überschrieben.[1] Darin setzt sich der Journalist Wolfgang Partz kritisch mit der Entscheidung des Leiters des Burger Gymnasiums auseinander, 150 Schülern der zehnten Jahrgangsstufe in jenem Jahr den Besuch von Erwin Strankas DEFA-Film SABINE WULFF während des Unterrichts zu untersagen. Seinerzeit fand in der Stadt der Film- und Büchertag Sachsen-Anhalts statt. Die Organisatoren hatten den Film ausgewählt, weil Heinz Kruschel als Autor der literarischen Vorlage des Films – »Gesucht wird die freundliche Welt« – in der Region lebte, und weil der Film zu großen Teilen in der Burger Schuhfabrik »Roter Stern« gedreht worden war.

Die 1896 von Conrad Tack gegründete Fabrik dominierte fast einhundert Jahre lang das Wirtschaftsleben in der Stadt. Später leitete bis zu seiner Ver-

SABINE WULFF: Karin Düwel, Swetlana Schönfeld, Jutta Wachowiak (v. l. n. r.)

treibung aus Nazideutschland 1936 der jüdische Unternehmer Wilhelm Krojanker den Betrieb. Danach erwarben die bisherigen Lederlieferanten, die Brüder Freudenberg, die Firma. 1946 wurde aus der Fabrik ein volkseigener Betrieb, in dem zum Ende der DDR zirka 2.700 Beschäftigte täglich 16.000 Paar Schuhe produzierten. 1992 wurden das Unternehmen geschlossen, sämtliche Mitarbeiter entlassen und der gesamte Maschinenpark versteigert.

Es bedarf nicht viel Phantasie, um zu erkennen, welch große Bedeutung diese Schuhfabrik über mehrere Generationen für das Leben der Menschen in der Kleinstadt Burg hatte. Schon deshalb lag es auf der Hand, Nachgeborene in einen Film einzuladen, der ziemlich genau nicht nur die Gebäude der alten Fabrik, sondern auch die dort üblichen Produktionsabläufe zeigt. Darüber hinaus konfrontiert der Film seine Zuschauer in besonderer Weise mit einer interessanten Facette kritischer gesellschaftlicher Auseinandersetzung innerhalb der DDR. Der Autor des »Volksstimme«-Artikels hebt dies hervor, indem er aus der »Spiegel«-Ankündigung für die Fernsehausstrahlung des Films in der Bundesrepublik zitiert:

> »Dieser DEFA-Spielfilm entwickelt sich nach seinem Start zu einem der größten Publikumserfolge in der DDR. Ungewöhnlich freimütig schildert er die Mühen einer 18-Jährigen, mit den Männern und dem Staat klarzukommen, ohne dafür ihre eigenen Vorstellungen vom Leben zu opfern.«[2]

Ich durfte damals das Gespräch zur Filmvorführung in Burg moderieren. Neben einer größeren Anzahl Erwachsener waren sogar Schüler einer weiteren Bildungseinrichtung anwesend. Die jüngeren Zuschauer waren vor allem von der offensichtlich möglichen kritischen Sicht auf DDR-Verhältnisse in diesem DEFA-Film überrascht, und sie konnten sich sehr gut in die junge Protagonistin hineinversetzen. Ältere Zuschauer bekamen feuchte Augen angesichts der Bilder aus der Fabrik. Der Leiter des Gymnasiums, der den Film nicht kannte, hatte seinen Schülern das Filmerlebnis, wie er eingestand, nicht aus eigenem Antrieb verwehrt. Er verließ sich auf die Ratschläge zweier Kollegen, die bis 1994 schon viele Jahre, also bereits zu DDR-Zeiten, an der Schule gearbeitet hatten. Einer von ihnen war laut »Magdeburger Volksstimme« sogar Direktor der einstigen Erweiterten Oberschule. Es ist kaum vorstellbar, dass dieser Mann sich je als Widerstandskämpfer gegen das Volksbildungssystem Margot

---

1 Wolfgang Partz: Sabine Wulff ist einfach nicht mehr wertvoll, Magdeburger Volksstimme, 22.4.1994.
2 Wolfgang Partz, aus: Der Spiegel, 35/1981, 24.8.1981.

Honeckers hervorgetan haben könnte. Jetzt meinte der Pädagoge:»Im Übrigen ist der Film nicht mehr zeitgemäß, er ist einfach nicht mehr wertvoll.«

Es wird nicht zu Unrecht oft davon gesprochen, dass die Westdeutschen gegenüber Erfahrungen aus der DDR vielfach ignorant seien. Man sollte aber auch nicht vergessen, dass nicht wenige Ostdeutsche nach 1989 plötzlich nicht nur das »Burger Knäckebrot« verschmähten und die Schriften von Marx und Engels auf die Müllkippen fuhren, sondern dass sie generell manch kulturelle Werte des bisherigen sozialen Kontextes aus ihrem Alltag tilgten. Natürlich gab es auch andere Positionen. Wolfgang Partz zitiert in seinem Artikel eine Deutschlehrerin mit den Worten:»Wenn das keine Bereicherung des Unterrichts und der Vergangenheitsbewältigung ist, ja dann weiß ich es auch nicht mehr«, und eine 16-jährige Schülerin namens Stephanie:»Es kommt mir so vor, als ob hier etwas totgeschwiegen werden soll.« Partz kommentiert unter anderem:

> »Denn der Film SABINE WULFF kam damals unglaublich gut an, er spiegelte das Lebensgefühl vieler junger Menschen wider. Umso beschämender sind die überängstlichen oder gar feigen Pädagogen, die noch nicht in der Lage oder vielleicht nicht willens sind, sich mit ihrer eigenen Vergangenheit zu befassen.«[3]

Mit dieser These geht der Autor selbstverständlich davon aus, dass der vorliegende Film DDR-Alltagsmomente realistisch erzählt und deshalb eine wichtige Anregung zur Auseinandersetzung mit eben diesem Alltag sein könnte.

Inwiefern können also die in den Gegenwartsfilmen – hier in den Jahrzehnten zwischen 1971 und 1991 – inszenierten sozialen Strukturen Quelle zeitgeschichtlicher Deutung sein? Welche Perspektiven eröffnen sich dabei und welche Widersprüche und Grenzen sind auszumachen, wenn man den Filmen einen bedeutenden Wert der Zeitzeugenschaft unterstellt? Fast dreißig Jahre nach dem Ende der DEFA sollen diese Fragen in den folgenden Texten aufgegriffen und vertieft werden.

Ideologischer Vereinnahmungsanspruch und individuelle Weltsichten

Allein die Vorgänge 1994 in Burg zeigen, dass es mit der Rezeption von DEFA-Gegenwartsfilmen als Quelle zeitgeschichtlicher Erinnerung nicht ganz so einfach war und ist. Das hat in erster Linie mit den politischen

---

3 Wolfgang Partz: Sabine Wulff ..., Magdeburger Volksstimme, 22.4.1994.

Rahmenbedingungen zu tun, in denen die Filme entstanden sind. So wie sämtliche gesellschaftliche Bereiche in der DDR, einschließlich aller Formen der schönen Künste, war auch die Filmproduktion vom Allmachtsanspruch der SED als Staatspartei überformt. Die beanspruchte entsprechende Richtlinienkompetenz wird in den offiziellen Parteidokumenten für jedermann überdeutlich ersichtlich. Und es mangelt nicht an Beispielen diverser repressiver Maßnahmen, mit denen die als Abweichung angesehenen Positionen unterdrückt wurden.

Dem Film kam im ideologischen Konzept der SED im Vergleich zu anderen Kunstfeldern eine besondere Rolle zu. Ihm wurden außerordentlich wirkungsvolle Möglichkeiten zugeschrieben, das Staatsvolk in gewünschter Weise zu beeinflussen. Wie hier die entsprechenden Zusammenhänge funktionierten, das hat unter anderem Dagmar Schittly 2002 in einer umfangreichen Monografie herausgearbeitet. Die Autorin hält einleitend hinsichtlich ihres Anliegens fest:

»Ausgehend von Kracauers These, Film reflektiere die Gesellschaft, in der er entsteht, lässt sich anhand der DEFA-Produktionen die jeweilige (kultur-)politische Situation in der DDR aufzeigen. Die Filme sind ein Spiegelbild der DDR-Gesellschaft und damit von großem historischen Wert.«[4]

Schittly lässt in ihrer Arbeit die Geschichte der DEFA von deren Gründung 1946 bis zum bitteren Ende 1992 Revue passieren und zeigt anhand der Filme die jeweiligen Prämissen der SED-Kulturpolitik auf. Dabei macht sie deutlich, wie nicht nur die unterschiedlichen Ebenen staatlicher Macht auf die Filmproduktion Einfluss nahmen, sondern auch die nach außen hin unsichtbare, doch im Ergebnis umso wirkungsvollere Staatssicherheit. Auf der Grundlage von Schittlys Analysen ergibt sich ein ziemlich düsteres Bild hinsichtlich der Filmproduktionsbedingungen in der DDR. Allerdings bleibt in der Gesamtschau nicht nur bei der Autorin selbst angesichts der aufgezeigten Strukturen eine gewisse Verwunderung:

»Umso erstaunlicher ist es, dass es dennoch einige bemerkenswerte Kleinode unter den rund 150 DEFA-Spielfilmproduktionen der achtziger Jahre gab, die bei näherem Hinsehen interessante Aspekte enthielten.«[5]

---

4 Dagmar Schittly: Zwischen Regie und Regime. Die Filmpolitik der SED im Spiegel der DEFA-Produktionen, Berlin 2002, S. 12.
5 Ebd., S.257.

SOLO SUNNY: Alexander Lang, Renate Krößner

Scheinbar gibt es in künstlerischen Prozessen Kräfte, die einen derartigen Gestaltungswillen hervorbringen, dass dieser auch von permanentem politischem Druck nicht vollends eingehegt werden kann. Richtet man die Aufmerksamkeit auf diesen Aspekt, so machen die Filme der DEFA als Reflexionsebene der DDR-Gesellschaft, wie sie nicht nur von Schittly wahrgenommen werden, weitaus mehr sichtbar als nur die Ansprüche der SED-Kulturpolitik. Die Spielfilme erzählen vom normalen Alltag innerhalb der ostdeutschen Gesellschaft. Sie lassen Utopien anklingen, reißen Konflikte an, zeigen Alternativen und Irrtümer, deuten auf Widersprüche und verweisen auf allgemeinmenschliche Gegebenheiten innerhalb eines konkreten historischen Raums. Das muss nicht heißen, dass alle Arbeiten gelungen sind – welches Studio dieser Welt könnte das schon vom eigenen Œuvre behaupten –, doch sie spiegeln sehr anschaulich Alltagswelten, die subjektives Erkennen und Wiedererkennen ermöglichen.

In Zeiten der Systemkonfrontation zwischen Ost und West, insbesondere auf dem Höhepunkt des Kalten Krieges, war man auf keiner Seite interessiert, das Leben beim jeweils weltanschaulichen Gegner differenziert zu sehen. Alles wurde einem einseitigen politischen Blick untergeordnet. Angesichts rechthaberischer Borniertheit der ostdeutschen Führung, die jegliche gesellschaftliche – einschließlich der künstlerischen – Aktivität für sich reklamiert hat, war es für den Westen leicht, sich mit dem eigenen Freiheits- und Demokratieverständnis über das, was in der DDR hervorgebracht wurde, zu erheben. Das bezog sich nicht nur auf das Gesellschaftssystem, sondern auf alles, was in ihm geschaffen, wie in ihm gelebt wurde. Auch der Kunstbereich war von diesem antagonistischen Denken nicht ausgenommen. So erfreute sich in der westlichen Hemisphäre beispielsweise in den 1950er-Jahren in der Bildenden Kunst der abstrakte Expressionismus einer besonderen Fürsorge durch die CIA. Dieser Stil wurde schlechthin als Inbegriff für Freiheit implementiert. Hier wurden ästhetische Aspekte benutzt, um politische Anliegen voranzubringen.

Die östliche Gegenreaktion war ebenfalls politisch motiviert, und sie war zudem erbärmlich. Die abstrakte Kunst wurde nicht nur pauschal verdammt, sondern man versuchte, ihr stilistisches Gegenstück, die figurative Malerei, in das Korsett des vulgären sozialistischen Realismus zu zwängen. Letzteres ist zwar im Großen und Ganzen nie wirklich gelungen, doch es haben sich Bedeutungszuweisungen verfestigt, die auch noch Jahrzehnte nach dem Mauerfall als gültig angesehen werden.

Signifikant für solcherlei anhaltende gespaltene Wirklichkeitswahrnehmung ist ein Stadtführer des bekannten, westlich sozialisierten Galeristen Jörg Johnen. Interessierte werden vermittels des Buches aus dem Jahr 2018 auf unterschiedlichen Routen zu Kunstwerken im öffentlichen Raum Berlins geführt. Das könnte grundsätzlich ein spannendes Unternehmen in der ehemals geteilten Stadt sein. Doch der mögliche Genuss wird schnell getrübt, wenn man feststellt, unter welch einseitiger Maxime Johnen seine Spaziergänge unternimmt. In der Einführung schreibt er:

»Nach 1945 diente die Berliner Kunst im öffentlichen Raum vor allem zur Positionierung im ›Kampf West gegen Ost‹. Hier führte man Freiheit und Frieden und dort die Arbeiterklasse sowie Marx und Lenin ins Gefecht der Ideologien. Das bedeutet vereinfacht: hier Abstraktion und Dynamik, dort Figuration und Stagnation.«[6]

Entsprechend zeigen sich dann die Blickwinkel und Wertungen von Johnen und seinen Mitarbeitern bei den Rundgängen. Liebevoll und kritisch, dabei

---

6 Jörg Johnen: Marmor für alle. Kunst im öffentlichen Raum in Berlin, Berlin 2018, S. 5.

immer ausgewogen, bei der westlich geprägten Kunst und vorurteilsbehaftet und dabei selektiv einseitig hinsichtlich aller Angebote im Osten. Als dortige Repräsentanten für die Kunst im öffentlichen Raum müssen neben dem Thälmann-Monument von Lew Kerbel und dem Sowjetischen Ehrenmal (1946–1949) in Treptow Gerhard Thiemes »Bauarbeiter« (1968) und das Marx-Engels-Forum (1985/86) zwischen Spandauer Straße und Spree herhalten. Mit Thiemes »Bauarbeiter« wurde genau jene Plastik ausgewählt, die das gängige Schema vom sozialistischen Realismus so richtig schön bedient. Das Marx-Engels-Forum wird allein unter dem politischen Blickwinkel gesehen, wie er von den Auftraggebern im SED-Politbüro gern wahrgenommen worden wäre. Johnen erkennt hier nur »mittelmäßige Kunstwerke«, wobei er – neben den zentralen Marx- und Engels-Figuren von Ludwig Engelhardt – Stötzers in Marmor gearbeitetes Relief, zwei Bronzereliefs von Margret Middell oder zum Beispiel Arno Fischers und Peter Voigts in Edelstahlstelen eingebrannte Fotodokumente nicht würdigt, sie nicht einmal näher betrachtet. Stattdessen kolportiert er eine Anekdote aus der Sammlung der zahlreichen Auseinandersetzungen zwischen Auftraggebern und Künstlern. Dabei gäbe es gerade hinsichtlich dieses Ensembles mit Jürgen Böttchers filmischer Collage KONZERT IM FREIEN (2000/01) eine interessante Anregung, wie man mit Kunst im Kontext gesellschaftlicher Umbrüche umgehen kann.

Kein Blick wird im Buch auf die stadtraumprägende Käthe-Kollwitz-Plastik von Gustav Seitz auf dem gleichnamigen Platz im Prenzlauer Berg geworfen. Auch kein anderes Werk der mehr als 400 Plastiken im östlichen Bezirk Pankow wird in den Diskurs einbezogen. Wieland Försters »Große Badende« (1971), die der Künstler seinerzeit unter dem selbstgewählten Motto »Freiheit« geschaffen hatte, fehlt genauso wie dessen Heinrich-Böll-Stele von 1988. Erwähnt wird weder der »Vinetamann« (1987) von Rolf Biebl noch Achim Kühns Plastik »Glockenstuhl« (1975) im Park der Stephanus-Stiftung. Schon gar nicht regt die Selbstironie Werner Stötzers bei dessen »zum Sputnik guckenden Jungen« zu einer näheren Betrachtung an.

Ein Spaziergang führt auf den ehemaligen Güterbahnhof Moabit, wo seit 2017 ein Gedenkhain nach Entwürfen der Künstlergruppe »raumlabor-berlin« an die Deportation von 55.000 Berliner Juden in der Zeit des Nationalsozialismus erinnert. In einem Querverweis wird an dieser Stelle zwar auf den Bahnhof Grunewald aufmerksam gemacht, wo sich seit 1991 der zentrale Berliner Gedenkort befindet. Doch wie geht der Interpret des west-östlichen Kulturkampfes mit der schon 1984 in der Großen Hamburger Straße zum Gedenken an den Holocaust aufgestellten Figurengruppe von Will Lammert um? Er übersieht die Arbeit des als »Kulturbolschewist« und Jude während der Nazizeit ins Exil getriebenen Künstlers schlichtweg. So, wie er das inzwischen sogar doppelt vorhandene Heine-Denkmal von Waldemar Grzimek nicht wahrnimmt. Angesichts dessen wundert es nicht, dass auch Fritz Cremer weder mit seinen Plastiken »Trümmerfrau« und »Aufbauhelfer« – beide stehen seit 1958 auf der Grünfläche zwischen Rotem Rathaus und Neptunbrunnen – noch mit seinem Brecht-Denkmal vor dem Berliner Ensemble aus dem Jahr 1988 in diesem Buch vorkommen. Selbstredend wird auch Cremers Figur des Denkmals für die deutschen Interbrigadisten (1968) im Friedrichshain ausgeblendet, damit leider auch die von Siegfried Krepp für die Anlage geschaffene Reliefstele mit Motiven stark verdichteter exemplarischer Ereignisse aus der Zeit des Spanischen Bürgerkriegs zwischen 1936 und 1939.

Wenn es in Ost-Berlin neben den Plattenbauten etwas in Überfülle als DDR-Erbe gibt, dann sind es Plastiken in den unterschiedlichsten künstlerischen Handschriften im öffentlichen Raum. Warum kann man das nicht entsprechend würdigen und in einen angemessenen Kontext zu anderen Stilrichtungen des 20. Jahrhunderts stellen?

Solcherlei einseitige Sichtweisen mögen für den Theaterkritiker und Autor Simon Strauß Anlass gewesen sein, im Umfeld von Landtagswahlen in einigen ostdeutschen Bundesländern 2019 danach zu fragen, warum das große Glücksgefühl anlässlich der politischen Wende dreißig Jahre zuvor inzwischen vielfach in schroffe Ablehnung der seither gegebenen Verhältnisse umgeschlagen ist. Strauß resümiert: »Die besondere Bewusstseinswelt der ehemaligen DDR-Bürgerinnen und -Bürger wurde im wiedervereinigten Deutschland nicht gewürdigt, sondern nur brüsk der Anpassung anempfohlen.«[7] Hinsichtlich der damit verbundenen Missverständnisse und Verletzungen könnte es aus seiner Sicht hilfreich sein, im öffentlichen Sprachgebrauch auf die Unterscheidung zwischen Ost- und Westdeutschland zu verzichten, weil das immer wieder Abgrenzung betone. Stattdessen sollte man den Begriff eines einheitlichen Deutschlands, das heute wie eh und je heterogen konstituiert ist, in den Mittelpunkt rücken. Folgt man diesem Gedanken, dann hieße das, unterschiedliche Entwicklungsphasen in Teilbereichen als selbstverständlich anzusehen und auch aus gescheiterten Orientierungen das herauszufiltern, was als Bereicherung in einer gesamtheitlich wahrgenommenen Kultur und Geschichte angesehen werden kann.

Hinsichtlich der Bildenden Kunst, die unter DDR-Verhältnissen entstanden ist, geht die Frage nach dem, was bleibende Bedeutung haben kann, in-

---

7 Simon Strauß: Vereint zu unserem Glück. Das deutsche Geschichtsbewusstsein und die AFD, Frankfurter Allgemeine Zeitung, 3.9.2019.

zwischen am deutlichsten über die in partikularen Strukturen steckengebliebenen Wahrnehmungsmuster eines Jörg Johnen hinaus. Angeregt durch die Ausstellung »Hinter der Maske« mit Kunst aus der DDR im Potsdamer Palais Barberini im Jahr 2018 präsentiert Bundespräsident Frank-Walter Steinmeier im Sommer 2019 in seinen Amtsräumen im Schloss Bellevue Gemälde einiger Künstler mit ostdeutscher Sozialisierung. Mit Blick auf die ausgestellten Bilder von Trak Wendisch, Günter Firit, Angela Hampel, Hartwig Ebersbach und Harald Metzkes meinte der Bundespräsident:

> »(Sie) zeugen von dem starken Willen der Künstler, sich eine Quer- und Dickköpfigkeit zu bewahren und mit keiner Menge in eine vorgegebene Richtung mitzumarschieren. Sie zeugen von der Widerständigkeit einer individuellen Weltsicht inmitten ideologischer Vereinnahmungsversuche. Sie zeugen von der Bereitschaft, sich in Gefahr zu begeben – um eben nicht darin umzukommen. Und sie zeugen von der Energie, mit der der Wunsch nach Freiheit sich Bahn bricht – nach künstlerischer Freiheit und auch nach politischer Freiheit.«[8]

Nach den Worten Steinmeiers hingen die Bilder stellvertretend an ausgewählter Stelle als Verbeugung für alle Künstler, auch Schriftsteller, Musiker und Theaterleute der DDR, die etwas riskiert hätten. Wenn der Bundespräsident betont, dass es bei der Präsentation nicht um Vereinnahmung ginge, dann war das sicher gut gemeint. Denn eine Vereinnahmung von Teilen der in der DDR entstandenen Kunst in einen ästhetisch westdeutsch geprägten Kunstkanon entspräche eher einer Form von Usurpation. Das gleichberechtigte Zusammenführen in eine gesamtdeutsche Kunst- und Kulturerzählung wäre demgegenüber geradezu zu fordern. Eine solche Sichtweise wird allerdings dadurch erschwert, dass das Gesellschaftsmodell der DDR meist von seinem Ende her, mithin von seinem Scheitern aus, betrachtet wird. Tendenziell wird daraus die Interpretation abgeleitet, dass jede Form der kritischen Auseinandersetzung innerhalb des sozialistisch konnotierten Modells primär hinsichtlich einer grundsätzlichen Systemkritik zu befragen sei. Damit bleiben aber wichtige Erfahrungen ausgeklammert, die nur mit Bezug zur Folie des DDR-Konstrukts gesammelt werden konnten.

Blickt man dagegen zunächst auf den Anfang des gesellschaftlichen Experiments namens DDR, so muss man als erstes eine sozialistische Utopie

---

8 Frank-Walter Steinmeier, zitiert nach Michael Bienert: Verbeugung vor den Widerständigen. ›Eine Geste des Respekts‹: Bundespräsident Steinmeier holt Bilder aus der DDR ins Schloss Bellevue, Der Tagesspiegel, 30.8.2019.

sehen, die nach der Katastrophe des Zweiten Weltkriegs durchaus reizvoll erscheinen konnte. Auf der Grundlage dieser Utopie war es allerdings nicht möglich, ein Wirtschaftssystem zu entwickeln, das sich in Konkurrenz zu einer marktwirtschaftlichen Ökonomie durchsetzen konnte. Schlimmer war aber, dass die Utopie selbst zunehmend desavouiert wurde, weil deren Umsetzung mit diktatorischen Mitteln erzwungen werden sollte. Kunst in der DDR ist genau in diesem Spannungsfeld entstanden. Das hat zu originären Ergebnissen geführt, die primär nur aus dieser speziellen Konstellation erwachsen konnten und die so in das Nationalgedächtnis einfließen müssten.

Frank-Walter Steinmeier bezog in seine Verbeugung vor widerständigen DDR-Künstlern Filmemacher explizit nicht ein. Das kann Zufall sein. Eher scheint es aber so zu sein, dass hier bewusst wegen der spezifischen Inanspruchnahme der Filmkunst durch das SED-Regime eine Abgrenzung vorgenommen wurde. Filmarbeit ist ursächlich ohne größere finanzielle Ressourcen, die nur eine Produktionsfirma aufbringen kann, nicht möglich. In der DDR war man entsprechend der ökonomischen Struktur immer auf Staatsbetriebe wie den Fernsehfunk oder die DEFA angewiesen. Das heißt im Umkehrschluss: Jeder Film war, ohne dass es Alternativen wie in anderen Kunstbereichen gegeben hätte, ein Staatsauftrag. Damit war eine grundsätzliche Systemopposition ausgeschlossen. Es ist auch nicht bekannt, dass das jemand, der unter DDR-Bedingungen Filme gedreht hat, ernsthaft in Erwägung gezogen hätte. Allerdings haben wir es in großen Teilen der Gegenwartsdarstellung auch nicht mit einer Apologetik zu tun, die den SED-Propagandisten vorgeschwebt hatte.

Während ihres Studiums an der Babelsberger Filmhochschule gründeten einige später wichtige Regisseure des DEFA-Studios wie Rainer Simon, Günter Meyer oder Egon Schlegel ein sogenanntes »Kollektiv 63«. Dessen Programm zielte darauf, wahrhaftige Gegenwartsfilme über den Alltag in der DDR zu drehen. Einem solchen Ideal wurden zwar seitens der Kulturbürokratie hinsichtlich von Wahrhaftigkeit immer wieder Steine in den Weg gelegt, doch es blieb ein wichtiges Prinzip, nicht nur bei den genannten Regisseuren. Die unter diesem Gesichtspunkt entstandenen Filme geben nicht nur Auskunft über das Auf und Ab der Kulturpolitik, sondern sie erzählen, gerade ob der hier auch gegebenen subjektiven »Quer- und Dickköpfigkeit« der beteiligten Künstler, sehr genau vom DDR-Alltag. Auf welche Weise das geschehen konnte, das musste immer wieder neu ausgehandelt werden. Offiziell war postuliert, dass der Lebensalltag in der Kunst eine wichtige Rolle spielen sollte. Damit gab es eine deutliche Schnittmenge zu dem, was die Filmemacher als eigenen Anspruch hervorhoben. Wie wahrhaftig das aber

BANKETT FÜR ACHILLES: Carl Heinz Choynski (l.), Erwin Geschonneck

umgesetzt werden konnte und wie genau Realität gezeigt werden sollte, das war Gegenstand vielfältiger Auseinandersetzungen.

Wie solche Prozesse beispielhaft verliefen, das hat der Kameramann und Regisseur Roland Gräf 2007 in einem Band der Schriftenreihe der DEFA-Stiftung am Beispiel seines Films BANKETT FÜR ACHILLES aus dem Jahr 1975 ausführlich dargestellt. Einleitend geht Gräf auf das berüchtigte 11. Plenum der SED ein, in dessen Folge die Aufführung nahezu eines ganzen Jahrgangs von Gegenwartsfilmen verboten wurde. Für ihn sei dadurch weder das Ende des gesellschaftspolitisch engagierten Films markiert worden, noch sei dies etwa der Beginn eines opportunistisch staatsgefälligen Films gewesen. Über das, was danach kam – und da bezieht er sich nicht nur auf seine eigenen Filme –, schreibt er:

»Es mag sein – es war gewiss so –, dass Filmemacher ihre kritischen oder aufklärerischen Intentionen nach diesem ›Kahlschlag‹ weniger direkt, weniger ›didaktisch‹ formulierten, als dies die Mehrzahl der Plenumsfilme tat. Dieser scheinbare Verlust an politischer Relevanz wurde aber im Laufe der Zeit auf-

gewogen durch eine reichere, differenziertere Filmsprache, die – gewissermaßen auf Umwegen – ihr altes Ziel weiter verfolgte: Film vor allem als wichtiges gesellschaftliches Kommunikationsmittel zu begreifen. Aus Filmen über
Probleme (etwa der Justiz, der Erziehung, der Heuchelei, der Planwirtschaft)
wurden Filme über Leute, ihre Konflikte mit sich und der Gesellschaft. Bilder
sagten mehr als Worte, emotionale Befindlichkeiten wurden wichtiger als Ar-
gumente – und sie waren schwerer angreifbar.«[9]

BANKETT FÜR ACHILLES erzählt von einem Industriemeister, der vor dem Renteneintritt steht und sich von dem Betrieb, in dem er fast dreißig Jahre lang
gearbeitet hatte, verabschiedet. Alle Bilder von Achilles' unmittelbarer Arbeitswelt sind in der Farbenfabrik Wolfen als Teil des Chemischen Kombinats
Bitterfeld angesiedelt. Bereits nach der Premiere des Films beschied ihm die
Kritik überwiegend Anerkennung wegen seiner authentischen Zeichnung
des Arbeitsmilieus und der darin agierenden Menschen. Klaus Hannuschka
stellte etwa in der »Märkischen Volksstimme« vom 8. Dezember 1975 fest, der
Film entdecke das Schöne, Faszinierende in Bereichen des Alltags, die scheinbar nicht kunstwürdig seien. Die zeitgenössische Kritik findet in interessan-
ter Weise Bestätigung und Ergänzung in Gesprächsrunden, die ich mehr als
vierzig Jahre später an unterschiedlichen Orten nach einer Wiederauffüh-
rung des Films erleben konnte. Ob in Sondershausen oder Hoyerswerda, die
Zuschauer erkennen in der gezeigten Bitterfelder Arbeitswelt das Typische
ihrer eigenen vormaligen Schaffensbereiche wieder. Es sind sowohl die technischen Mängel innerhalb der Fabrik, die hinreichend bekannt vorkommen,
als auch der Einsatz der Arbeiter, um mit solcherlei Unzulänglichkeiten umzugehen. Und es ist das dargestellte Freizeitglück in Kneipe oder Schrebergarten, was Wiedererkennen und Identifikation generiert.

Erinnern und Entdecken

Folgt man den Gedankengängen Roland Gräfs, und es gibt keine Veranlas-
sung, dies nicht zu tun, so hieße das, dass in der Tendenz bei den DEFA-Gegenwartsfilmen der letzten zwanzig Jahren für die Rezeption weniger entscheidend ist, was gesagt wird, sondern eher das, was auf der Bildebene erlebt werden kann. Die Filmemacher haben ein zentrales Mittel ihrer visuellen
Kunst genutzt, um so der Gängelei durch die Kulturbürokratie auszuweichen.
Wer sich heute als Zeitgenosse der Entstehungszeit der Filme über diese an

---

9 Roland Gräf: Bankett für Achilles, Schriftenreihe der DEFA-Stiftung, Berlin 2007, S. 8.

seine damalige Lebenswelt erinnern möchte, der findet sie vor allem in den Bildern. Auch jenen, die außerhalb der in den DEFA-Filmen gezeigten sozialen Strukturen gelebt haben, die wissen wollen, was ihre im Osten aufgewachsenen Landsleute geprägt hat, warum sie bisweilen eher trotzig auf vermeintlich prächtige, allerdings westlich dominierte und damit oft als bevormundend wahrgenommene aktuelle Gesellschaftsstrukturen reagieren, sei ebenfalls empfohlen, sich auf die Bilder zu konzentrieren. Denn letztendlich verhält es sich mit den Filmen so, wie Wolfgang Kohlhaase als Drehbuchautor in Bezug auf seinen Film DER NACKTE MANN AUF DEM SPORTPLATZ (1973, R: Konrad Wolf) gesagt hat:

> »Nach zehn, zwanzig, dreißig Jahren bekommen auch fiktive Geschichten den Charakter von Dokumenten. Vielleicht beschreibt der Film ein bestimmtes Lebensgefühl in einem bestimmten Moment. Und gibt damit dem, der sich dafür interessiert, auch Auskunft über ein nicht mehr vorhandenes Land.«[10]

Unter dieser Prämisse lassen sich die Filme mit größtem Gewinn als zeitgeschichtliche Quelle deuten. Allerdings, so warnte 2002 der Filmhistoriker Detlef Kannapin im Jahrbuch der DEFA-Stiftung, gehe es dabei weniger um die Frage, wie es vormals konkret aussah, »sondern vielmehr um das Einfangen des Zeitkolorits oder des geistigen Gefühls einer Epoche«.[11]

Um dieses Zeitkolorit, das Gefühl für die eigene Epoche aus den Filmen herauslesen zu können, brauchte es zunächst künstlerische und handwerkliche Fähigkeiten, um das, was gelesen werden soll, in Bildern anzulegen. Diesbezüglich war bei der DEFA eine beachtliche Meisterschaft entwickelt worden. Regisseure, Szenenbildner, Kostümbildner, Schnittmeister und Kameraleute haben nicht in und mit Dekorationen für irgendwelche Geschichten gearbeitet, sondern jeder Entwurf, jeder Handgriff und jede Kameraeinstellung wurden zielgerichtet im Sinne der dramaturgischen Konzeption und als Beitrag zu deren Umsetzung gesehen. Daher kann man die entstandenen Spielfilme auch nicht als schlichte Widerspiegelung von Realität begreifen. Man muss sie als »verdichtete Grundtendenzen sozialer Widersprüche in einer stringent

---

10 Wolfgang Kohlhaase: Die sinnliche Erfindung des filmischen Augenblicks, in: Wolfgang Trampe: Erzählen für den Film. Gespräche mit Autoren der DEFA, Berlin 2004; zitiert nach: Wolfgang Kohlhaase: Um die Ecke in die Welt. Über Filme und Freunde, hg. von Günter Agde, Berlin 2014, S. 185.
11 Detlef Kannapin: Was bedeutet: Aufarbeitung der Vergangenheit im Film. Einige Vorschläge zur historischen Kontextanalyse von Spielfilmen, in: apropos: Film 2002. Das Jahrbuch der DEFA-Stiftung, Berlin 2002, S. 140.

erzählten Spielhandlung mit notwendigerweise erfundenen Passagen und Einlassungen«[12], wie Kannapin festhält, auffassen. BANKETT FÜR ACHILLES ist kein heimatgeschichtliches Porträt eines Bitterfelder Betriebes, sondern der Ort wurde als konkretes Refugium begriffen, vor dessen Hintergrund grundsätzliche soziale Fragen der DDR-Gesellschaft in einer überhöhten und verdichteten Form erzählt werden konnten.

Ebenfalls in einem Jahrbuch der DEFA-Stiftung ging Detlef Kannapin der Frage nach, ob die DEFA in der Zeit ihres Bestehens eine eigenständige Ästhetik hervorgebracht habe. Für seine Überlegungen motiviert wurde der Autor durch eine Anfang der 1990er-Jahre erschienene Publikation westsozialisierter Filmwissenschaftler, die den DEFA-Film innerhalb der deutschen Filmgeschichte allenfalls als eine Randerscheinung ansahen und ihm keinerlei ästhetische Entwicklung zubilligen wollten.[13] Auch hier zeigte sich, wie schon mit Blick auf die Bildende Kunst ausgeführt, dass es offensichtlich zweierlei Paar Schuhe sind, sich einerseits am Glück der deutschen Einheit zu erfreuen und andererseits sich von verfestigten ideologischen Prämissen zu trennen, um zu fragen, welche Einzelwerte der Osten als Mitgift in eine als einheitlich anzusehende Kultur eingebracht haben könnte. Wenn man eine solche Würdigung einfordern möchte, dann erscheint es wenig hilfreich, der gesamten DEFA-Produktion eine einheitliche Ästhetik zuschreiben zu wollen. Es gab zwar für die Filme identische Produktionsbedingungen, und es gab dominierende inhaltliche Erzähllinien, doch zeigen sich hier recht differenzierte ästhetische Handschriften.

Letztendlich verwirft Kannapin vor diesem Hintergrund auch konsequenterweise seine These von der spezifischen DEFA-Ästhetik. Dafür öffnet er im umgekehrten Sinne den Blick für Besonderes, was oberflächlich gesehen einheitlich erscheinen könnte. Bei seiner Suche nach ästhetischen Spezifika des DEFA-Films weist er zunächst auf erkennbare Traditionslinien innerhalb der Filmgeschichte hin. Gleichermaßen wurden Elemente des Expressionismus und des Melodrams aufgegriffen. Man suchte bewusst an den sozialkritischen Film vom Ende der Weimarer Republik anzuknüpfen. Die daraus abgeleiteten Stilelemente schlugen sich mehr oder weniger stark nieder. Sie seien latent allerdings immer von Bedeutung gewesen. An zentraler Stelle stand klar erkennbar in allen Phasen der DEFA-Produktion die Stilrichtung des Realismus.

---

12 Ebd., S 143.
13 Vgl. Hans Günther Pflaum, Hans Helmut Prinzler: Film in der Bundesrepublik Deutschland. Der neue deutsche Film. Von den Anfängen bis zur Gegenwart. Mit einem Exkurs über das Kino der DDR. Ein Handbuch, München, Wien 1992.

»Daß dabei im Rahmen des Realismus verschiedene Vorstellungen und Wege in der filmischen Umsetzung vorhanden waren, macht in gewisser Weise aus heutiger Sicht die widersprüchliche Faszination der DEFA-Spielfilmproduktion aus.«[14]

Kannapin mahnt somit sehr deutlich eine differenzierte Sicht auf die Babelsberger Produktionen an. Entsprechend der Parteidoktrin hat zwar der »Sozialistische Realismus« sowjetischer Prägung auch bei der DEFA eine Rolle gespielt, doch im Vordergrund stand er lediglich in den Jahren zwischen 1950 und 1956, genau in jener Zeit, in der sich unter der Prämisse des Kalten Krieges die Systemkonfrontation zwischen Ost und West in besonderer Weise zugespitzt hatte. Der Film war ebenso wie andere Kunstfelder in diesem Kontext davon betroffen, dass ästhetische Fragen zu Mitteln der Abgrenzung überhöht wurden. Damals haben sich Sichtweisen herausgebildet, die zu verfestigten Vorurteilen führten und die noch heute ihre Wirkung zeigen. Doch schon während Kalten Krieges und in der Folge dann dominierend, so hebt Kannapin hervor, wurde im Gegensatz zum »Sozialistischen Realismus« der »Sozialkritische Realismus« für das Spielfilmschaffen in Babelsberg prägend. Das hieß auch, dass man an internationale Tendenzen wie die des Neorealismus anknüpfte. Damit war schon ein Spannungsfeld eröffnet, das etwas Spezifisches für den DEFA-Spielfilm darstellte.

»Unter sozialkritischem Realismus wird grundsätzlich die ungeschminkte filmische Darstellung sozialer Probleme und Konflikte aus der Perspektive der unteren und mittleren Klassen verstanden.«[15]

Ein solches künstlerisches Prinzip befand sich prinzipiell im Einklang mit der marxistischen Kunsttheorie, es traf auf das Interesse des Publikums und es wurde entsprechend wissenschaftlich begleitet und gefördert. Anknüpfend an Aussagen des Chefdramaturgen der DEFA, Rudolf Jürschik, ein Spezifikum des Films sei es, den Menschen und seine Umwelt in ihrer realen Vergleichbarkeit darzustellen, und an eine dies ergänzende Bemerkung der Dramaturgin Erika Richter, der Film vermittle die Realität durch das treue, faktisch genaue Bild ihrer einzelnen Objekte, ihrer sichtbaren

---

14 Detlef Kannapin: Gibt es eine spezifische DEFA-Ästhetik? Anmerkungen zum Wandel der künstlerischen Formen im DEFA-Spielfilm, in: apropos: Film 2000. Das Jahrbuch der DEFA-Stiftung, Berlin 2000, S. 152.
15 Ebd., S. 152.

Erscheinungsformen, schließen die Filmwissenschaftler Lothar Bisky und Dieter Wiedemann 1985 in einer Abhandlung zu Rezeption und Wirkung von Spielfilmen, dass es ihn deshalb für die Darstellung der Gegenwart besonders geeignet mache.

»Damit korrespondiert auch, daß Jugendliche mit dem Begriff ›Gegenwartsfilm‹ in erster Linie Vorstellungen von Filmen über den ›Alltag‹ und Erwartungen nach Darstellung der ihnen bekannten Realität verbinden. Allerdings ist damit keine platte Abbildung der Realität gemeint. Es geht um einen filmkünstlerischen Umgang mit der Realität, der das Außergewöhnliche in der Wirklichkeit aufzeigt, Bekanntes in neuer Weise darstellt und nicht zuletzt auch für die Vorstellungen der Zuschauer Spielraum (im Sinne von Raum für einen spielerischen Umgang mit der Realität) läßt.«[16]

Das klingt alles gut und schön, doch es gab ja noch immer die SED mit ihrer Doktrin, die gern festlegen wollte, was unter Realität zu verstehen sei und vor allem, wie man sie darstellen solle.

LOOPING: Marina Krogull (2. v. l.) zwischen Fließbandarbeiterinnen

»Das soziale Leben des Landes mit der Filmkamera möglichst wirklichkeitsnah einzufangen und sich gleichzeitig mit der Kritik nicht zu weit aus dem Fenster zu lehnen, das war die Gratwanderung, auf die sich der DEFA-Spielfilm oft begeben mußte.«[17]

So fasst Detlef Kannapin die Konsequenzen des sich aus der DDR-Filmpolitik ergebenden Widerspruchs zusammen. Die angesprochene Gratwanderung verlief für die Filmschaffenden auf keinem leicht voraussehbaren, geradlinigen Weg. Manchmal ergaben sich ob der Wechselhaftigkeit der SED-Kulturpolitik unerwartete Freiräume. Ebenso unerwartet konnte man mit seinem Filmprojekt in einen Abgrund stürzen. Um sich hier entsprechend eigener Ansprüche zu behaupten, bedurfte es schon eines gehörigen Maßes an Quer- und Dickköpfigkeit. Es gab Umwege, Verletzungen, Resignation und Neubeginn. Alles geschah vor dem Hintergrund, sich mit den Mitteln eines sozialkritischen Realismus in gesellschaftliche Entwicklungen einmischen zu wollte, um hier im produktiven Sinne Impulse zu setzen.

Zu Beginn der 1980er-Jahre erschienen in der Schriftenreihe »Aus Theorie und Praxis des Films« der Betriebsakademie des VEB DEFA-Studio für Spielfilme mehrere Publikationen, in denen theoretische Aussagen von DEFA-Regisseuren und -Autoren zusammengefasst waren. Damit sollten Entwicklungsprozesse nachvollziehbar und die Kontinuität, mit der an bestimmten Aufgaben gearbeitet wurde, aufgezeigt werden. Im Rückblick erweisen sich diese Veröffentlichungen als eine ausgesprochen offene Anamnese der DEFA-Spielfilmproduktion insgesamt. So erscheint es symptomatisch, was Heiner Carow unter der Fragestellung nach Ideal und Wirklichkeit als seinen Anspruch an das Filmemachen benennt:

»Wenn wir die Frage nicht klären, wie es möglich ist, die Gesellschaft als Gesellschaft durch Ausschnitte in einem Film darzustellen, und wenn wir das Kunstwerk in seiner Funktion nicht ernst nehmen: nämlich daß es hilft, das Leben zu verändern – in dem Sinne, daß der Zuschauer erschüttert wird und irgendwo versteht, welche Verantwortung er als einzelner für sich, für den anderen und für das Ganze hat –, dann werden wir wahrscheinlich nicht weiterkommen, weil wir immer wieder über diese Frage stolpern. Ich gebe zu, daß solche Ausschnitte, wenn man überlegt diskutiert, wie gut sie zu machen, wie

---

16 Lothar Bisky, Dieter Wiedemann: Der Spielfilm. Rezeption und Wirkung, Berlin (DDR) 1985, S. 20.
17 Detlef Kannapin: Gibt es eine spezifische DEFA-Ästhetik?, S. 153.

tief und wahrhaftig sie zu gestalten sind, sicher widersprüchliche Meinungen hervorrufen.«[18]

Solcherlei Ansprüche wollte das Publikum nicht plakativ vermittelt bekommen. So gab es unter den DEFA-Regisseuren mancherlei Lernprozess. Lothar Warneke antwortete 1977 auf die Frage der Kritikerin Rosemarie Rehahn, ob er mit seinem Film DIE UNVERBESSERLICHE BARBARA die filmische Erörterung moralischer Alltagsprobleme noch zugespitzter als vorher fortsetze:

»Ja, aber ich habe mit meinen letzten Arbeiten eine Reihe von Erfahrungen gemacht und möchte den Zuschauer künftig nicht mehr so unmittelbar durch ein Problem provozieren, seinen Intellekt ansprechen, sondern ihn stärker als bisher durch ein menschliches Schicksal, durch lebendige, blutvolle Charaktere bewegen und erregen. Die Wirkungsweise solcher Filme ist natürlich indirekter, aber ich glaube, sie ist intensiver. Was ist Kunst? Kunst ist nur, gezwungen werden, sich Zeit zu nehmen für Menschliches. Ich garantiere Ihnen, nach einer Stunde Beschäftigung mit einem beliebigen Menschen ist der Ihnen nicht mehr gleichgültig. Und indem die Kunst uns die Gleichgültigkeit gegenüber einem Menschen nimmt, nimmt sie uns die Gleichgültigkeit gegenüber allen Menschen.«[19]

Ein ständiges Spannungsfeld mit großem Konfliktpotential war der Dualismus zwischen objektiver Realität und Kunstwirklichkeit, wie es der Autor Manfred Freitag mit Blick auf den Film LOOPING (1974), der zu großen Teilen in den BUNA-Werken in Schkopau gedreht worden war, in einem Gespräch formulierte. Der Dokumentarfilmregisseur Kurt Tetzlaff, der mit LOOPING einen Ausflug in den Spielfilmbereich unternommen hat, griff in gleicher Runde diesen Faden auf:

»Eine Frage beschäftigt mich besonders: Hier liegt eine fiktive Geschichte vor, die wir in einem real existierenden Werk darstellen wollen, der Betrieb aber, der für uns nur den Hintergrund unserer frei erfundenen Geschichte darstellt, sagt: ›Das, was ihr erzählt, gibt es bei uns schon lange nicht mehr. Eure Geschichte

---

18 Heiner Carow: Zur Frage Ideal und Wirklichkeit, in: Heiner Carow: Diskussionsbeitrag auf dem II. Slatan-Dudow-Seminar am 23.9.1976, Mitteilungen des Verbandes der Film- und Fernsehschaffenden der DDR, 5/1976, S. 33-34, zitiert nach Hermann Herlinghaus: Filmkunst, die alle angeht [Gesammelte Aufsätze und Interviews], Aus Theorie und Praxis des Films 3/1983, S. 99.
19 Lothar Warneke: Film ist eine Art zu leben. Gespräch mit Rosemarie Rehahn, in: Wochenpost, 18/1977, zitiert nach Lothar Warneke: Film ist eine Art zu leben, Aus Theorie und Praxis des Films, 3/1982, S. 180.

stimmt nicht mit der Realität, mit den Tatsachen überein, darum machen wir nicht mit.‹ Wenn Kunst mechanisch beurteilt wird, wenn man sie an naturalistischen Kriterien mißt, dann ergeben sich Probleme, und solch ein Problem galt es, in der Diskussion zu lösen. Es wurde dann sehr wichtig für mich, zu beobachten, wie das Fiktive dadurch einen neuen Realitätsbezug erhielt, daß es für die Arbeiter konkret war, es war ihre Wirklichkeit, die sich in unserer Geschichte widerspiegelte. In diesem Zusammenhang gesehen ist die Realität für mich in gewisser Weise heilig, nicht im Sinne eines Fetischs, sondern als Bezugsebene der Kunst.«[20]

Ein Regisseur, der immer wieder als besonders wichtig für den Spielfilm der DEFA zu nennen ist, war Gerhard Klein. An seinem Beispiel lässt sich nochmals sehr gut verdeutlichen, wie zentral das Bemühen um die filmische Auseinandersetzung mit der Realität war und wie widersprüchlich sich gleichzeitig die entsprechenden Prozesse gestalteten. Helmut Nitzschke sagt 1982 über seinen Lehrer:

»Er hat der Realität nie mit einer vorgefassten Meinung gegenübergestanden. Er hat sich bemüht, sie so lange zu verdichten, bis er aufs Wesentliche kam, und das hat er im Zusammenhang mit der Gesamtsituation der Szene und den Schauspielern herauszukitzeln versucht. (...) Er hat nicht programmatisch durchgeführt, was er sich vorher am Schreibtisch ausgedacht hatte, sondern auch die Dinge, die sich zufällig am Drehort ergaben, waren ihm wichtig. Die hat er mit eingebaut. Er hat versucht, alles mit einzubauen, aber nach dem Prinzip des Reduzierens.«[21]

An diesem Prinzip hielt Klein beispielsweise auch bei seiner Satire SONNTAGS-FAHRER (1963) fest, die der Szenenbildner Paul Lehmann für eine der größten Leistungen Kleins hielt, obwohl das Publikum den Film seinerzeit geschnitten habe.

»Klein wollte über die Leute in unserem Land erzählen, über die Hysterie in den letzten Monaten vor dem 13. August 1961, die Zuspitzung der Situation, als

20 Kurt Tetzlaff: Die ›heilige‹ Wirklichkeit. Gedanken beim Filmemachen, in: Gespräch zu dem Film LOOPING. Regie: Kurt Tetzlaff (DDR 1975), Film und Fernsehen, 9/1974, zitiert nach Manfred Freitag, Joachim Nestler: Aus dem Lebensbild ein Sinnbild formen. Eine Dokumentation, Aus Theorie und Praxis des Films, 1/1984, Potsdam-Babelsberg 1984, S. 46.
21 Helmut Nitzschke: Er hat der Realität nie mit einer vorgefaßten Meinung gegenübergestanden. Ein Gespräch mit Hannes Schmidt, in: Hannes Schmidt: Werkstatterfahrungen mit Gerhard Klein. Gespräche, Aus Theorie und Praxis des Films, 2/1984, S. 67.

durch Sondermeldungen von drüben bei uns Unsicherheit aufgebaut werden sollte. Er wollte dem Publikum klarmachen, warum die Mauer gebaut werden mußte. (...) Er zeigte kleinbürgerliche Haltungen, hielt den Zuschauern einen Spiegel vor, was einen Schock auslöste. SONNTAGSFAHRER bot einen Extrakt aus real existierenden Widersprüchen.«[22]

Es ist aus heutiger Sicht kein Kunststück, festzustellen, dass sich Gerhard Klein politisch gesehen mit diesem Film auf einen Holzweg begeben hatte. Doch als zeithistorisches Dokument ist die Arbeit wichtig. Zeigt sie doch einerseits ohne ideologische Phrasen sehr authentisch den Standpunkt derer, die dem Mauerbau 1961 zustimmten. Andererseits porträtiert sie auf prononcierte Weise kleinbürgerliche Haltungen, die die Lebenseinstellungen vieler DDR-Bürger bis zum Ende dieses Staates in signifikanter Weise ausmachten.

Es erscheint nur auf den ersten Blick als Widerspruch, dass ein Regisseur wie Klein, der sich gerade noch hinter die politische Entscheidung, eine Mauer gen Westen zu bauen, gestellt hatte, bei seinem nächsten Film BERLIN UM DIE ECKE (1965/66) gnadenlos auf der Verbotsliste des 11. Plenums landete. Hier gab es einen Künstler mit Eigensinn, der als sozialistisch denkender Mensch in Anspruch nahm, sich in seinen Filmen kritisch mit den Verhältnissen im Realsozialismus auseinandersetzen zu müssen. Auch in seinem Arbeitsumfeld war es Klein wichtig, das zu sagen, was er für notwendig hielt. Helmut Nitzschke erinnert sich:

>Ich habe ihn einmal im Studio erlebt, da hat er sich so ungeheuer engagiert, daß er fast auf den Tisch gesprungen ist und mit dem Schuh drauf gehauen hat. Das war, als der Günter Klein stellvertretender Minister (für Kultur, verantw. für das Filmwesen – d. Red.) wurde und der Plan bestand, die Künstler, die Autoren, Regisseure und Dramaturgen vom Studiobetrieb in Babelsberg abzutrennen und in Berlin zusammenzufassen. Da hat er seine Kollegen wachzubrüllen versucht, weil er der Meinung war, daß die Trennung der Künstler, vor allem der Regisseure, von der Produktion die Entmachtung der Regie und damit der Kunst bedeutet hätte.«[23]

Wenn auch ästhetisch nicht nur mit verschiedenen Handschriften, sondern auch in unterschiedlicher Qualität, so haben die Filmemacher der DEFA

---

22 Paul Lehmann: Seine Vorstellungen lagen auf einer ganz selbstverständlichen Ebene. Ein Gespräch mit Hannes Schmidt, in: ebd., S. 130.
23 Helmut Nitzschke: Er hat der Realität nie mit einer vorgefaßten Meinung gegenübergestanden. Ein Gespräch mit Hannes Schmidt, S. 76.

DIE LEGENDE VON PAUL UND PAULA: Angelica Domröse

den unisono erhobenen Anspruch, über die sie umgebende gesellschaftliche Realität mit größtmöglicher Wahrhaftigkeit zu erzählen, in ihren Arbeiten umgesetzt. Nicht jedes wünschenswerte Thema konnte aufgegriffen werden, doch die Alltagswelten der Mehrheitsgesellschaft finden sich in bemerkenswerter Breite in den Filmen wieder. Hier sind Lebensgefühle eingefangen, die für viele ehemalige DDR-Bürger bereits wenige Jahre nach dem Verschwinden ihres vormaligen Sozialisationsumfeldes zur Brücke eigenen Erinnerns wurden. Die »SUPERillu« hat die Bedeutungszuweisung, die die Filme nunmehr erfahren, recht früh erkannt. Bereits seit 1995 bereichert die Redaktion regelmäßig über viele Jahre einzelne Ausgaben durch DVD-Beigaben mit DEFA-Filmen. Die Aktion ist offenbar auf große Zustimmung der Leserschaft gestoßen. 2016, zur 70. Wiederkehr der DEFA-Gründung, hieß es dann im Wochenblatt:

> »Feiern wir die DEFA! Feiern wir Paul und Paula, den kleinen Muck, den heißen Sommer und das Aschenbrödel! Kämpfen wir noch einmal mit Tokei-ihto und den Söhnen der großen Bärin gegen den fiesen Red Fox, hören wir noch

einmal der wunderbaren Sunny bei ihrem Solo zu, zittern wir noch einmal mit dem tapferen Rudi Pippig um das Buchenwaldkind. 70 Jahre DEFA – was für eine Fundgrube.«[24]

Hier werden die Filme als solche wie auch die erzählten Geschichten pur als Projektionsfläche für Identifikationssuche angesehen. Ohne Wenn und Aber. Ohne die Frage danach, was die Filme vielleicht *nicht* erzählen.

Die Deutsche Filmakademie hatte in der Reihe »Mein Film« Prominente darum gebeten, in einer ausgewählten Vorführung einen Film zu präsentieren, der im jeweiligen Leben besonders wichtig war. Angela Merkel entschied sich 2013 für Heiner Carows DIE LEGENDE VON PAUL UND PAULA (1972). Im Berliner Kino »Filmkunst 66« erzählte die sich damals im Wahlkampf befindende Kanzlerin im Gespräch mit Regisseur Andreas Dresen anhand des Films über ihr Leben. Dabei hob sie besonders hervor, wie detailgetreu von den Machern einstiges DDR-Lebensgefühl eingefangen worden sei. Mara Delius schrieb nach der Veranstaltung in der »Welt«: »Tatsächlich zeichnet der Film eine Verbindungslinie zwischen Merkel, ihrer Erinnerung und ihrem Eigenbild heute – jedoch nicht im offenkundigen, historischen Sinn.«[25]

Wenn, wie in den genannten Beispielen, DEFA-Spielfilme so offensichtlich als Basis für Erinnerung gesehen werden, dann sollten sie auch als Quelle zeitgeschichtlicher Deutung von Relevanz sein. Das heißt, auch Menschen, die nicht in der DDR gelebt haben oder die später geboren wurden, können über diese Filme zu Wurzeln sozialer Prägungen vorstoßen, die nach wie vor beim Zusammenwachsen deutscher Teilkulturen von Bedeutung sind. Dafür sollten sie in der Öffentlichkeit viel stärker präsent sein, und neben filmwissenschaftlicher Aufarbeitung bräuchten die einstigen Gegenwartsstoffe eine weitaus stärkere Aufmerksamkeit innerhalb sozialgeschichtlicher Forschung.

Kostüm – Raum – Bild

Realistisch erzählen kann man nur, wenn nicht allein die dargebotenen Geschichten direkt Bezug auf die Wirklichkeit nehmen, sondern wenn szenische Räume und Kostüme der in ihnen agierenden Schauspieler erhobene Ansprüche kongenial bedienen. Szenen- und Kostümbildner der DEFA haben hierin eine besondere Meisterschaft entwickelt. Ihre Arbeit erschöpfte sich nicht in dekorativen Momenten, die beliebig optische Attraktivität zum Selbstzweck

---

24 N.N.: Unsere Helden, unsere Filme, SUPERillu, Nr. 20, 12.5.2016.
25 Mara Delius: Die Legende der Angela Merkel, Die Welt, 14.5.2013.

schaffen, sondern sie sollte Menschen durch ihre Umwelt und Kleidung im Sinne des dramaturgischen Anliegens des jeweiligen Films charakterisieren. Das war nicht nur bei historischen Stoffen wichtiger Bestandteil des eigenen Selbstverständnisses. Im Rückblick sind es darüber hinaus gerade die szenischen Räume und Kleidungsformen in den DEFA-Gegenwartsfilmen, die als Dokumente für soziales Leben in der DDR von großer Aussagekraft sind. Zugleich zeigt sich hier ein Wesenszug, durch den der DEFA-Film generell einen originären Stellenwert in der deutschen Filmgeschichte einnimmt. Das Leben »unterer und mittlerer Schichten« spielt in anderen hiesigen Filmproduktionen in einer solchermaßen genauen Zeichnung kaum eine derart herausragende Rolle.

Die ästhetischen Traditionslinien, die sich im Szenenbild der DEFA niederschlugen, finden sich in der Person des Mitbegründers des Studios Willy Schiller in repräsentativer Form gebündelt. Schiller konnte aus eigener Erfahrung auf das Erbe der proletarisch-revolutionären Filmkunst der 1920er-Jahre zurückgreifen. Er hat gemeinsam mit Meistern des deutschen Films wie Fritz Lang oder Josef von Sternberg Herausragendes geleistet. Und er war in den 1930er-Jahren ein anerkannter Fachmann bei der Ufa. Hier arbeitete er beispielsweise mit Karl Hartl bei DER MANN, DER SHERLOCK HOLMES WAR (1937) oder mit Wolfgang Staudte bei AKROBAT SCHÖÖÖN (1942/43) zusammen. Ganz gleich welchem Genre er sich zuwandte, »er bleibt dabei immer so weit Realist, daß er ideal verklärte, undifferenzierte und simple literarische Darstellungen ablehnt«, schreibt Alfred Krautz 1989 in einem Erinnerungsband über den Filmarchitekten Willy Schiller.[26] Und weiter: »Was er entwirft, baut oder als Originalmotiv auswählt, ist von ganzheitlichem Charakter, in der Struktur von seltener Klarheit (...), in der Atmosphäre von herbem malerischen Reiz.«[27]

Bei aller gegebenen Freiheit für die individuelle Stilfindung und bei allen sonstigen Einflüssen seitens der internationalen Filmkunst der Nachkriegszeit vermittelte Schiller die zentralen Prägungen für jene Generation von Szenenbildnern, die in den 1950er-Jahren zunehmend das Zepter im Studio in die Hand nahm. Viele von ihnen kann man fast dreißig Jahre nach Schließung der DEFA leider nicht mehr zu ihrer Arbeit befragen. Hier muss man, wie bei Alfred Hirschmeier, auf Überliefertes zurückgreifen. Das sind in erster Linie natürlich die Filme, und es sind Worte, wie sie Wolfgang Kohlhaase in einem Nachruf für den Arbeitspartner und Freund fand:

---

26 Alfred Krautz: Willy Schiller. Traditionslinie und Wirkungsweise, in: Alfred Hirschmeier, Günter Agde, Alfred Krautz, Dieter Adam: Willy Schiller, Filmszenenbild. Eine Bilddokumentation, Potsdam-Babelsberg 1989.
27 Ebd.

»Von Alfred Hirschmeier konnte man sich die Welt wünschen. Er verfügte über alltägliche Gegenden und historische Landschaften, über Schlösser und Katen und Vorder- und Hinterhäuser, über Eisenbahnzüge im In- und Ausland, über Tag- und Nachtlokale, über alte Tapeten und über den fleckigen Putz an der Wand einer Zuchthauszelle. In seiner Phantasie lebten die Orte aber zweimal, so, wie sie waren und so, wie sie werden konnten, wenn er sich ihrer annahm. Mit dem zweiten Blick prüfte er alle Natur auf ihre Eignung für künftige Filme. Sein Gedächtnis war ein Archiv unerschlossener Szenarien, in denen menschliches Schicksal sich abspielen konnte. Nichts Zufälliges: ein Zimmer erklärt eine Wohnung, die Wohnung einen Menschen.«[28]

Anders in der Arbeitsweise, doch mit dem gleichen Anspruch wie Hirschmeier an szenische Genauigkeit und authentische Ausgestaltung der Spielräume, wirkte seit 1955 Dieter Adam im DEFA-Spielfilmstudio. Er schuf unter anderem das Szenenbild zu Herrmann Zschoches Film KARLA – Mitte der 1960er-Jahre gedreht und dem 11. Plenum zum Opfer gefallen. Es kann durchaus als spätes Kompliment für Adams Arbeit an diesem Film gesehen werden, dass Lars Kraume, in Vorbereitung seines Films DAS SCHWEIGENDE KLASSENZIMMER (2018), KARLA seinen nach der Jahrtausendwende geborenen jungen Darstellern zeigte, damit diese sich in die Atmosphäre der frühen DDR hineindenken können. Hier findet sich ein interessantes Beispiel, wie realistisch gestaltete Spielfilme der DEFA beachtenswerte Quelle zeitgeschichtlicher Deutung sein können. Neben der Art und Weise, wie die Schauspieler es verstanden haben, Zeitgenossen darzustellen, sind es gerade Szenenbild und Kostüm, die den historischen Stellenwert der Filme ausmachen.

Augenzeugen

Wie in diesen künstlerischen Segmenten des Studios gedacht und gearbeitet wurde, welche Ansprüche und Konflikte es gab, darüber geben die Gespräche im zweiten Teil des vorliegenden Buches Auskunft.

Dieter Adam, Jahrgang 1931, reflektiert aus aktueller Sicht in großem Bogen sein Leben als Szenenbildner. Weiterführend werden seine Ausführungen von einstigen Kollegen hinsichtlich grundsätzlicher Prämissen der Arbeit am Szenenbild bei der DEFA ergänzt. Aus unveröffentlichten Lebenserinnerungen, die Paul Lehmann Mitte der 1990er-Jahre geschrieben hat, finden sich zentrale Aussagen zum Metier des Szenenbilds.

---

28 Wolfgang Kohlhaase: Für Alfred Hirschmeier, Film und Fernsehen, Doppelheft 1–2/1996, S. 19.

KARLA: Jutta Hoffmann

Im Kontext zu den Erinnerungen steht eine Stimme, die den Arbeitsprozess unmittelbar aus der Entstehungszeit eines Films heraus darstellt. Der 2013 verstorbene Harry Leupold sprach in einem Interview 1979 über seine Arbeit an Heiner Carows Film BIS DASS DER TOD EUCH SCHEIDET (1978). Wieder ist es der Anspruch an soziale Genauigkeit, der hier auffällt.

Daran knüpft aus heutiger Perspektive Susanne Hopf an, deren frühe Prägungen als Szenenbildnerin noch auf die DEFA und die dortigen Protagonisten zurückgeht. 2019 erhielt sie den Deutschen Filmpreis für das Szenenbild im Film GUNDERMANN (2018) von Andreas Dresen. Fast mit Erleichterung stellte die Kritik fest, dass in diesem Film endlich einmal in einer retrospektiv in der DDR angesiedelten Geschichte der soziale Handlungsraum nicht so aussähe, als sei er willkürlich mit Stücken aus einem Museumsfundus dekoriert worden.

Von ebenso großer ästhetischer Bedeutung wie das Szenenbild war die Kostümgestaltung in den Filmen der DEFA. Auch hier ging es um detailreiche Genauigkeit äußerer Attribute, die unmittelbar erzählerische Funktionen übernahmen. Zwei Stimmen geben über die entsprechenden Zusammenhänge Auskunft. Barbara Braumann erinnert sich aktuell an ihre frühere Arbeit. Dabei werden wiederum Grundprinzipien deutlich, die unabhängig von der individuellen Handschrift generell für die Arbeit im Babelsberger Studio galten. Christiane Dorst meinte auf Nachfrage, sie habe in den 1990er-Jahren bereits alles zu ihrer Arbeit bei der DEFA gesagt. Tatsächlich liegen umfangreiche Gesprächsprotokolle vor. Veröffentlicht wurde davon 1996 ein Gespräch mit Christel Gräf in einer Ausgabe der Zeitschrift »Film und Fernsehen«. Unveröffentlicht sind bisher Zeitzeugenbefragungen, die Elke Schieber für das Filmmuseum Potsdam mit Christiane Dorst durchgeführt hatte. Aus beiden Manuskripten wurden für die vorliegende Publikation solche Passagen ausgewählt und zusammengefügt, die sowohl die Arbeitsweise Christiane Dorsts verdeutlichen als auch grundsätzliche Ansprüche bei der Kostümgestaltung im DEFA-Film zeigen.

In allen Gesprächen klingt an, dass die DEFA mit ihren Werkstätten und ihrem Fundus über einen wahren Schatz verfügte, der eine angemessene Umsetzung der szenischen Ideen auf hohem Niveau ermöglichte. So wie Paul Lehmann die Palette der Gewerke bei seinem Studioeintritt 1956 wahrgenommen hat, so stand diese bis zum Ende der Babelsberger Filmfabrik für die Realisierung aller künstlerischen Filmprojekte zur Verfügung.

Die Babelsberger Regisseure hätten sich jedoch noch so sehr um genau erzählten sozialkritischen Realismus bemühen und Szenenbildner und Kostümbildner in Zusammenwirken mit den Ausstattungsabteilungen noch so detailgetreu arbeiten können, wenn nicht Kameraleute mit ähnlichen Ambitionen die entsprechenden Filmbilder komponiert hätten. Auch hier galt, wiederum bei aller Unterschiedlichkeit in der Wahl der stilistischen Mittel, dass sich die bildsprachlichen Absichten und jeweiligen Ausdrucksweisen dem Thema und dem Inhalt der einzelnen Filme unterordneten. Peter Badel hat 2007 zwei Bände in der Schriftenreihe der DEFA-Stiftung veröffentlicht, die den Studiobetrieb aus der Perspektive der Kameraleute in komplexer Weise beleuchten. Auf Badels Frage zur Auseinandersetzung um die Produktionen von sehr wirklichkeitsnahen Filmen antwortete Günter Ost mit Blick auf die frühen 1960er-Jahre unter anderem:

»Uns hat zunächst der Stil der französischen Filme gefallen, Themen filmisch aufzugreifen. ›Cinéma vérité‹ beschreibt das nur teilweise, aber wir sahen den französischen ›Geschmack‹ dabei auch kritisch. Keine richtigen Themen, sondern kleinbürgerliche, nichtssagende Themen. Über Nutten, über Zuhälter, über Kriminelle, alles, was im Kino ging. Viel substantieller war der italienische Film. Da ging es immer um was. Zwar haben sie trotzdem die Mädchen mit den großen Busen gezeigt: Mein Gott, das sollten nun die proletarischen Fischermädchen sein ... Aber die Inhalte waren immer relevant und sozial. Und wir haben die Synthese aus beidem angestrebt. Wir wollten von beidem das Beste haben.«[29]

Welch ein gewaltiger Anspruch! Letztendlich können nur die Filme eine Antwort darauf geben, inwieweit er umgesetzt werden konnte. Ansatzpunkte für solcherlei Betrachtung liefert im vorliegenden Band der Kameramann und Regisseur Jürgen Brauer, der seinerzeit in Badels Publikation nicht zu Wort kommen konnte.

Abschließend verdeutlicht die Dramaturgin Gabriele Herzog übergreifend aus eigener Erfahrung, in welch widersprüchlichem Kontext sich das filmische Erzählen von Alltagskonflikten bei der DEFA abspielte. Ein hoher Anspruch war von künstlerischer Seite immer gegeben, doch die thematische Umsetzung war nur insoweit möglich, wie sie gegenüber direkter und indirekter Regulierungsbemühung seitens der Politik durchsetzbar war. Die Konfrontationslinien verliefen dabei nicht so eindeutig, wie das heute manchmal scheint. Gabriele Herzog hat nicht zuletzt als Autorin von DAS MÄDCHEN AUS DEM FAHRSTUHL ausgesprochen ambivalente Erfahrungen gemacht. Als Herrmann Zschoche den Stoff endlich realisieren konnte, war die Zeit der DDR bereits abgelaufen. Der Film konnte nicht mehr unmittelbar in die Gesellschaft hineinwirken, für die er gedacht war. Retrospektiv reiht er sich aber in die aufschlussreichen fiktionalen Filmgeschichten des DEFA-Studios ein, die ob ihrer inszenatorischen, bildgestalterischen, darstellerischen und szenischen Genauigkeit viel über das Leben im ostdeutschen Teilstaat vermitteln können.

---

29 Günter Ost: Ich habe nur fünf oder sieben Filme gemacht. Gespräch mit Peter Badel, in: Peter Badel (Hg.): Kamera läuft. DEFA-Kameraleute im Gespräch, Schriftenreihe der DEFA-Stiftung, Berlin 2007, S. 588.

Die DEFA – Ort schöpferischer Arbeit

Eine Situation schaffen, die glaubwürdig erscheint

Dieter Adam im Gespräch

Klaus-Dieter Felsmann: *Sie wurden 1931 in Worms geboren, sind aber in der Nähe von Berlin aufgewachsen. Wie kam es, dass Ihre Familie nach Brandenburg gezogen ist?*

Dieter Adam: Mein Vater hatte bis 1936 ein gutgehendes Fotoatelier in Worms. Danach wurde das Geschäft gemieden und sogar die Fensterscheiben beschmiert. Das richtete sich konkret gegen meine Mutter. Sie stammte aus einer jüdischen Familie, war in der Stadt geboren und somit relativ bekannt. Das ist früher ein bisschen anders gewesen als heute. In so einer mittelgroßen Stadt war es nicht anders als auf dem Dorf. Die Leute kannten sich und man wusste auch über die Familien Bescheid. Da gab es die Klassenkameraden und die Partner von der Tanzschule. Manche Mitbürger sind in die Ideologie des braunen Regimes eingeschwenkt und haben sich gegen Juden gewandt, mit denen sie vorher ganz normal aufgewachsen waren. Manchmal ist das Motiv dabei sicher auch Neid gewesen. Übrigens: Mutter war bereits 1934 zum evangelischen Glauben konvertiert. Meine Eltern mussten also ihr Fotostudio aufgeben und waren dann ohne Einkommen.

Vermutlich über eine Annonce haben sie erfahren, dass in der Nähe von Storkow ein Ehepaar für eine Haus- und Grundstücksverwaltung gesucht wurde. So kamen wir in die kleine Villensiedlung Hubertushöhe am Großen Storkower See. Es war eine idyllische Gegend, und hier kannte uns niemand. Die Villa, die meine Eltern betreuten, gehörte dem Berliner Internisten Professor Henius, der sie als Sommersitz nutzte. Er selbst war ebenfalls jüdischer Herkunft. Doch da er Militärarzt im Ersten Weltkrieg war, haben sich die Nazis nicht getraut, ihn frühzeitig aus der Universität und der Charité rauszuschmeißen. Er ist dann 1938 mit seiner französischen Frau ausgereist.

Ich bin eine Bahnstation entfernt in Storkow zur Grundschule gegangen und später ins weiter entfernte Königs Wusterhausen zum Gymnasium. Mein Vater hat sich bald Arbeit in Berlin gesucht. Zunächst war er bei Wertheim am Alex als Negativretuscheur. Bevor er 1942 zum Militär dienstverpflichtet wurde, erhielt er durch Vermittlung eine Anstellung bei der Ufa, wo er in der Farbfilmforschung in Babelsberg tätig war.

Und Ihre Mutter konnte ganz allein als gebürtige Jüdin in Hubertushöhe überleben?

Ja, mit uns Kindern. Das war aber nur durch eine Falschaussage meiner Großmutter möglich. Sie wollte in unserer Nähe leben und war von Worms nach Berlin in die Neue Königsstraße gezogen. So gab sie an, dass ihre Tochter nicht von ihrem Mann stammt, sondern von einem inzwischen verstorbenen holländischen Arier. Der Fall wurde am Gericht in Frankfurt an der Oder verhandelt. Ich besitze noch die Unterlagen von damals. Danach galt meine Mutter als eine mit einem Arier verheiratete Halbjüdin. Damit war sie vorerst relativ geschützt. Erst 1943 musste sie zu einer Art Arbeitsdienst. Zusammen mit der Tochter von Professor Henius, die auch als Halbjüdin galt, wurde sie zu Waldarbeiten verpflichtet. Durch Schwangerschaft ist sie kurz vor Kriegsende von der Zwangsarbeit freigestellt worden. Während ich 1942 gemeinsam mit meiner Schulklasse in einen Kurort in der Nähe von Zakopane evakuiert worden war, ist meine Großmutter verschwunden. Man hat die alte Frau nach Theresienstadt gebracht, von wo sie nie zurückkehrte.

Nach Kriegsende bin ich ab Oktober wieder zur Schule gegangen und habe schließlich in Königs Wusterhausen mein Abitur gemacht.

Inwiefern hatte Ihr Vater als Fotograf Einfluss auf Ihren weiteren Lebensweg?

Dieses Vorbild war für mich sehr prägend. Unmittelbar nach dem Krieg habe ich ihm in seinem neuen Studio viel geholfen. Mein Vater war schon im Juli 1945 aus englischer Gefangenschaft nach Hause gekommen. Von dort war er mit gefälschten Entlassungspapieren geflohen. Meine Eltern schufen dann aus einer leerstehenden Kutscherkneipe ein Fotoatelier. Da ich noch keine Schule hatte, habe ich beim Umbau mitgeholfen und später sogar selbst Filme entwickelt und Fotos vergrößert. Auf irgendeine Art und Weise bekam ich meine erste eigene Kamera. Die nannte sich »Zorki« und war der russische Nachbau der Leica. Wir hatten anfangs sehr viel zu tun. Alle Bewohner der sowjetischen Besatzungszone brauchten neue Ausweispapiere und dafür waren allenthalben Passbilder nötig. Wir sind durch die Dörfer gefahren und haben die komplette Bevölkerung fotografiert. Dabei konnte ich wertvolle Erfahrungen sammeln, die mir später in meinem Beruf ebenfalls geholfen haben. Fotografieren gehörte in meiner späteren Profession immer dazu. Ich hatte schon frühzeitig eine ganz passable Fotoausrüstung. Als die Digitalfotografie aufkam – und das ist schon komisch –, habe ich meiner Frau einen Apparat geschenkt und selbst komplett aufgehört zu fotografieren.

Sie hatten nun das Abitur und ein wenig Erfahrung mit dem Fotografieren. Wie ging es mit Ihrer beruflichen Ausbildung weiter?

Als Jugendliche sind wir nach dem Unterricht oft nach Berlin gefahren und haben kleine Schwarzmarktgeschäfte gemacht. Da sah ich immer wieder die Stadt in Trümmern, und irgendwie war ich arrogant genug zu sagen: Ich werde Architekt, um wieder etwas aufzubauen. Aus meiner Sicht hatte ich schon wichtige Erfahrungen gesammelt. Ich hatte mit zehn Jahren bereits für uns zu Hause Karnickelställe und einen Hühnerstall gebaut – und das nicht ohne Spaß und Stolz, genau wie beim Umbau der alten Kneipe zum Fotoatelier. Ich war überzeugt, es wäre etwas Kreatives, und für eine solche Art von Tätigkeit hatte ich immer Interesse. Dann kam noch dazu, dass Zeichnen ohnehin mein Lieblingsfach war. Das ist ja für diesen Beruf eine wesentliche Voraussetzung. Ich dachte, dass das ausreicht, wenn man darüber hinaus noch etwas Mathe kann. Das war natürlich nicht so. Es kam noch ein bisschen mehr dazu.

Bereits mit 17 habe ich mich an der Hochschule für Bildende Künste beworben. Unabhängig von Ost und West war Berlin für mich Berlin. Doch infolge der Währungsreform war es für mich jetzt ausgeschlossen, auf der Grundlage von Ostgeld an der West-Berliner Hochschule zu studieren. Ich habe mich daraufhin an der Ingenieurschule in Lichtenberg beworben und inzwischen in einer Art Praktikum auf dem Bau gearbeitet. Doch das Manschen im Kalk hätte mir nicht behagt, Holz dagegen empfand ich als anziehend. Ich habe dann in einer Holzfirma gearbeitet, die aber bald enteignet wurde und wo nun für mich kein Platz mehr war. Ein Bekannter meiner Eltern hatte jedoch ein kleines Zimmerei-Unternehmen, in dem ich danach anfangen konnte. Der Chef war absolut perfekt, ein Meister der alten Schule. Da konnte man tatsächlich was lernen. Und irgendwann, ich war einschließlich der vorausgegangenen Firma schon anderthalb Jahre im Gewerbe, fragte er mich, ob ich nicht die Gesellenprüfung ablegen wolle. Normalerweise hätte man dafür einen Lehrvertrag und drei Jahre Ausbildung gebraucht. Ich habe dann rückwirkend einen Lehrvertrag von ihm bekommen, und mein Lehrmeister hat mich zur Gesellenprüfung angemeldet. Kurz vor meinem Absprung zum Studium habe ich tatsächlich den Berufsabschluss zum Zimmermann mit einem achtbaren Ergebnis erreicht.

1955 schlossen Sie das Architekturstudium ab, da waren Sie 24. Danach fingen Sie bei der DEFA an. Wie ist es dazu gekommen?

Das war ganz überraschend. An der Hochschule gab es immer Leute, die Studenten, die kurz vorm Abschluss standen, für ihren Betrieb werben wollten. Das war ja eine Zeit, in der es überall zu wenige Fachleute gab. Ich hatte einen Dozenten, der irgendwie mit Leuten aus der DEFA-Direktion verbandelt war. Der kam und sagte, er hätte erfahren, dass man dort an Nachwuchs interessiert wäre. Sie würden gern zwei Absolventen als Filmarchitekten aufnehmen. Ich war nicht uninteressiert und hatte sogar noch versucht, einen Kommilitonen mitzuschleppen. Der sagte aber auf den letzten Drücker ab, da er meinte, dass man beim Film Aufgaben habe, von denen wir doch gar keine Ahnung hätten. Ich dagegen dachte, ich guck es mir einfach mal an. So bin ich hingegangen und habe ein paar Unterlagen mitgenommen. Zu meiner Überraschung wurde beim Bewerbungsgespräch alles ruckzuck abgenickt. Damit konnte ich bei der DEFA als Filmarchitekt anfangen. So einfach war es damals.

MÄRKISCHE FORSCHUNGEN: Jutta Wachowiak, Hermann Beyer

Was war denn der erste Arbeitsauftrag?

Für die einzige Regiearbeit Karl Parylas bei der DEFA, MICH DÜRSTET, sollte ich ein spanisches Dorf konzipieren. Genau genommen ging es um ein Dorf um 1936 während der Bürgerkriegszeit. Dafür sollte ein Dreh-Modell gefertigt werden. Wir konnten ja in der Franco-Zeit nicht nach Spanien reisen. Ich war nun aufgefordert, mir ein Teil eines Gesamtdorfes einfallen zu lassen, das dann im Maßstab 1 : 10 im Atelier aufgebaut werden konnte. Es sollte im normalen Zustand, brennend und einmal niedergebrannt gedreht werden. Ich habe mich drei Wochen lang erst mal schlau gemacht über spanische Dörfer, dann entsprechende Gebäude entworfen und im Maßstab 1 : 10 gezeichnet, damit sie in der Modelltischlerei angefertigt werden konnten. Das war eine Aufgabe, die mich ganz und gar erfüllte.

Nach ungefähr drei Wochen lernte ich Gerhard Helwig, meinen Szenenbildner, kennen, der von Außenaufnahmen zurückkam. Der sah sich mein Dorf an und sagte: »Ist ganz schön. Aber das kannst du in den Papierkorb schmeißen. Oder, wenn es dir gefällt, heb es auf, war ja deine erste Arbeit. Man hat uns das Geld für das Modell gestrichen. Das Ganze wird anders realisiert.« Da dachte ich: Hier bleibst du nicht. Für den Papierkorb arbeiten – das kannst du dir sparen. Aber offenbar erschien es mir beim Film letztendlich doch spannender zu sein, als an anderer Stelle genormte Wohnhäuser zu entwerfen.

Was war danach der erste Film, in dem Ihre Arbeit umgesetzt wurde?

Ich glaube, danach kam LISSY von Konrad Wolf. Den hat ebenfalls Gerhard Helwig als Szenenbildner konzipiert. Er war offensichtlich daran interessiert, dass ich bei ihm bleibe. Danach haben wir für Arthur Pohl einen aufwendigen Farbfilm im Breitwandformat vorbereitet, SPIELBANK-AFFÄRE, der in der Bundesrepublik spielt. Um diesen Film gab es bald viele Schwierigkeiten. Er wurde schließlich in der DDR in Schwarz-Weiß und Normalformat in den Kinos gezeigt. Warum wohl? Pohl, der in West-Berlin lebte, hat anschließend nicht mehr für die DEFA gearbeitet.

Seinerzeit gab es noch viele Kollegen, gerade auch in meinem Berufszweig, die in West-Berlin wohnten. Ihnen wurde nun von der Studioleitung das Leben immer schwerer gemacht. Sie mussten sich entscheiden, ob sie in den Osten ziehen oder im Westen bleiben wollten. Aber im Westen zu bleiben, war nicht so einfach, denn wollte man in seinem Fachbereich weiterarbeiten, musste man erst mal Anschluss finden. Bei GESCHWADER FLEDERMAUS von Erich Engel habe ich mit Karl Schneider als Szenenbildner gearbeitet. Das war für ihn als Westler Ende der 1950er-Jahre schon sehr kompliziert. So habe ich ihn dann nicht oft gesehen und musste viele Dinge selbstständig entscheiden. Besonders problematisch war es in diesem Fall auch, weil wir auf dem seinerzeitigen Sowjetflugplatz in Schönefeld drehten.

Die Zeit um 1960 war für Sie nicht nur beruflich, sondern auch privat sehr bedeutungsvoll.

Ja. 1960 habe ich geheiratet, im Juni kam unser Sohn zur Welt, und im Oktober des Jahres sind meine Eltern zurück nach Worms gegangen. Sie hatten die Nase voll von der Planwirtschaft. Mein Vater gab sein Fotoatelier auf, weil man ihn in eine Genossenschaft zwingen wollte. Besonders bei meiner Mutter waren es aber auch Jugenderinnerungen, die eine Rolle spielten. Die ersten 33 Jahre hatte sie in Worms verbracht und war in der Stadt auch in gesellschaftlicher Hinsicht verankert. Meine Eltern türmten zunächst nach West-Berlin zu Bekannten, die schon vorher die DDR verlassen hatten. Dort haben wir noch gemeinsam den 30. Hochzeitstag der Eltern und den 57. Geburtstag meiner Mutter gefeiert, bevor sie nach Westdeutschland ausgeflogen wurden.

Die Frage, dass Sie auch in den Westen gehen, die stand damals offenbar nicht?

Nein, die stand bei mir genauso wenig, wie bei meinem Bruder. Ich hatte meine Arbeit bei der DEFA und mein Bruder war in der Zwischenzeit Kameramann beim Fernsehen. So hatten wir verabredet, dass wir erst mal bleiben. Man konnte sich ja 1960 auch nicht vorstellen, dass es möglich wäre, die Bude ganz dicht zu machen. Dass man die Sachsen nicht mehr nach Berlin lässt, das war vielleicht denkbar, eine absolute Teilung Berlins aber nicht. Insofern stand es nicht zur Debatte, den Job Hals über Kopf zu verlassen.

Bis zu diesem Zeitpunkt haben Sie im Studio Erfahrungen als Filmarchitekt gesammelt. Wie ging es dann in ihrer Laufbahn weiter?

Ich habe mich zunehmend in das Metier eingearbeitet und mehr und mehr Freude am Beruf gefunden. Anfang der 1960er-Jahre landete ich nach einem Urlaub unmittelbar bei Willy Schiller, dem Altmeister der Szenografie. Ob er mich angefordert hatte oder ich ihm zugeteilt wurde, das weiß ich nicht. Schiller war ein beeindruckender Mann. Innerlich war er jung geblieben.

Und er gab gern seinen reichen Erfahrungsschatz an die nachfolgende Generation weiter. Dabei spielte er sich nicht als Lehrmeister auf, sondern achtete jeden Mitarbeiter als gleichwertig. Unsere erste gemeinsame Arbeit war für den Film NEBEL in der Regie von Joachim Hasler. Für mich wurde das zu meiner Überraschung der letzte Film, in dem ich lediglich als Architekt im Szenenbild fungierte.

Willy Schiller war parallel mit Vorarbeiten für einen Film über Karl Liebknecht beauftragt. Der entsprechende szenenbildnerische Aufwand erschien ihm bald so umfangreich, dass er einen gleichberechtigten Partner an seiner Seite für erforderlich hielt. Als diesen Partner wählte er mich aus, und das betrachte ich bis heute als einen großen Glücksumstand. Unsere Aufgabe bestand in nichts weniger, als das alte Berlin von vor 1914 zwischen Potsdamer Platz und Lustgarten wieder zum Leben zu erwecken. Dort war nach dem Zweiten Weltkrieg nicht mehr viel von der ursprünglichen Bebauung übriggeblieben. Zudem war die Stadt inzwischen durch die Mauer geteilt.

Bald stellte sich heraus, dass der von Autor Michael Tschesno-Hell und Regisseur Günter Reisch entwickelte Stoff derart umfangreich war, dass er nur in einem zweiteiligen Film zu bewältigen wäre. Daraus folgend wurde als erster Teil SOLANGE LEBEN IN MIR IST konzipiert, wofür Willy Schiller die Hauptverantwortung übernehmen sollte, und als zweiter Teil TROTZ ALLEDEM!, für den ich federführend verantwortlich zeichnen sollte. Dann wurde die Studioplanung geändert. Man wollte beim Liebknecht-Film zunächst den ersten Teil unabhängig von der Fortsetzung fertigstellen. So traten meine Vorarbeiten in den Hintergrund und wir konzentrierten uns gemeinsam auf SOLANGE LEBEN IN MIR IST.

Es war ein enormer Arbeitsaufwand. Aus zeitgenössischen Fotografien und nach den Erinnerungen von Willy Schiller wurde der Potsdamer Platz rekonstruiert. Daraus haben wir die erforderlichen Schauplätze entnommen, die dann nach unseren Vorlagen auf dem Babelsberger Studiogelände nachgebaut wurden. Alle Innenschauplätze entstanden in den Ateliers.

Nach diesen Dreharbeiten ist Willy Schiller pünktlich mit 65 Jahren in Rente gegangen und ich bekam einen offiziellen Vertrag als Szenenbildner. So habe ich die Räumlichkeiten, in denen Schiller bislang mit seinen Mitarbeitern Szenenbilder kreierte, komplett übernommen. Mein einstiger Mentor hat mich in den folgenden Jahren oft besucht. Besonders haben wir uns gemeinsam gefreut, als sieben Jahre später auch der zweite Teil des Liebknecht-Films doch noch in Produktion ging.

TROTZ ALLEDEM!: Horst Schulze

Oftmals werden im Rückblick auf die DEFA die Bezeichnungen Szenenbildner versus Filmarchitekt willkürlich benutzt. Wie war das genau im Studio geregelt?

Der Szenenbildner war derjenige, der die Verantwortung für den Bau und die Ausstattung des Films insgesamt hatte. Die qualitativen Voraussetzungen für einen Szenenbildner waren recht umfangreich: Als selbstverständlich galten optisches Darstellungsvermögen, eine historische und stilistische Vorbildung, literarisches Interesse und nicht zuletzt Improvisationstalent. Dazu kamen: handwerkliche Kenntnisse, Leitungsfähigkeiten und kostenwirtschaftliches Einschätzungsvermögen.

In den Anfangszeiten des Films kamen unsere Vorgänger fast ausschließlich aus der Theaterbranche, wie beispielsweise Erich Zander und Artur Günther. Zu meiner Zeit hatten Anfänger ihre Vorbildung außer in der Architektur in anderen bildkünstlerischen Berufsfeldern erworben, da ja die Filmhochschule diese Berufsausrichtung erst ab etwa 1990 aufnahm. Ich zählte damals zu den Mitbegründern der Fachrichtung.

Was seinerzeit selbstverständlich mit zur Szenenbildgestaltung gehörte, waren notwendige Trickszenen, die sich für das Szenenbild hauptsächlich auf Drehmodelle, sogenannte Vorsatzmodelle und zur Einspiegelung beschränkten und gemeinsam mit dem speziellen Fachbereich, der Trickabteilung, realisiert wurden. Durch die Digitalisierung auf diesem Gebiet sind die Möglichkeiten heute viel optimaler.

Auch die Requisite unterstand uns Szenenbildnern. Meistens gab es pro Film einen Außenrequisiteur, der für den Geschäftsbereich und für die Recherche zuständig war, und einen Innenrequisiteur, der die entsprechenden Ausstattungsgegenstände aus dem Fundus betreute. Wie man sich das untereinander aufteilte, das war oft verschieden. Die konkrete Abstimmung war aber immer unumgänglich, eine Koordination, die beim Szenenbildner lag. Wenn man gute Erfahrungen mit seinen Requisiteuren gemacht hatte und zufrieden war, versuchte man, das Team zusammenzuhalten. Leider klappte es manchmal nicht, da die gefragten Leute bereits in einem anderen Film eingebunden waren.

Wie viele Szenenbildner gab es im Studio? Und waren diese festen Arbeitsgruppen zugeordnet?

Im Durchschnitt waren wir zwanzig Kollegen. Vielleicht waren es auch nur 18. Also maximal zwanzig. Feste Arbeitsgruppen gab es nicht. Wenn man einen Vertrag als Szenenbildner hatte, dann wurde man von der jeweiligen Produktion, meistens vom Regisseur, angefordert. Dabei haben sich dann doch manchmal feste Arbeitsverhältnisse gebildet. Ich habe zum Beispiel mit Herrmann Zschoche eine ganze Anzahl Filme realisiert. Ebenso mit Roland Oehme und Günter Reisch. Es gab auch Szenenbildner bei der DEFA, die überwiegend Auftragsproduktionen fürs Fernsehen gemacht haben. Damit hatte ich aber seltener etwas zu tun, da ich hauptsächlich mit Spielfilmregisseuren zusammenarbeitete.

Thematisch haben dabei oft historische Stoffe eine Rolle gespielt. Die hat man mir wohl ganz gern zugeordnet, da ich nicht nur das Drehbuch las, sondern immer umfangreich Sekundärliteratur einbezog. Dadurch konnte ich dem Film sogar manchmal Ideen zuordnen, die das Drehbuch nicht vorgesehen hatte. Grundsätzlich bin ich der Meinung, dass man Personen auch durch Szenenbild und Ausstattung zusätzlich charakterisieren kann. Wie und wo jemand wohnt, wie sein Umfeld aussieht, das kennzeichnet nicht unerheblich eine fiktive Figur, die vom Schauspieler im Film dargestellt wird.

Aber als federführender Szenenbildner hatten Sie dann feste Mitarbeiter?

Nein, nein! Nein! Der Einzige, den man manchmal von einer Produktion zur anderen mit rüberretten konnte, war der Stellvertreter, der Filmarchitekt, quasi der zweite Mann in einer Gruppe. Oder die zweite Frau, denn ich hatte ja auch mal eine Kollegin als Stellvertreterin. Diese zweite Frau war Marlene Willmann, die später selbst als Szenenbildnerin tätig war – ein ähnlicher Weg wie ihn auch Dieter Döhl und Hans-Jürgen Deponte genommen haben. Es war ja nicht so, dass man immer gleich Anschlussarbeiten hatte. In der jeweiligen Vorbereitungszeit hat man ohnehin allein gearbeitet.

Wie kann man sich die genauen Produktionsabläufe für einen Szenenbildner bei der DEFA vorstellen? Wann wurde der Szenenbildner in das Projekt einbezogen und wie stark konnte er sich einbringen?

Wenn erst mal feststand, dass man für ein Projekt vorgesehen war, war es selbstverständlich, dass man sich frühzeitig einbrachte. Manchmal gab es noch gar kein Drehbuch. Das waren vielfach zunächst noch Exposés. Da hieß es, ob man sich nicht mal umgucken könne, um hier oder da irgendeine interessante Drehmöglichkeit zu finden. So ist man quer durchs Land gefahren. Wir hatten meist dafür die notwendige Zeit, denn es gab ein projektunabhängiges monatliches Gehalt. Als Szenenbildner erhielt man nach Fertigstellung eines Films, je nach Bewertung, noch was dazu. Heute würde man Bonus dazu sagen.

Bei der Suche nach Drehorten war zunächst mitentscheidend, wie viel Geld für den jeweiligen Film insgesamt zur Verfügung stand. Bei Gegenwartsstoffen war der finanzielle Bedarf logischerweise nicht so hoch wie bei einem historischen Stoff. Man ist auf Motivsuche gegangen und hat sich überraschen lassen, welche Orte sich als anregend erwiesen. Anhaltspunkte für die zielgerichtete Suche habe ich über verfügbare Literatur entsprechend den Erfordernissen gefunden.

Ziemlich genau war festzulegen, welche Schauplätze im Atelier zu bauen waren. Zumindest beim Farbfilm konnte man Originalschauplätze wegen der Qualität des ORWO-Materials damals kaum so ausleuchten, wie es notwendig gewesen wäre. Die Lichtempfindlichkeit des Filmmaterials war zu gering. Ohnehin wurden zumindest in den ersten zwei Jahrzehnten, in denen ich bei der DEFA war, hauptsächlich Schwarz-Weiß-Filme realisiert.

Bei Motivsuchen habe ich gewöhnlich verschiedene Alternativen gefunden, die ich dem Regisseur anbot. Dabei sollte man schon ein bisschen seine eigene Phantasie spielen lassen. Es war stets gern gesehen, wenn man etwas Besonderes mitbrachte. Besprechungen zur Umsetzung erfolgten dann auf Grundlage von Fotos. Hier war zu sehen, was für die einzelnen Szenen oder auch hinsichtlich der Zeit, in der die Filmhandlung angesiedelt war, an den Originalschauplätzen verändert werden musste.

Die größten Herausforderungen stellten natürlich Modernismen in Landschaften oder Orten dar. Als wir den Liebknecht-Film drehten, störten etwa die Peitschenlampen. Unter den Linden und auf der Schlossbrücke standen seinerzeit keine Plastiken, nur die Sockel waren noch vorhanden. Da habe ich Backgrounds von den historischen Figuren anfertigen lassen. Das hieß nun, dass wir nur bei einem bestimmten Sonnenstand drehen konnten, denn wenn das Licht von hinten gekommen wäre, hätte man nur schwarze Silhouetten gesehen.

Ganz kompliziert aber waren die Peitschenmasten. Die habe ich mir aufgezeichnet, historische Elemente, die aus leichtem Material gefertigt wurden, ergänzt und sie den modernen Masten zugefügt. Man brauchte dann nur noch die Neonleuchte vom Mast abzunehmen und eine nachgebaute Gaslaterne aufzusetzen. Heute, mit der digitalen Technik, kann man ja viele Dinge aus dem Bild entfernen oder einfügen. Das ist damals alles nicht möglich gewesen. Wir hatten es ein bisschen komplizierter, als es heute ist.

Bei aller Gestaltung habe ich immer Wert darauf gelegt, dass ich mit den Schauplätzen möglichst authentisch bin. Ich konnte nicht nachvollziehen, wenn jemand seiner Phantasie so weit freien Lauf lässt und das, was er einbringt, historisch nicht belegbar ist. Das macht den ganzen Film unglaubhaft.

Für Außenmotive habe ich meistens in die Fotos die Veränderungen reinskizziert, die anschließend präzise in maßstabsgerechte Zeichnungen umgesetzt und in unseren absolut perfekten Werkstätten realisiert wurden. Es ging immer darum, Objekte zu kreieren, die einem Original sehr nahekamen.

Wurden zu jedem Film neben den Zeichnungen auch Modelle der Drehorte angefertigt?

Nur in besonderen Fällen. Wenn sich zum Beispiel an einem Schauplatz wichtige Handlungen konzentrierten, wie bei DER STREIT UM DES ESELS SCHATTEN von Walter Beck. Das hing darüber hinaus oft von der Frage ab, wie viele Mitarbeiter man als Szenenbildner hatte. Die Modelle wurden meist vom Filmarchitekten, dem Szenenbildner und gegebenenfalls einem Kunstmaler gemeinsam angefertigt. Man muss aber unterscheiden: Anschauungsmodelle sind etwas anderes als Modelle, die unmittelbar zum Dreh eingesetzt werden. Das konnten beispielsweise auch Flieger oder historische Segelschiffe sein, die dann im Trickstudio aufgenommen wurden. Solche Drehmodelle wurden bei Bedarf von uns entworfen, gezeichnet und dann in den Fachwerkstätten hergestellt.

Wie funktionierte die Abstimmung mit den jeweiligen Regisseuren?

Natürlich gab es in der Vorbereitungszeit offizielle Regiebesprechungen, um grundsätzliche Belange zu klären. Die konkreteren Absprachen im kleinen Kreis mit Regisseur und Kameramann, in denen es darum ging, wie das Resultat unserer gemeinsamen Arbeit am Ende aussehen soll, waren Inhalt interner Gespräche. Für Ralf Kirsten beispielsweise war es wichtig, dass er abends mit seinem Team zusammensitzen konnte, um die Probleme für den kommenden Drehtag zu klären. Da war er sehr prinzipientreu.

Wichtig in der Vorbereitung waren konkrete Absprachen mit dem Kameramann. Oft hatten Kameraleute besondere Wünsche. Gerade hinsichtlich der komplizierten Technik war das damals ein ganz entscheidender Punkt. Heute ist es für einen Kameramann kein Problem mehr, die verrücktesten Einstellungen zu realisieren. Aber mit dem damaligen Material war vieles nur mit großem Aufwand machbar. Nachtaufnahmen wurden beispielsweise noch hauptsächlich am Tage gedreht, weil das Ausleuchten für eine originale Nachtaufnahme sehr kompliziert war. Heute sehe ich bei den Filmen aus jener Zeit noch ganz genau, welche Nachtaufnahmen am Tag aufgenommen wurden. Es war also damals für den Szenenbildner von großer Bedeutung, die aufwendige Kameratechnik zu berücksichtigen.

Absprachen mit dem Kostümbild waren ebenfalls frühzeitig wichtig, um zum Beispiel eine gemeinsame Farbabstimmung zu erreichen. Auch dazu fanden individuelle Zusammenkünfte statt.

Alle Ideen, die Sie gesammelt hatten, mussten dann auf die Kalkulation für den jeweiligen Film abgestimmt werden. Wie hat das funktioniert?

Wenn das Drehbuch in einzelne Einstellungen aufgegliedert war, haben wir meist kleine Skizzen angefertigt, die erkennen ließen, was im Bild ist. Danach wusste man, was für die Hintergründe unbedingt benötigt wird. Wenn das klar war, konnte man festlegen, was einem Originalschauplatz noch hinzugefügt werden musste oder was zu verdecken war. Jetzt fing die eigentliche Arbeit an. Für alle zu gestaltenden Schauplätze wurden Vorlagen angefertigt. Erst danach konnte man einschätzen – auf der Grundlage entsprechender Erfahrung –, welche Kosten für die Umsetzung nötig waren. Der Produktionsleiter hatte immer nur eine bestimmte Summe zur Verfügung. Deshalb mussten alle Ansprüche abgestimmt werden. Dabei waren die Schwerpunkte der einzelnen Gewerke sehr unterschiedlich. Mal mussten viele Kleindarsteller bezahlt werden oder ein teurer Hauptdarsteller.

Bei Kostümfilmen sind die größeren Summen ins Kostüm und in die Maske geflossen. Da musste man sich als Szenenbildner schon manchmal etwas zurückhalten. Speziell bei historischen Stoffen flossen aber auch oft reichlich Mittel in die Schauplätze. Historische Innenschauplätze durften wir hin und wieder in Originalschlössern drehen. Das war allerdings mit den vielen Scheinwerfern, die wegen des Filmmaterials nötig waren, oft schwierig, da die enorme Last von den empfindlichen Gebäuden nur schwer verkraftet werden konnte. Deswegen wurden historische Schauplätze vielfach im Atelier aufwendig nachgebaut, in den Ausmaßen natürlich immer auf die zu bespielenden Flächen reduziert.

Wie stellt sich für Sie die Wechselbeziehung zwischen authentischen Eindrücken und geschaffenen Schauplätzen einer filmischen Inszenierung dar?

Ich bin der Meinung, dass man mit gebauten Schauplätzen letztendlich oft authentischer sein kann, als es bei der heute meist beanspruchten Nutzung von Originalschauplätzen erreicht wird. Die Wahl für Originalschauplätze ist sehr oft Zufälligkeiten unterworfen. Wo komm ich denn rein? Wo komme ich am billigsten rein? In der Konsequenz trägt dann das Umfeld wenig dazu bei, eine Person zu charakterisieren. Wenn man einen Schauplatz baut, kann man viel präziser auf das geplante Geschehen und die Darstellung von Personen eingehen. Insofern sind gebaute Schauplätze, wenn man sie unter den genannten Aspekten realisiert, oft konkreter und dem Film zuträglicher als Originalschauplätze.

Historische Genauigkeit ist unumgänglich. Filme, die zum Beispiel im 20. Jahrhundert spielen und von uns inzwischen als historischer Stoff wahrgenommen werden, haben das Problem, dass es noch Menschen gibt, die die Originalzeit miterlebten. Nehmen wir dagegen an, ich habe einen Film, der im 18. Jahrhundert spielt – da kann ich was dazuspinnen oder weglassen. Das hat ja keiner mehr miterlebt. Bei Gegenwartsfilmen oder bei Filmen, die in der nahen Vergangenheit spielen, geht das nicht. Wobei ich aber persönlich der Meinung bin, dass Schauplatz und Ausstattung auch aus vergangenen Zeiten im historischen Kontext stimmen sollten. Das gilt insbesondere für sogenannte Spielrequisiten.

Gibt es mit Blick auf Ihre Arbeit einen Unterschied zwischen realistischen oder naturalistischen Aspekten?

Da jeder Realismus auch einen gewissen Prozentsatz Naturalismus in sich birgt, möchte ich nicht absolut unterscheiden. Naturalismus ist etwas, was aus meiner Sicht manchmal ins Klischeehafte reicht. Doch ich bin kein Gegner von Klischees. Unser ganzes Leben ist voller Klischees, und so habe ich diese oft vorsätzlich genutzt. Das Ziel war, Situationen für den Zuschauer vorstellbarer zu machen. Letztendlich ist aus meiner Perspektive die Frage »Realismus oder Naturalismus?« ohnehin eher ein Problem für Philosophen. Ein Szenenbild soll optisch ein Stückchen Geschichte erzählen, die verbal den Schauspielern nicht in den Mund gelegt wird. Und das muss man nicht mit den Ohren, sondern mit den Augen erfahren. Das betrifft alles, was unter dem Begriff »Milieu« verstanden wird und ist durch die Auswahl oder die Schaffung von Schauplätzen zu erreichen.

Realismus in meinem Berufsfeld ist insofern wichtig, als dass ich eine Situation schaffe, die glaubhaft ist und vom Zuschauer als solche wahrgenommen wird. Das muss nicht pauschal gelten, aber die Möglichkeit dessen muss nicht auszuschließen sein. Als Szenenbildner sollte man sich nicht vordergründig als besonders phantasiebegabt darstellen. Wenn ich die Begebenheit, die ich vorgeführt bekomme, nicht glauben kann, wenn sie jedweder Logik widerspricht und man sehr gutmütig sein muss, um sie zu akzeptieren, dann funktioniert das Dargebrachte nicht. Man muss sagen können: Es ist zwar sehr weit weg von dem, was ich erlebt habe, was mir zu Ohren gekommen ist oder was ich gelesen habe, aber es scheint mir möglich.

Können Sie ein konkretes Beispiel nennen, wo Sie bewusst mit Klischees gearbeitet haben, um Figuren deutlicher heraustreten zu lassen bzw. mehr über die Figuren zu erzählen?

Wie schon gesagt, der Begriff »Klischee« wird schnell für alles Mögliche verwendet und dabei stets als Negativum bewertet. Aber manche Dinge kann man durch ein Klischee sogar besser als auf andere Weise erklären, denn es ist etwas, was bei den Zuschauern auch im realen Leben oft am ehesten hängen bleibt. Warum soll ich das auslassen? Bloß, weil irgendwelche Leute dies als negativ bewerten?

Herrmann Zschoche und ich, wir haben uns zum Beispiel beim Hölderlin-Film HÄLFTE DES LEBENS gegenseitig ins Ohr geflüstert: »Wenn wir ehrlich sind, sollten wir gerade so am Kitsch vorbeigleiten.« So, dass die Mädchen noch eine Träne weinen, wenn sie den Film sehen und dennoch das Gesehene insgesamt als Wahrheit ansehen.

Oder vielleicht BÜRGSCHAFT FÜR EIN JAHR mit Katrin Sass. Das war ein sozialkritischer Film, und die Arbeit daran forderte besonderes Einfühlungsvermögen, damit man auch mit der Gestaltung des Milieus einiges über die

Hauptfigur erzählen konnte. Die Wohnung habe ich so konzipiert, wie man es sich bei jemandem vorstellt, bei dem Dinge wie Wohnung, Haushalt und Kind eher einen sekundären Stellenwert haben. Auch hier habe ich auf Klischees zurückgegriffen und konnte so die Einstellung der handelnden Hauptfigur zum Leben durch das Szenenbild deutlicher kennzeichnen. Für mich ist das Szenenbild stets eine Verdichtung, die dazu beiträgt, etwas über die handelnden Figuren zu erzählen, hier über eine Mutter, die abends lieber irgendwohin geht und die Kinder mit einem »Nun schlaft mal schön!« allein lässt. Die Kinder stehen ihr in irgendeiner Weise immer im Wege. Andererseits möchte sie nicht auf sie verzichten. Das sollte auch im Szenenbild anklingen. Eigentlich hat das Zuhause die Protagonistin bedrückt, und so habe ich beispielsweise die Dekorationen in gedeckten Farben gestaltet. Eine Farbigkeit war in ihren vier Wänden nicht vorhanden, weder Rot noch Gelb und auch keine kühlen Farben.

Es ist für den Außenstehenden schnell nachvollziehbar, dass man für einen historischen Stoff sehr viel bauen und gestalten muss. Wie sieht das vergleichsweise in einem zeitgenössischen Kontext aus?

Im Prinzip ist beides in den Hauptaspekten vergleichbar. Natürlich ist man im Gegenwartsfilm hinsichtlich von Schauplätzen und Ausstattung etwas freier. Wenn im Drehbuch nicht gerade eine Örtlichkeit konkret benannt ist, kann man dem Ehrgeiz nachgeben, etwas besonders Interessantes im Sinne der Geschichte zu finden. Auf die Buchinhalte hatte ich natürlich keinen großen Einfluss. Dafür aber auf das Ambiente, in dem die Handlung angesiedelt war. Da habe ich, wie auch meine Kollegen, schon großen Wert darauf gelegt, dass man die Zeit ablesen und wiedererkennen kann, in der die Geschichte angesiedelt ist. Das gilt auch für das Kostüm.

Farben zum Beispiel ordnen sich bestimmten Moden unter und kennzeichnen immer eine bestimmte Tendenz. Lange konnte man die jeweilige Zeit ziemlich genau an der Garderobe ablesen. Das ist heute nicht mehr so einfach, weil man in der Auswahl seiner Kleidungsstile inzwischen viel freier und damit vielfältiger ist. Als ich für die DEFA arbeitete, waren zeitweise bestimmte Farbkombinationen im normalen Alltag prägend. Ich brauchte von nirgendwoher eine Aufforderung, die Farben so oder so zusammenzustellen. Irgendwie nimmt man etwas unbewusst wahr, was man dann ins eigene Bewusstsein einbringt und so schließlich für völlig normal hält. Im Rückblick merkte ich dann, ich bin bei den Farben und der Farbgestaltung genau den Tendenzen gefolgt, die Mode in der jeweiligen Zeit ausmachte. Ohne irgendwo etwas abzugucken oder mir von Wissenschaftlern erklären zu lassen. Das war einfach das berüchtigte Bauchgefühl.

Auch wenn es wegen des großen zeitlichen Abstands schwer ist: Können Sie die genannten übergreifenden Aspekte an einigen Filmen konkret festmachen? LIEBE MIT 16 *von 1974 vielleicht?*

Da kam es mir primär auf eine gewisse Leichtigkeit an. So wie die Jugendlichen aus meiner Sicht eben waren. Ich wollte vom Szenenbild her nicht irgendwelche Probleme der Geschichte aufpfropfen, sondern den gegebenen leichten Ton aufgreifen. Und trotzdem sollte man sagen können: »Ja, eigentlich stimmt alles.«

Wir haben am Kalksee in Rüdersdorf bei Berlin unsere Badeszenen gedreht. Das war schon im September. Doch wir hatten großes Glück, weil es noch schönes Sommerwetter gab. Dieser See in einer alten Kalkgrube hatte so was Intimes. Das war für die Liebesszene passend, aber nicht so mit untergehender Abendsonne, rauschenden Bäumen und Vogelzwitschern, sondern der See hatte so etwas Selbstverständliches, eher Herberes. Wir fanden das passend mit Blick auf unsere Figuren. Man musste nach bestem Wissen und Gewissen versuchen, aus den vielen Möglichkeiten das auszusuchen, was sich als das Optimale für die jeweilige Szene anbot.

Eine andere Dimension ergab sich ein Jahr später bei IKARUS *von Heiner Carow. Hier gab es in der Geschichte einen ziemlich weitreichenden politischen Aspekt, der berücksichtigt werden musste.*

Ja, das war im Grunde genommen eine eindeutig metaphorisch angelegte Geschichte. Dabei galt es immer zu ergründen: Was ist denn da im eigentlich realen Sinn überhaupt gemeint? Die Geschichte wird ziemlich realistisch erzählt, doch im Hintergrund geht es um bedeutende gesellschaftliche Themen. Die Zuschauer sollten sich mit ihren eigenen Problemen wiedererkennen.

Da spielte etwa das Zimmer des Jungen eine große Rolle. Weil das so wichtig war, hatten wir von diesem Raum sogar ein Modell angefertigt. Eigentlich war es nur ein Zimmerchen. Und da hatte ich eine Streifentapete vorgesehen, da ein Zimmer für ein Kind auch ein Knast sein kann. Um das zu unterstreichen, hatte ich an einer Wand die Tapete quer geklebt, sodass die waagerechten Streifen ein Gitter ergaben. Die Maler hatten das dann aus ihrem Verständnis heraus korrigiert. Genauso wie man eine Streifentape-

IKARUS: Peter Welz (l.), Hermann Beyer

te normalerweise anbringt. Und dann kam Heiner Carow und meinte: »Du hast das doch ganz anders entworfen? Das hatte mir absolut gefallen!« Und da mussten die Kollegen noch mal neu tapezieren.

Durch die Gestaltung hatten wir eine zweite Ebene geschaffen. Somit war das, was gezeigt wurde, eine Metapher für größere gesellschaftliche Fragen. Wollen wir uns nichts vormachen. Gegenwart war oft schwieriger darzustellen als etwas aus der Historie. Bei aktuellen Stoffen haben bestimmte Institutionen immer ihre Nase reingehängt. Die meinten dann zu wissen, wie das Volk denkt, was es *nicht* sehen will und was es unbedingt sehen *muss*.

Welche Erinnerungen haben Sie an Ihre Zusammenarbeit mit Roland Oehme und dessen heitere Filme EIN IRRER DUFT VON FRISCHEM HEU (1977) und EINFACH BLUMEN AUFS DACH (1979)?

Da ich ja eh eine Ader für die Satire habe, war es für mich ein Vergnügen, so etwas realisieren zu dürfen. Bei EINFACH BLUMEN AUFS DACH spielte für mich der optische Kontrast zwischen einer Laube und einer Garage eine wesentliche Rolle. Die Hauptpersonen sollten eine Laube besitzen. Dafür habe ich ein winziges Häuschen bauen lassen. Mit allerlei Firlefanz, einem Satteldach, Türmchen, kleinen Fenstern und lauter so'n Schnokus. Dem sich daraus ableitenden Gefühl gegenüber habe ich im Sinne der Konflikte der Geschichte eine brutal riesengroße glatte Betongarage an das Häuschen gesetzt. Mein Gag gefiel Roland gleich, als er die ersten Skizzen gesehen hatte. So kleine satirische Späße habe ich mir nicht entgehen lassen. Der Witz erwies sich dadurch, dass ein Zeitkolorit sichtbar gemacht und etwas über gesellschaftliche Verhältnisse ausgesagt wurde.

EIN IRRER DUFT VON FRISCHEM HEU war ebenfalls ein Leckerbissen für mich. Es ist ein Film, der auf dem Land spielt. Wir brauchten ein geeignetes Haus, das unmittelbar in der Nähe einer Kirche stehen sollte. In der Greifswalder Gegend habe ich ein leerstehendes strohgedecktes Haus gefunden. Das war völlig vergammelt. Vermittelt durch die dortige Gemeinde konnten wir das Haus nutzen. Ich habe es dann komplett restaurieren lassen. So richtig nach mecklenburgischen Vorbildern: mit neuem Rohrdach und allem Drum und Dran. Das Haus spielte ja im Film eine große Rolle. Es sah hinterher super aus. Später haben es irgendwelche Idioten leider abgebrannt. Glücklicherweise waren wir aber mit dem Drehen fertig. Die Innenaufnahmen wurden ohnehin im Studio gedreht, denn mit den Scheinwerfern kamen wir nicht in die niedrigen Räume des Originalhauses.

1982 erhielten Sie für Ihre Arbeit an Roland Gräfs Film MÄRKISCHE FORSCHUNGEN auf dem 2. Spielfilmfestival der DDR den Preis für die beste Szenografie. Was war Ihnen bei dieser Arbeit besonders wichtig?

In diesem Film spielten zum Beispiel die alten Steine im sogenannten Klosterformat aus der Ruine eines Gutsschlosses eine wichtige Rolle. Mein Anspruch war, dass genau diese Steine den historischen Kontext der Geschichte dokumentieren konnten. Ob das alle Leute als etwas Wesentliches ansahen, interessierte mich wenig. Für mich musste das so sein, und außerdem passte es genau zu dem, was Günter de Bruyn in seiner Parabel erzählt. Fachleute wissen, dass im Märkischen im 18. Jahrhundert dieses Steinformat verbaut wurde. Im Szenenbild ging es um nichts weniger, als eine vergangene Zeit durch ein unspektakuläres Bauteil zu repräsentieren.

Vor der Motivsuche habe ich in meiner Bibliothek nachgesehen, ob ich irgendwelche brauchbaren Hinweise finde. So kam ich auf Kemnitz, ein Dorf bei Werder. Dort sollte mal ein Gutshaus von irgendeinem Baron »von Sowieso« gestanden haben. Ich bin dann in das Dorf gefahren und habe etliche alte Leute gefragt. Die meinten: »Ja, da war mal was. Neben der heutigen Autobahn. Da ist aber jetzt Wald. Da werden Sie nichts mehr finden.« Ich bin dann dorthin und habe tatsächlich noch Ruinenreste aus Klosterformatsteinen vorgefunden. Danach habe ich diese Steine von unseren Stukkateuren nachformen lassen, da mein Fund nicht ausreichte.

Darüber hinaus war bei diesem Film natürlich besonders wichtig, den Kontrast zwischen der Lebenswelt des Dorfschullehrers und der des Professors hervorzuheben. Als Wohnort für den Professor hatte ich von Anfang an eine Villa in Kleinmachnow vor Augen. Die hatte einst der Architekt Egon Eiermann entworfen. Ich kannte die Witwe des Regisseurs Gerhard Klein, die noch in dem Haus lebte. So war es nicht so problematisch, dort drehen zu dürfen. Wir haben ohnehin nur Außenaufnahmen am Haus gemacht. Arbeitszimmer, Bibliothek und Kellerbar haben wir im Studio gebaut. Wichtig war aber dieses spezielle Ambiente, um zu zeigen, dass der »Herr Professor« über den Wassern schwebt. Die Villa war nichts Exklusives, es war ein Flachbau im Bungalowstil. Hier aber residierte jemand, als verfüge er über ein Palais. So wurde deutlich, da ist einer, der zwar oben gelandet ist, dessen Herkunft aus bescheidenen Verhältnissen aber immer mitschwingt.

Wenn Sie rückblickend an die DEFA denken, welche Gedanken gehen Ihnen da spontan durch den Kopf?

Das war nicht die normale DDR. Da war im positiven Sinne alles ein bisschen anders. Es gab keine Konkurrenz in dem Sinne, dass man sich gegenseitig bekämpfte. Konkurrenz habe ich eher so empfunden, dass sich einer am anderen hochgezogen hat. Das finde ich auch durch meinen Sohn Thomas bestätigt, der in seinen Ferien bei den Kunstmalern mitarbeitete. Er betonte immer wieder, dass er so eine Atmosphäre wie bei der DEFA an keiner anderen Stelle je wiedergefunden habe.

Reglementierungen von oben, die gab es erst, als die Filme fertig waren. Oder bevor ein Drehbuch überhaupt freigegeben wurde. Innerhalb des Betriebes, während der Produktion hatte das kaum einen Stellenwert. Es hat sich angenehm gearbeitet. Zumal ja die Gewerke auch untereinander gut auskommen mussten. Jeder machte was anderes und am Ende sollte ein gemeinsames Produkt entstehen. Das gibt es wohl außer am Theater in keiner Kunstrichtung. Und wir alle haben versucht, dafür das Beste zu geben.

Aber als Ihr Film KARLA nach dem berüchtigten Plenum vom Dezember 1965 nicht im Kino gezeigt werden durfte, das war schon ein heftiger Einschnitt?

Also bei KARLA ..., das habe ich nie verstanden. Es gab zwar eine Kritik am geltenden Schulsystem, aber Aufstände hätte es, glaube ich, deswegen nicht gegeben. Ich muss aber auch ehrlich sagen, ich hatte damals im Studio sehr viele neue Aufgaben, und so hat mich das persönlich gar nicht so getroffen. Und jetzt kommt noch ein Gag! Weil KARLA erst nach der Wende bewertet und gesendet wurde, habe ich letztendlich noch Westgeld für meine Arbeit erhalten.

Abschließend möchte ich Sie fragen, ob Sie die Gegenwartsfilme, an denen Sie mitgearbeitet haben, heute als eine glaubhafte Informationsquelle über die damalige Zeit ansehen würden.

Einfach von der Optik her gesehen kann ich das bestätigen. Für Historiker ist das auf jeden Fall etwas, woraus sie Erkenntnisse über den damaligen Zeitgeist ableiten können. Eigentlich ist das auch mit einer eindeutigen Logik verbunden, denn wir denken doch so, wie wir unsere Zeit gerade wahrnehmen, und ich habe versucht, das mit den Szenenbildern einzufangen.

Ich wollte noch etwas über den Stellenwert meines Berufes sagen. Mein Lebenswerk als Szenenbildner reicht von 1955 bis ins Jahr 2000. Das heißt, nach dem Ende der DEFA 1991 habe ich noch neun von 45 Berufsjahren als Freiberufler gearbeitet. Das waren mithin zwanzig Prozent meiner gesamten beruflichen Tätigkeit. Neben drei Spielfilmen sind dabei unter anderem noch vier TATORTE und die 27-teilige Familienserie MAMA IST UNMÖGLICH beim MDR entstanden.

Inzwischen würde ich meinen Beruf allerdings nicht mehr ausführen wollen. Er hat keineswegs mehr die Bedeutung, wie es zu meiner Zeit bei der DEFA der Fall war. Es wird nicht mehr gefragt: »Wer gestaltet mir einen Schauplatz, der meiner Szene und meinen Darstellern entspricht?« Heute ist man eventuell noch als Motivscout unterwegs. Man kann rumfahren, um möglichst preiswert bei Bekannten eine Wohnung oder einen Garten zu finden, wo man drehen darf.

Ich sehe es jetzt von der komischen Seite. Der Stellenwert eines Szenenbildners ist jener, dass der Regisseur dasitzt und sagt: »Stell mir mal den Stuhl dorthin, oder lass doch mal den Stuhl da vorne hinstellen.« Wird man nicht selbst fälschlicherweise als Motivscout beschäftigt, bekommt man einen solchen vorgesetzt. Ob der das Drehbuch liest, weiß ich nicht. Aber wahrscheinlich lässt er sich lediglich sagen, welche Schauplätze gebraucht werden. Dann schaut er in seine Dateien und bietet das Entsprechende an, woraufhin der Produzent entscheidet, ob er sich das leisten will oder nicht. Das heißt, es wäre nicht mehr meine an der Geschichte und den Figuren orientierte Auswahl. Die Kreativität wird damit grundsätzlich eingeschränkt und deshalb wäre das auch nichts mehr für mich. Das ist so, als wenn einer das Gericht kocht und ich darf noch das Salz drüberstreuen.

Ich weiß aber auch, dass es auch Ausnahmen gibt, in denen man den Stellenwert eines verantwortlichen Szenenbildners noch zu schätzen weiß und seinen Anteil am Gesamtwerk entsprechend anerkennt. Rückblickend erweist sich für mich jener außergewöhnliche kreative Beruf als eine absolut glückliche Wahl, ein Beruf, der mich stets aufs Neue forderte und mir zu jeder Zeit Erfüllung beschert hat.

Kleinmachnow, 5. September und 17. Oktober 2017

Das Szenenbild als dramaturgisches Moment denken

Susanne Hopf im Gespräch

Klaus-Dieter Felsmann: *Sie haben vor wenigen Tagen den Deutschen Filmpreis 2019 für das Szenenbild im Film* GUNDERMANN *von Andreas Dresen bekommen. Auf welchem Weg haben Sie zu Ihrem Beruf gefunden?*

Susanne Hopf: Für mich stand beim Abitur schon fest, dass ich einen künstlerischen Beruf ergreifen möchte. Meine Eltern hatten mit einem solchen Umfeld gar nichts zu tun, sodass zunächst nicht klar war, welchen Zugang ich wählen könnte. Am entferntesten war mir dabei der Gedanke, zum Film zu gehen. Ich hätte mich gar nicht getraut, das in Betracht zu ziehen. Am nächstliegenden erschien mir damals, mich dem Theater zuzuwenden. Für entsprechende Studienbewerbungen musste man seinerzeit allerdings ein Praktikum vorweisen. So habe ich durch die Vermittlung einer Bekannten ein Jahr lang im DEFA-Trickfilmstudio in Dresden gearbeitet. Anschließend studierte ich Kostümgestaltung an der Dresdner Kunsthochschule. Danach wäre ich wahrscheinlich Gewandmeisterin an einem Theater geworden.

Ich merkte aber ziemlich schnell, dass mir das Handwerkliche zwar liegt, mir insgesamt jedoch nicht ausreicht. So habe ich beschlossen, ins Fach Bühnenbild zu wechseln. Inzwischen war mein Selbstbewusstsein so weit gewachsen, dass ich mir das zugetraut habe. Das hatte aber zur Folge, dass ich mich nochmals ganz neu bewerben musste. Dazu war ein neuerliches Praktikum an einem Theater nötig. Trotz vieler Bewerbungsschreiben bekam ich nur wenige Rückmeldungen. Dann erhielt ich einen Termin am Potsdamer Hans-Otto-Theater.

Eine Freundin, die Tochter von Roland Gräf, die auch Kostümbild studierte, meinte, wenn ich schon nach Potsdam fahre, so sollte ich es doch auch mal bei der DEFA probieren. Da habe ich mir einen Termin beim dortigen Chefszenenbildner Alfred Hirschmeier geben lassen. Den habe ich bekommen, und der war sogar noch vor meiner Theaterverabredung. Ich bin also mit meiner großen Mappe zu Hirschmeier. Der sah sich das an und meinte, die Sachen sollte ich gleich mal dalassen. Die DEFA brauche Nachwuchs im Bereich Szenenbild und man wolle demnächst einen entsprechenden Ausbildungsgang an der Filmhochschule einrichten. Damit war ich für ein einjähriges Volontariat angenommen. Nun konnte ich ja nicht mehr sagen, dass ich meine Mappe aber noch brauche, weil es da einen weiteren Termin gibt. Somit war meine Theaterkarriere beendet, bevor ich dort überhaupt anfangen konnte.

Ich absolvierte dann tatsächlich das Volontariat, obwohl das für meine Ausbildungsrichtung gar nicht konzipiert war. Gedacht war es in erster Linie für die Anwärter des Regie- oder Kamerastudiums. Doch Fredi Hirschmeier hatte durchgesetzt, dass auch ich aufgenommen werde. So machte ich Kameraübungen bei Günter Ost, oder ich lernte die Arbeit im Schneideraum kennen. Ich kam vollständig ins Filmmetier hinein und danach wusste ich: Hier möchte ich künftig arbeiten.

Außerdem war ich inzwischen nach Berlin gezogen. Das Urbane war in dieser großen Stadt wesentlich beeindruckender als in Dresden. Noch dazu gegenüber dem beschaulichen Stadtrand, woher ich kam. Die Schnelligkeit, die Bewegung – das hatte alles etwas mit Filmbildern zu tun. Und die entsprechenden Wahrnehmungen interessierten mich zunehmend. Darüber wurde meine Leidenschaft für den Film zusätzlich erweckt. Abgesehen davon, dass ich es bei der DEFA wirklich interessant fand.

Wie schon gesagt, gab es 1988 die Ausbildung zum Szenenbildner an der Filmhochschule in Babelsberg noch gar nicht. Die Planung sah allerdings vor, dass das in Form eines Aufbaustudiengangs demnächst angeboten werden sollte. Daraus folgte, die Bewerber mussten zunächst ein Grundlagenstudium im Fach Architektur oder an einer Kunsthochschule durchlaufen. So delegierte mich die DEFA zurück nach Dresden zum Bühnenbildstudium. Als 1991 die Fachrichtung Szenenbild an der HFF tatsächlich eröffnet wurde, bin ich dann mit fliegenden Fahnen zurück nach Babelsberg. Mit fünf anderen Leuten gehörte ich zum ersten Jahrgang dieser Studienrichtung. Marco Wilms arbeitet heute eher als Regisseur, zwei Mitstudenten sind ausgeschieden, und Agi Dawaachu, Tom Hornig und ich, wir sind bis heute im Fach geblieben. Nach drei Jahren schrieb man schließlich die Diplomarbeit. Bei mir hatte es allerdings etwas länger gedauert, weil ich parallel schon angefangen hatte, mit Andreas Dresen für den ORB und den SWR zu arbeiten.

Haben Sie noch konkrete Erinnerungen an Ihre ersten Eindrücke in den DEFA-Studios?

Ja! Das war für mich alles faszinierend. Das Volontariat habe ich 1988 angefangen, da gab es noch den normalen Studiobetrieb. Ich nahm einen sehr starken künstlerischen Anspruch wahr, es hatte alles etwas ungemein Ernsthaftes. Ich kann das ja mit der Zeit nach 1990 vergleichen. Da kamen dann Leute ins Studio, die einen völlig anderen Zugang zum Filmemachen hatten. Das hat mich zunächst sehr irritiert. Diese Art der Kommerzialisierung, die vorher so verpönt war – selbst auf das Fernsehen als solches hat man etwas geringschätzig herabgesehen –, brach mit einer erschreckenden Geschwindigkeit über das Studio herein. Das hatte alles nichts mehr mit der vorherigen Kultur zu tun.

Obwohl ich bei meinem Volontariat noch gar nicht so viel mit dem Ausstattungsbereich zu tun hatte, sah ich oft in die Ateliers hinein. Und das bedeutete für mich eine große Verheißung. Der Gedanke, da werde ich später mal arbeiten können, der war schon toll.

Waren Sie in dieser Zeit bereits an einem konkreten Filmprojekt beteiligt?

Nein, darum ging es nicht. Es war schon eher ein theoretisches Volontariat. Für die anderen gab es danach noch ein praktisches Jahr. In dieser Zeit hatte aber schon mein Studium in Dresden begonnen. Allerdings machte ich bereits kleine Filmübungen mit 35mm-Material und es gab Set-Besuche, zum Beispiel an einem Drehort in der Marienburger Straße in Berlin bei Dieter Adam, mit dem ich schon im Studio mehrfach gesprochen hatte. Die Werkstätten an sich lernte ich dann erst 1991, als ich schon an der Filmhochschule studierte, genauer kennen. Für uns Studenten gab es das wirklich großzügige Angebot, dass wir für unsere Übungen alles, was es dort gab, in Anspruch nehmen durften. Fredi Hirschmeier hatte darüber hinaus veranlasst, dass uns der Fundus für ein geringes Entgelt zur Verfügung stand.

Wir konnten sogar das ganz große Nordstudio bespielen, wodurch wir natürlich sehr privilegiert waren. Ich habe dort noch die klassische Art szenenbildnerisch zu arbeiten kennengelernt. Heute nutzt man für Studiowände Tischlerplatten, die nach Gebrauch weggeworfen werden. Bei der DEFA wurden Studiobauten mit einem wiederverwendbaren Blendensystem errichtet. Das waren variable Bauteile, die alle 12 ½ cm breit waren und die nach den jeweiligen Anforderungen mit entsprechenden Öffnungen für Fenster und Türen zusammengesetzt wurden. Man hatte dann eine Holzkonstruktion, die mit Rupfen bespannt war und die man beliebig gestalten konnte. Anschließend wurde alles entnagelt und für die nächste Produktion eingelagert. Ebenso gab es noch die große Halle mit den diversen Bauteilen. Dort lagerte wirklich ein Schatz: Altbautüren, Kastenfenster, Barocktüren und so weiter. Eine opulente Fülle, aus der man schöpfen konnte. Das war eigentlich ein tolles Prinzip. Doch wenig später ist das alles abgeschafft worden. Man war der Meinung, es lohne sich nicht, die ganzen Sachen zu lagern. Dazu kam, dass Studiofläche plötzlich teuer wurde und es in der Folge immer weniger gebaute Drehorte gab.

Der Chefszenenbildner der DEFA, Alfred Hirschmeier, hat Sie, wie Sie sagen, »angelockt«. Waren es bestimmte künstlerische Auffassungen, durch die er Sie gewonnen hat?

Im Wesentlichen waren es seine Filme wie Ich war 19 oder Solo Sunny, die mich wegen der Art des Zugriffs auf die jeweiligen Orte beeindruckt haben. Hier wird immer wieder deutlich, das Szenenbild als dramaturgisches Moment zu denken. Fredi Hirschmeier hat seine Motive stets mit Blick auf die zu erzählende Geschichte gesucht. Er war nie in dem Sinne eitel, als dass er sich um persönliche Auffälligkeit innerhalb des Films bemühte. Seine Arbeit in den Dienst des jeweiligen Films zu stellen, das war ihm wichtig. Das heißt, es ging ihm nie darum, das Szenenbild auffälliger zu gestalten, als die Szene selbst. Im Gegenteil, wenn es unsichtbar bleibt und die zu erzählende Geschichte unterstützt, ohne dass man darüber nachdenkt, dann ist es ein gutes Szenenbild.

Das ist etwas, was ich sehr verinnerlicht habe. Es geht nicht darum, etwas zu erschaffen, was nur um seiner selbst willen auffällt. Die Frage ist: Unterstützt das Szenenbild genau das, was die Szene verlangt, und passt es zu den handelnden Figuren? Ist vielleicht ein langer Gang erforderlich, weil man eine Bewegung braucht, soll die Figur allein auf weiter Fläche stehen oder muss der Spielraum ganz eng gestaltet werden, weil dadurch die innere Verfasstheit der Person deutlicher wird? Man hat Fredi Hirschmeiers Filmen immer angesehen, dass er so gedacht hat.

Wie würden Sie diese Gedanken an konkreten Beispielen aus Solo Sunny festmachen?

In zentralen Teilen spielt der Film in der Kopenhagener Straße in Berlin-Prenzlauer Berg. Dort fanden sich diese markanten Häuser mit den gewaltigen Brandwänden, die an der S-Bahn stehen. Das ergab ein Berlin-Bild, das für die damalige Zeit typisch war. Man sieht an den Wänden noch die Hinterlassenschaften des Krieges. Es gibt Einschusslöcher und provisorische Teerdächer. Dazu kam die Bewegung der Großstadt, die immer durch die S-Bahn symbolisiert wird. Dem gegenüber steht die Enge des Hinterhofs, wo Sunny wohnt. Von dort aus gehen die Blicke bewusst hinaus in das Freie. Dann das Zimmer des Musikers, ihres Geliebten, das ist so verschachtelt, es steht sogar noch ein Schrank vor dem Bett, und man spürt förmlich, welche Persönlichkeitsstrukturen der Mann hat. Dazu gehörte natürlich auch ein erkennbarer Mut zur Hässlichkeit. Etwa bei den Umkleidekabinen, in denen sich Sunny für die Konzerte umziehen soll. Das ist alles trist und öde, und Hirschmeier hat das konsequent vor dem Hintergrund der Emotionalität der Figur der Sunny gedacht.

Hatten Sie den Eindruck, dass dieser dramaturgische Blick trotz unterschiedlicher Handschriften im Detail etwas Typisches für das Szenenbild der DEFA war?

Ja, und dazu kam die Haltung, dass Filmemachen ein Kollektivprojekt ist. Man unterstützte mit seiner Arbeit das, was der Film sagen will. Das hieß auch, dass keine gigantischen Sets gebaut wurden, die mit der Szene eigentlich nichts zu tun haben. Das war so eine grundsätzliche Haltungsfrage. Daher sage auch ich heute noch, ich mache nichts Dekoratives, bloß weil es schick aussieht. Das wäre dann nicht realistisch, sondern nur auffällig, und das stört mich.

Ich habe zum Beispiel oft Diskussionen zur Farbgestaltung der Wände. Mit der heutigen Technik wäre es kein Problem, eine Wand weiß zu lassen. Man kann auch diese entsprechend ausleuchten. Aber nein, ob es eine Polizeistation oder ein Arztzimmer ist, die Wand soll farbig sein. Das sieht dann zwar irgendwie attraktiv aus, doch es gehört da nicht hin. Kameramänner meinen oft, es soll im Bild gut aussehen. Das ist aber Nonsens. Es muss nicht gut aussehen und man kann eine Wand auch mal leer lassen. Diese Leere macht es dann realistisch. Die Figur sitzt pur in einem halbleeren Raum. Das erzählt dann etwas, was zur Geschichte gehört. Vielfach wird heute der Schauwert als solcher überbetont. Dies führt oft dazu, dass Räume kostspielig eingerichtet werden, was aber in der Konsequenz nichts mehr mit den sozialen Gegebenheiten der Figuren zu tun hat.

Bei der DEFA stand immer die Frage im Mittelpunkt: Wie können die Lebensumstände einer bestimmten Figur realistisch vermittelt werden? Darüber redete man damals kaum, weil es einfach ein Grundsatz war.

Ausgehend von solchen gemeinsamen Grundsätzen gab es bei den Szenenbildnern der DEFA unterschiedliche Arbeitsstile. Alfred Hirschmeier zeichnete eine Art optisches Drehbuch, Dieter Adam hat viel mit Fotos gearbeitet, in die er dann hineingezeichnet hat. Haben Sie von daher ein bestimmtes Prinzip für sich übernommen?

Fredi Hirschmeier hat tatsächlich oft so eine Art Storyboard gezeichnet. Dabei gab es nicht jede Szene en détail, aber viel war schon durchgezeichnet. Das mache ich teilweise auch noch. Einfach um den Filmstoff über die Hand in den Kopf zu bringen. Bei Filmen, die eher kammerspielartig angelegt sind und in denen es nicht viel Handlungsorte gibt, ist dieser Aufwand aus meiner Sicht nicht notwendig. Doch bei Kinofilmen wie WHISKY MIT WODKA von Andreas Dresen, da erschien mir eine solche Arbeitsweise wichtig. In dem Film gibt es diese Wohnwagen und dahinter das Meer. Und um das für mich klarzukriegen, habe ich wirklich alles durchgezeichnet.

Von Hirschmeier habe ich ebenfalls gelernt, dass jeder Film unterschiedlich ist und man deshalb bereits beim Zeichnen mit differenzierten Mitteln arbeiten muss. Das heißt, ich muss mich fragen, mache ich das jetzt mit Kreide oder nehme ich eher einen Filz- oder Bleistift. Jeder Film verlangt einen anderen Zugriff, um sich ihm zu nähern. Bei SOMMER VORM BALKON habe ich die Methode völlig gewechselt und mit Fotos gearbeitet. Ich habe mir Motive gesucht, diese fotografiert und den Ablauf des Films dann auf Grundlage dieser Fotos aneinandergeklebt.

Haben Sie noch eine Erinnerung, wie bei der DEFA das Zusammenspiel zwischen Szenenbild und Kamera funktioniert hat?

Da ich bei Dreharbeiten selbst noch nicht unmittelbar dabei war, kann ich das pauschal nicht sagen. Ich glaube aber, man hatte damals in der Vorbereitungszeit mehr Raum, um sich abzustimmen. Das ist heute anders. Die Kameraleute kommen inzwischen oft sehr spät zum Team hinzu. Dann kann man viele Dinge erst unmittelbar vor dem Motiv klären. Ich weiß, dass bei der DEFA der Szenenbildner die Lichtführung von sich aus von Anfang an gern mitgedacht hat. Mit der Setzung von Fenstern hat etwa Hirschmeier damit durchaus feste Vorgaben gemacht. Bei Studiobauten hat er beispielsweise verlangt, dass oben an den Rändern immer ein Streifen Decke aufgelegt wird. Das hat den Kameraleuten nicht gefallen, weil sie gern ungehindert von oben die Szene ausgeleuchtet hätten. In natürlichen Räumen ist es aber so, dass unter der Decke die Wand immer verschattet ist. Hirschmeier wusste nicht nur hier, mit welchen Mitteln zu arbeiten war und wie man sich entsprechende Geltung verschaffte.

Für Szenenbildner ist wichtig zu entscheiden, ob sie einen Schauplatz bauen oder originale Drehorte wählen. Wie halten Sie es damit?

Grundsätzlich sollte man das davon abhängig machen, was für den Film gut ist. Doch wir denken inzwischen sehr stark ökonomisch und da ist Studiobau leider das Letzte, was man erwägt. Die Produktionen versuchen heute, möglichst alles an Originalschauplätzen unterzubringen, weil man meint, das sei billiger. Da hatte das DEFA-Studio andere Möglichkeiten. Damals sind beispielsweise viele Altbauwohnungen im Atelier nachgebaut worden, was man heute seltener machen würde. Aus künstlerischer Sicht ist das konsequenterweise immer nur eine Frage, deren Beantwortung von der Art des Films abhängt, und nicht vom Budget. Wenn ich glaube, dass die Atmosphäre drum herum wichtig ist, dann geht das nur mit einem Originalschauplatz. Wenn es um intime Beziehungen geht, dann habe ich in einer gebauten Umgebung oft mehr Möglichkeiten.

Ich halte nichts davon, wenn gesagt wird, Studiobauten hätten generell eine gewisse Künstlichkeit. Man muss sie nur gut bauen, damit sie als realistisch wahrgenommen werden. Im Ergebnis sollte es so sein, dass gebaute Motive mit Originalmotiven eine Einheit bilden. Im Übrigen, auch Originalmotive sind oft gebaute Konstruktionen. Man geht in dieses Haus hinein, kommt aus einem anderen Haus heraus, und der Hof liegt wieder an einer anderen Stelle. Man erschafft Orte, die eigentlich in dieser Einheit gar nicht vorhanden sind. Um es nochmals zu sagen: Letztendlich sollte die Entscheidung immer davon abhängen, was für die Figur das Beste wäre.

Wie wichtig ist für Sie eine Genauigkeit in den Details? Kann man etwa Bücher beliebig in eine Szene stellen?

Nein, es ist schon wichtig, dass die Figur, die in einem Raum lebt, auch die Bücher gelesen haben könnte, die dort stehen. Bei GUNDERMANN beispielsweise waren die Bücher handverlesen. Da standen dann auch ein paar Westbücher dazwischen, weil Gundermann solche Bücher besessen hatte. Im Bild gibt es kein Buch, bei dem ich sagen müsste, das hätte er nie gelesen. Es muss aus meiner Sicht auch in solchen Details alles realistisch sein. Wenn etwa Bücher einfach nach Farben als Hintergrund aufgestellt werden, dann ist das schlichtweg nur Dekoration. Das lehne ich ab. Es sei denn, es handelt sich um Figuren, die Bücher tatsächlich so sammeln. Dann wäre das aber eine angestrebte Charakterisierung. Hier liest einer wirklich nicht, sondern er richtet sich nur so ein, weil er Buchrücken attraktiv findet. Aber der Gundermann hat gelesen, und dann ist es wichtig, *was* er gelesen hat.

Realismus im Szenenbild, so wie Sie ihn verstehen, hat aber nichts mit Naturalismus zu tun?

Nein. Man muss zunächst fragen, ob das, was ich zeige, stimmt. Und dann folgt die Überlegung, kann ich es darüber hinaus verdichten, damit die ange-

GUNDERMANN: *moods*

strebte Aussage des Films noch deutlicher unterstrichen wird. Beispielsweise gibt es das Haus, in dem Gundermann gelebt hatte, noch immer. Es war aber für eine Bergarbeitersiedlung eher untypisch. Abgesehen davon haben wir dort ohnehin nicht mehr drehen können, weil es saniert worden war. Wir haben also nach Alternativen gesucht und die letztendlich in Gelsenkirchen gefunden. Dort gibt es eine in ihren Ursprüngen erhaltene Bergbausiedlung, wie es sie einst auch in der Lausitz gab. Indem wir in dieser Siedlung gedreht haben, konnte das Bergbauthema atmosphärisch immer miterzählt werden. Das ist natürlich nicht naturalistisch.

Ich denke, Naturalismus ist etwas, was eins zu eins zu verstehen wäre. Im Szenenbild geht es im Sinne der Geschichte um etwas anderes. Wenn ich eine Figur nicht über eine Straße laufen lasse, wie es in der realen Vorlage möglicherweise gewesen ist, sondern durch einen Tunnel, was wiederum denkbar gewesen wäre, dann erzähle ich damit etwas. Es geht um eine enge, dunkle Stimmung. Das, was der Zuschauer später sieht, muss für ihn eine Bedeutung haben. Wie ist etwas gewachsen, was hat sich angesammelt? All das erzählt einen bestimmten Subtext. Dazu gehören auch spezielle Absonderlichkeiten. Es kommt in der Realität oft vor, dass Räume sich aus Dingen zusammensetzen, die nicht ganz passen.

Bei SOMMER VORM BALKON steht ein Kühlschrank neben dem Sofa von einem alten Mann. Das erscheint befremdlich, doch es kommt vor, wie wir bei Recherchen gesehen haben. Der Mann wollte es vor dem Fernseher bequem haben und sich unkompliziert etwas aus dem Kühlschrank nehmen können. Solche Spezialitäten machen ein Szenenbild lebendig und darüber hinaus menschlich. Ähnliche Dinge suche ich immer wieder, um zu zeigen, was an einer Figur besonders ist und wie man deren Charakterisierung mit dem Szenenbild unterstützen kann.

Angesichts des Films GUNDERMANN sind Sie zu Recht für das authentische DDR-Bild gelobt worden, das der Film vermittelt. Wie waren die Prämissen, die Sie für sich gesetzt haben, um das zu erreichen?

Natürlich muss man auf der Grundlage von Quellen recherchieren. Da waren für mich nicht zuletzt Filme sehr wichtig. Sie vermitteln viel über die Ästhetik der damaligen Zeit. Das war eine Fundgrube. Selbst bei POLIZEIRUF-Folgen fand ich Anregungen zur Farbe und zur Ausgestaltung von Räumen und beispielsweise auch dazu, wie sich einzelne Milieus gegenseitig abgegrenzt haben.

Dazu kam, dass ich mit Andreas Dresen und dem Kameramann Andreas Höfer verlässliche Partner hatte. Wir fühlten uns einem Bild verpflichtet, welches wir alle in uns haben. Bei einem Treppenhaus in einem Plattenbau, da wussten wir alle: Dort hängt nichts an der Wand, dort ist einfach alles nackt. Uns ging es insgesamt um soziale Genauigkeit und nicht um symbolische Bilder, die bestimmte Klischees aus heutiger Perspektive vordergründig bedienen. Wir wollten beiläufig etwas über profane Abläufe erzählen.

So war es uns beispielsweise wichtig zu zeigen, wie sich die Bergleute in einer dreckigen Ecke umgezogen haben. Wenn sie mit Winterklamotten und Helm zwischen den Spinten hantieren, dann hängen sie dicht beieinander, dann wird eine psychische Enge sichtbar, die uns für die Geschichte bedeutungsvoll erschien. Ich wurde bei diesen Dreharbeiten nie mit dem Ansinnen konfrontiert, etwas im positiven oder negativen Sinne attraktiver zu machen, weil das vielleicht von irgendwem erwartet werden könnte. Es war wirklich eine spannende und erfüllende Arbeit.

Berlin, 23. Mai 2019

Was wir nicht versuchten: dem Zuschauer Dinge einzureden, die ihm nicht begegnet sein könnten

Gespräch mit Harry Leupold

Im Zusammenhang mit der Produktion des Films Bis dass der Tod euch scheidet in der Regie von Heiner Carow erschien in der von der Betriebsakademie des VEB DEFA-Studio für Spielfilme herausgegebenen Schriftenreihe »Aus Theorie und Praxis des Films: Kulturpolitik – Kunst« das Heft 5/1979 mit Werkstattgesprächen. Unter anderem interviewte der Filmpublizist Hannes Schmidt den Szenenbildner Harry Leupold.[1]

Hannes Schmidt: *Wie gestaltete sich bei Bis dass der Tod euch scheidet für Sie als Szenenbildner die Arbeit – Kenntnis des Buches, eigene Überlegungen dazu, das Entstehen der gemeinsamen Konzeptionsfindung, die Zusammenarbeit mit dem Regisseur?*

Harry Leupold: Es war ja fast komplizierter, als wenn ich ein neues Buch zu lesen bekomme, weil wir vor zwei Jahren schon einmal den ersten Drehtag vorbereitet hatten. Damals wurde abgebrochen, und insofern war die Materie, die ganze Problematik von uns dreien, von Heiner Carow, Jürgen Brauer und mir, schon einmal erarbeitet worden. Das Skelett war da, die konkreten Drehorte zum Beispiel waren alle schon mal vorhanden. Mit dem Abstand von zwei Jahren hat man natürlich manches wieder verworfen. (...) Es war dann auch nur eine relativ kurze Zeit der Motivsuche notwendig, da wir vorbereitet waren.

Wichtige konzeptionelle Dinge standen fest, dass zum Beispiel der Laden original gedreht werden sollte, dass wir einen Laden finden mussten, in dem unsere Helden wirklich leben. Eine ganz entscheidende Rolle spielte auch bei der Konzeptionsfindung die Frage: Gehen wir ins Hinterhaus oder legen wir den Laden in eine bewegte Straße, wo um uns das Leben pulsiert und unsere kleine Einheit, unsere kleine Familie lebt. Hätten wir das auf dem dritten Hinterhof gemacht, was ja für achtzig Prozent der jungen Leute so läuft, weil nicht alle jungen Ehen gleich ideale Wohnbedingungen vorfinden können, dann hätte das der Geschichte eine Richtung gegeben, die nicht gut gewesen wäre ...

Zum Teil finde ich unsere Konzeption hier gelungen. Heute, mit einem gewissen Abstand, habe ich aber auch das Gefühl, dass wir ein bisschen idea-

---

1 Die Auszüge wurden dezent der heutigen Rechtschreibnorm angepasst.

BIS DASS DER TOD EUCH SCHEIDET: Renate Krößner (2. v. r.), Katrin Sass (1. v. r.)

lisiert haben, denn das waren schon sehr gute äußere Bedingungen, die wir den beiden jungen Leuten geschaffen haben. Manche werden denken: »Na, da haben sie aber eine schöne Ecke ausgesucht!« Oder ist Ihnen das nicht aufgefallen?

Bevor ich etwas zu meinen Eindrücken sage: Mir ist noch nicht klar, was für Sie als Szenenbildner und für den Regisseur bzw. für das Team inklusive Kameramann der konzeptionelle Ausgangspunkt bei dieser Geschichte war? In welche Richtung gingen die konkreten Vorstellungen vom Szenenbild? Das müsste man vielleicht noch mal genauer hören.

Wissen Sie, das jetzt für diesen Film zu formulieren, ist eigentlich sehr kompliziert. Bei der PAULA[2] gab es Ausgangspunkte, von denen aus man sich re-

---

2 Gemeint ist der DEFA-Film DIE LEGENDE VON PAUL UND PAULA, 1972, Regie: Heiner Carow, 105 min., 35mm, Farbe, Spielfilm, Deutsche Demokratische Republik (DDR), DEFA-Studio für Spielfilme, www.defa-stiftung.de/filme/filmsuche/die-legende-von-paul-und-paula/ [11.1.2020].

lativ leicht verständigte. Es war uns allen klar, dass wir diese Geschichte im Prenzlauer Berg ansiedeln würden, dass wir versuchen würden, in der Realität die Möglichkeiten zu finden, die uns der Filmstoff abverlangte. Bis auf die Variante Ladenbau, die, wenn ich mich recht erinnere, ähnlich wie bei der PAULA auch nur eine Ateliervariante vorsah, hatten wir uns dafür entschieden, die Dinge in der Realität zu finden, ihre charakteristischen Möglichkeiten aufzuspüren. Wir sind wochenlang durch die Straßen gegangen, haben uns Menschen angesehen, mit ihnen gesprochen. Da ließ sich die Realität schon spüren und überprüfen. Das Anreichern, das Sammeln von Eindrücken gehörte zur Vorarbeit. Wir gingen aus von den sozialen Gegebenheiten dieser jungen Leute in der Realität: Wie gestalten sie sich ihr Heim? Welche Möglichkeiten haben die beiden? Wie gestalten sie ihre Umwelt, ihr gesamtes Leben? Das sind konzeptionelle Sachen, die wir fast zwei Monate lang geübt haben ...

Gespräche, Interviews, die Heiner Carow mit jungen Familien in ihren Wohnungen führte, waren für mich und meine Arbeit sehr wichtig. Ich ließ keine Möglichkeit aus, um mich zu orientieren, wie vielfältig junge Menschen heute leben. Heiner Carow legt großen Wert darauf, dass man jedes Detail beachtet und einfließen lässt, ohne dass es sich verselbstständigt und von der Geschichte wegführt. Wir waren bis zum letzten Moment auf der Suche. Bis kurz vor der Realisation haben wir uns gefragt: »Wie weit können wir diese Realitätssicht betreiben?« Ohne naturalistisch zu werden, das wäre das Falscheste gewesen. Denn nach dem Sammeln muss man diese allgemeinen Eindrücke wieder auf das Buch, auf die Geschichte reduzieren und konzentrieren.

Was heißt das bei Ihrem Film konkret, »die allgemeinen Eindrücke auf die Geschichte reduzieren«? Was bedeutet das für Ihre Arbeit?

Für mich konkret: Was haben solche jungen Leute heute für Möglichkeiten in der Wohnung? Das geht praktisch von den sozialen Möglichkeiten der vielen jungen Leute aus. Die jungen Leute zu verstehen und ihre Haltung auf unsere Geschichte zu reduzieren. So sind wir auf den Gedanken gekommen, dass in der Ladenwohnung unserer Helden Dinge von der Oma sind, aber auch Elemente, die zeigen, dass sie beide arbeiten, dass sie Möglichkeiten ganz normaler Bürger haben. Wenn man genau hinsieht, zeigt sich das im Film am Fernsehapparat, einigen technischen Geräten und an diesem etwas voluminösen Fernsehsessel. Wir haben vermieden, dass es zu vordergründig wird, dass schon wieder ein Programm draus wird. Das Detail ist an der Geschichte geprüft. Wir haben zum Beispiel sehr lange geprüft, ob wir Tapeten verwenden oder ob die Wände gestrichen sind, welchen Farbton die Wand hat, wenn sie auf der Liege sitzen und gemeinsam fernsehen. Mit dieser Lösung, die wir am Hauptspielort, in der Ladenwohnung, gefunden haben – uns zurückzuhalten im Optischen, nur die Sache zu bedienen, im Detail nur ganz wichtige Dinge zu zeigen –, sind wir vor allem auf das Wort gegangen, auf das, was da gesagt wird.

Ich bin meinen Sachen gegenüber kritisch, und ich finde es immer sehr schön, wenn der Zuschauer mit diesen Dingen gar nicht belastet wird und beim Rausgehen sagt: »Darüber kann ich Dir gar keine Auskunft geben.« Wenn meine Arbeit Ausstattung wird und von der Geschichte weggeht, dann habe ich etwas falsch gemacht. (...)

Nun scheint ja hier, bei diesem Film, der konzeptionelle Ausgangspunkt nicht so sehr in Richtung der Überhöhung bestanden zu haben, sondern es ging Ihnen um Genauigkeit, Authentizität. In welcher Korrespondenz steht die Ladenwohnung zur Neubauwohnung? Inwieweit unterscheidet sich deren Einrichtung, soll sie sich unterscheiden, was soll daran deutlich gemacht werden?

Konzeptionell ist das von uns dreien so vorbereitet worden, dass wir sagten: In der Neubauwohnung hat sich für die beiden eine entscheidende Veränderung ergeben. Man konnte auch annehmen, dass sich bereits Einrichtungsgegenstände der Neubauwohnung im Laden befanden. Ich glaube jedenfalls, dass wir daran gedacht haben, die Einheit des Ladens, dieses Abschnittes ihres Lebens, deutlich von dem Sprung in die neue Wohnung abzusetzen. Wobei sich selbst die Neubauwohnung entwickelt, das wird allerdings nur ganz kurz über den Schnitt erzählt. Die neuen Möbel kommen ein wenig später an und bilden gewissermaßen die Standardeinrichtung einer etwas etablierten Wohnung. Sagen wir ruhig, bürgerlichen Wohnung, damit wir uns verstehen.

Es geht ja um eine Entwicklungsphase der beiden, es sind zwei, drei Jahre vergangen, die die Darstellung der Entwicklung auch optisch möglich machen. Wir sind von der Frage ausgegangen: Wie kann man sich bei uns eine Wohnung einrichten? Welche Möglichkeiten habe ich, um etwas zu verdichten, ohne dass sich die Dinge verselbstständigen? Die Möbel waren im Original ochsenblutrot. Konsumfarbe sagen wir dazu. Da haben wir diese Möbel bezogen. Ich habe es mit frischen Farben versucht, mit Blumendekor im Hintergrund. Vielleicht wird es erst dem tausendsten Zuschauer einfallen, dass da die Anregung drinsteckt, die neue Umwelt doch zu gestalten.

(...) Der Lebensanspruch Paulas realisiert sich über die Einrichtung ... Jetzt sind das hier vollkommen andere Leute, sie sind jünger, sie sind ...

Die Paula ist die Paula, und hier ist es eine Familie. Das sind ganz andere Verhältnisse. Erst mal sind sie verheiratet. Das ist ein Fakt. Das sind Paul und Paula nie gewesen. Sonja und Jens bauen sich ein gemeinsames Leben auf. Die Frage ist, wie sich so eine Familie ihr Heim, ihre Umwelt vorstellt, wieweit die Persönlichkeit einer Sonja, die einfache Verkäuferin ist, sich durchsetzt.

Paula ist auch eine Verkäuferin ...

Jaja, sicher, aber sollte man das zum Klischee machen? Da hätte ich Bedenken, ernste Bedenken. Ich kann das nicht wiederholen, wenn es sich nicht von der Geschichte her anbietet. Wir haben uns reduziert auf die Dinge, die wir meinten, in der Realität vorfinden zu können. Wir haben deshalb junge Leute aller sozialen Schichten besucht. Von dicken Perserteppichen an den Wänden, Ledergarnituren ging es bis zu einfachen Sitzkissen. Wir haben unsere Geschichte bedient: Die Krise war schon da, in der alten Wohnung noch angedeutet, und jetzt dieses neue Leben, »solide« Einrichtung, Neubauwohnung, komplettes Schlafzimmer, günstige äußere Umstände für das Funktionieren einer Ehe. Vielleicht vermissen Sie in der neuen Wohnung das Individuelle, das der Sonja entspricht. Man sollte sich hüten, Dinge so weit in den Vordergrund zu drängen, dass sie dekorativ werden ... Das Weglassen ...

Wenn Sie genau hingesehen haben: Mit dem Stich von Canaletto habe ich eigentlich schon etwas angedeutet, mit zwei Bildern, die Möglichkeit andeuten, ohne der Sonja eine ähnliche Kreativität wie Paula zuzuordnen. Für meine Gefühle kommt das wahrscheinlich zum Ausdruck. Vom Optischen her wird das einen kleinen Schock geben. »Mein Gott!«, wird man da sagen, »ist denen denn da nur eine konventionelle Wohnung eingefallen?« Aber das hat ja Bedeutung für die Geschichte, die erzählt wird. (...)

Heiner Carow legt großen Wert auf das soziale Umfeld des jeweiligen Schauspielers, der jeweiligen Rolle. Und das muss ich immer wieder betonen: Wenn ich hier mehr gemacht hätte, wäre es unstimmig.

Das verstehe ich nicht!

Nein?

Nein! Ich meine nicht »mehr« im Sinne der Blumen, sondern »mehr« im Sinne der sozialen Stimmigkeit.

Man kann immer nur davon ausgehen, wieweit sich eine Familie real so oder so eingerichtet hat. Inwieweit wir es mit unserem Bild verstanden haben oder nicht, das zum Ausdruck zu bringen, ist zu prüfen. Diesmal war es wesentlich schwerer als bei der PAULA, diesen Grundgestus zu finden. Die Träume, die Phantasiewelt hatten Grundlagen in der Figur der Paula. Wenn ich der Sonja ähnliche oder andere Formen zugeordnet hätte, wären Diskrepanzen zwischen Umwelt und Figur entstanden. (...)

Was wir nicht versuchten – ob es uns gelungen ist, wird sich noch zeigen –: dem Zuschauer Dinge einzureden und vorzuzeigen, die ihm nicht begegnet sind. Wir sind in seiner Welt geblieben und haben mit unseren Mitteln, die doch, wenn man genau hinguckt, zu spüren sein müssten, die Sache verdichtet. Vielleicht nicht in dem Maße, wie bei PAUL UND PAULA. Da gab es Szenen, die uns das einfach gestatteten. Am fertigen Film sollten wir sachlich kontrollieren: Gibt es Einrichtungen, Dinge, Gegenstände, die sich verselbstständigen? Sodass man sagt:»Mensch, hat der ein Ding losgelassen, das war ein Ausstattungseinfall!« Das würde der Geschichte schaden.

Film ist ein schöpferischer und ein kollektiver Prozess. Wir sind kritisch untereinander, und ich kann mir nicht vorstellen, dass Heiner Carow und Jürgen Brauer zugelassen hätten, dass grobe Fehler passieren. Wenn Regisseur und Kameramann das erste Mal in die Dekoration kamen, die ist dann immer halbfertig, und sehen, was vorher besprochen und gezeichnet worden ist, wenn sich dabei herausstellte, dass sie vielleicht andere Vorstellungen hatten, dann haben wir, sobald wir die Ecken gefunden hatten, diese abgeschliffen. Das sind die letzten Kontrolleure, und wenn ich mich da auf einem falschen Gleis bewegen würde, müssten sie mich natürlich sofort zurückrufen und andere Vorschläge diskutieren. (...)

Kein Einrichter und kein Designer

Paul Lehmann

Auszüge aus Lebenserinnerungen von Paul Lehmann[1] unter dem Titel »23«, Mitte der 1990er-Jahre, unveröffentlichtes Manuskript, Archiv Ralf Schenk

1956 bis 1988 war Paul Lehmann Szenenbildner im DEFA-Spielfilmstudio.

Warum zum Film? (...) Noch zögerte ich, bewarb mich dann doch und unterschrieb im Direktionsgebäude Haus 3 beim Chef der Produktion (...) meinen Einstellungsvertrag als Architekt und Kunstmaler. Hirschmeier hatte es erreicht, dass ich für den Anfang bei ihm in seinem neuen Film mitarbeiten kann. Als Neuer hatte ich Glück. Wenn ich an die Mitarbeiter (von Fredi) denke, an Willi Schäfer, ein wunderbarer Mensch, hintersinnig sein Humor, in Hochform mit Zigarre, ein paar Jahrzehnte Filmerfahrung hinter sich, der ohne Skrupel freimütig sein Wissen an uns weitergab. Aber auch Bruno Möller, das ganze Gegenteil, eher schweigsam, ein freundlicher, schätzenswerter und hochbegabter Kollege. Dazu gehörten noch Heinz Leuendorf und ein junger Mann, Norbert Günther. Später kam Gisela Schultze dazu, jung und schüchtern. Aber ihre Modelle, die sie nicht nur für Fredi baute, waren unübertroffen in ihrer präzisen Geschicklichkeit.

Doch zurück zu Norbert. Der bekam den Auftrag, mir das Studio zu zeigen. (...) Zuerst die Modelltischlerei. Ein liebenswerter Meister, Jurytko, dazu ca. zehn Tischler. Dann die eigentliche Tischlerei über zwei Etagen mit zwei Meisterbüros. Es wimmelte von erfahrenen Leuten, die mit Türen und Fenstern zu schaffen hatten. Wir standen im Lärm der Maschinen und Norberts Gesten versuchten mir zu erklären, woran hier gearbeitet wird. In der Stukkateur-Abteilung war es ähnlich. Der obere Raum war das Atelier der Bildhauer, fertige Skulpturen neben unfertigen im feuchten Ton, Gipsköpfe neben Gliedmaßen, dazu eine Anzahl schweigsamer Modelleure, die wenig Notiz von mir nahmen. Wir standen nur im Wege. Neben den Stukkateuren die Dekorateure. Wieder ein Oben und Unten. Oben die Näherinnen, die ellenlange Bahnen Rupfen für den Dekorationsbau zusammennähten, dazu Vorhänge

---

1 1923 in Berlin geboren, Maschinenschlosser; 1941–1945 Dienst bei der Kriegsmarine; zwei Jahre in englischer Kriegsgefangenschaft; 1947–1949 Bühnenbild-Studium an der Hochschule für angewandte Kunst in Berlin-Weißensee, Meisterschüler bei Heinrich Kilger; anschließend Bühnenbildner an verschiedenen Theatern; 1956 Eintritt in das DEFA-Spielfilmstudio, vermittelt durch Alfred Hirschmeier.

und Gardinen besäumten, Stoffballen bewegten, Quasten und Kordeln, Bordüren und Applikationen wie auf einem Basar. In der Malerwerkstatt Schriften für Reklame und andere Arten. Reihenweise Kästen mit Farbpigmenten, Bottichen, Büchsen, Behälter, Bürsten, Pinsel, Schablonen. (...)

Weiter im Studio, vorbei an Bühnenarbeitern, Requisiteuren, Beleuchtern. Mir wurden Bühnenmeister vorgestellt, Architektenkollegen, Aufnahmeleiter. Dann der Möbelfundus, unübersehbar in einer improvisierten Ordnung. Das Gebäude zum Bersten voll, wobei das Wort Gebäude den schlechten Zustand gerade noch zusammenhielt. Dann der Requisitenfundus. Alles, was es nicht gab, war hier zu finden. Daneben der Lampenfundus. Aber das war noch nicht alles. Glaserei und Schlosserei, hier standen sogar Drehbänke. Daneben die Schmiede. Eine eigene Sattlerei. Die Schneiderei ließen wir aus, Stofflager und Stoff-Fundus. In der Kantine spendierte Norbert ein Bier.

Noch hatten wir die Ateliers ausgelassen. In den meisten Hallen wurde gedreht und da war der Zutritt verboten. Die Tonmeister verlangten absolute Ruhe. Nur ein Atelier war offen und Zeit für einen kurzen Blick. Hier war der legendäre Kunstmaler Eplinius dabei, einen Prospekt vorzubereiten. Eine Fläche, die über eine ganze Atelierseite gespannt war. Von Eplinius sagte man, er könne Luft malen. Auch in die drei großen Hallen führte kein Weg rein. Jede so groß wie das Potsdamer Hans-Otto-Theater mit Zuschauerraum. Wenigstens noch einen kurzen Blick ins Gelände, meinte Norbert. Er hätte es nicht tun sollen. Ich stand vor einer Ansammlung riesiger Schauplätze. Da war eine französische Straße, an die hundert Meter lang, zum Teil vier Stockwerke hoch, sie war für DIE ELENDEN. Teile eines niederländischen Dorfes waren für Gérard Philipes ABENTEUER DES TILL ULENSPIEGEL (LES AVENTURES DE TILL L'ESPIÈGLE) gebaut, dazu kam DIE HEXEN VON SALEM – drei französische Produktionen auf dem DEFA-Gelände. Doch auch für andere Filmproduktionen standen beeindruckende Dekorationen. Ich denke an GENESUNG, an THOMAS MÜNTZER. In einem riesigen Wasserbecken wurden Trickaufnahmen gemacht (...). Zeit zum Denken blieb nicht. Auf dem Rückweg wurde mir noch Gustav Kandzia vorgestellt, Hirschmeiers Bühnenmeister.　　(Manuskript, S. 60)

Von 1990 bis 2000 war Paul Lehmann Honorardozent an der Babelsberger Filmhochschule »Konrad Wolf«.

In den letzten Jahren an der Filmhochschule, Hirschmeier als Professor, ich als Honorardozent. Es war (... Hirschmeiers) zweites Lebenswerk, die Szenografen zu Partnern der Regie und der Kamera zu machen. In diesem seinen Sinne anschließend aus (s)einer Vorlesung an Szenografie-Studenten der Anspruch (hinsichtlich) ihrer künstlerischen Handschrift.

Wir haben alle einmal angefangen. Die erste Chance, das erste Drehbuch. Wort für Wort haben wir es ernst genommen. Gelesen und wieder gelesen. Dann der Regisseur. Auch den haben wir ernst genommen. Seine Interpretation, seine Vorstellungen, seine Sicherheit. Aha! Und auch wieder nicht Aha! Noch einmal gelesen und nach den Gedanken, den Geheimnissen des Regisseurs gesucht. Dann der Produktionsleiter. Hier sind die Vorstellungen konkreter. »Bandagen!« Sehen Sie mal zu und machen Sie was draus. Aber denken Sie daran, wir haben wenig Zeit und noch weniger Geld.

So wird er sein, der Anfang. Und wie Sie es nennen wollen, auf das Sie sich einlassen, es ist nur ein Geschäft und heißt Film. Wenn Sie mehr daraus machen, umso besser. An einen Satz von Fellini sollten Sie aber hin und wieder denken: Ein kleiner Kompromiss hier, ein kleiner Kompromiss dort, und im Handumdrehen ist die Seele verkauft.

Doch ich möchte Ihre Illusionen bewahren. Als Beispiel stehe ich vor Ihnen. Ich habe den Beruf erlebt und überstanden, und ich finde ihn nach fast vierzigjähriger Tätigkeit als einen der schönsten und aufregendsten. Und da der Beruf auch Handwerk ist, wird er Sie immer wieder dazu bringen, sich mit der Realität auseinanderzusetzen. Das Drehbuch schreibt vor. Verlangt vom Konflikt der Handlung eine Dreiteilung. Die Handlung, die auf die Kamera übertragen wird und damit die Bild- oder Einstellungsbestimmung festlegt. Vom Raum, vom Hintergrund gibt es oft nur vage Vermutungen. Die Dekoration hat einen Namen, dazu Tag oder Nacht, Sonne oder Regen. Wortkarg und unverbindlich. Hier sollen Sie sich einmischen in einen Vorgang, den sich der Autor ausgedacht hat. (...)

Sie werden merken, es wird nicht »Schöner wohnen« sein. Perfekt ist langweilig. Keimfrei. Ohne Widerspruch. Natürlich gibt es genug Beiwerk, das abgearbeitet werden muss. Das gehört dazu. Aber Sie entscheiden – wie in der Malerei oder der Musik –, wo und wie Sie die Mittel einsetzen. Es ist Ihr Einfallsreichtum in der Auseinandersetzung mit der Inszenierung, der zur Partnerschaft führt. Sie sind kein Einrichter, kein Designer. Sie sind ein Teil des Drehbuches, ein Teil des Regisseurs, ein Auge des Kameramannes. (...) Auch ich habe lange gebraucht, bis ich mich in dem Zusammenhang Regie, Kamera, Bild behaupten konnte. Was übrigbleibt, ist der Blick in den Spiegel. So verletzend und verletzlich ist das Leben. (Manuskript, S. 90)

Am 31. Mai 1985 hatte ETE UND ALI in der Regie von Peter Kahane Premiere.

Arbeit und Spaß mit Peter Kahane, dem Regisseur von ETE UND ALI: Die beiden Helden spielten Jörg Schüttauf und Thomas Putensen. Entlassen aus dem Militärdienst der Volksarmee, auf Heimfahrt. Der eine will nicht mehr in sein Dorf zurück, der andere hat Probleme mit seiner Frau, aber dafür noch einen festen Wohnsitz. Sie entscheiden sich für den festen Wohnsitz. Den Film *muss* man sehen. Komödien lassen sich nicht erzählen. Gute Komödien erst recht nicht. Eine der seltenen Filmkomödien, die das DEFA-Studio zu einem der schönsten Erfolge führte. Selbst Holland-Moritz, die in ihren Filmkritiken Haare auf den Zähnen hatte, war im »Eulenspiegel« so begeistert, sie wollte gar nicht glauben, dass der Film aus Babelsberg kam. Hier wurde Buch und Bild dadurch eine Einheit, weil wir den Alltag in die Geschichte holten. Zwei unfertige Helden mit ihren unfertigen Problemen bestimmten die Handlung und machten es möglich, in diesem unfertigen Land über eine Komödie Balance und Wechselwirkung, gewollt oder ungewollt, herzustellen.

Die Handlung ist einfach: Etes Frau hatte während der Trennung einen kennengelernt, der was zu bieten hatte, Auto, schöne Wohnung, gute Erscheinung und einiges mehr. Dagegen sehen die beiden alt aus, (...) sie bleiben chancenlos. Durch Zufall bietet sich die Gelegenheit, dass sie einem alten Mütterchen ihr altes Häuschen abkaufen können. Die Ehe scheint gerettet.

ETE UND ALI: Thomas Putensen (l.), Jörg Schüttauf

Auf der Suche nach einem passenden Objekt fanden wir viele alleinstehende, trostlose Hütten und Häuschen, die an Straßen und Wegen standen, aber alle passten nicht so richtig für diese Komödie. Zu traurig, zu runtergekommen, graue einfallslose Behausungen oder aufgeputzte Geschmacklosigkeiten. Dabei suchten wir überhaupt kein schönes Haus. Richtung Zossen fanden wir es dann. Es war so komisch, so ungeschickt in der Anordnung der Türen und Fenster. Sogar eine Spur rotbrauner Ocker war vom Anstrich noch zu erkennen. Eine Tanne vervollständigte den skurrilen Eindruck. Das war es, was ich suchte – Geduld und Ausdauer, dann hilft auch der Zufall.

(Manuskript, S. 82)

Am 13. Mai 1982 hatte DEIN UNBEKANNTER BRUDER in der Regie von Ulrich Weiß Premiere.

Ulli Weiß: Die Zusammenarbeit mit Ulli Weiß war absolut das Beste, was mir passieren konnte. Vergangenheit und Widerstand waren im Studio planmäßige Pflichtübungen. Widerstand mit Verrat die Ausnahme, eigentlich tabu. Ulli Weiß hatte zwei wunderbare Schauspieler besetzen können, Uwe Kockisch und Michael Gwisdek. Der Spielfilm DEIN UNBEKANNTER BRUDER (1981) nach Willi Bredel spielt im Widerstand des »Dritten Reiches« 1935 in Hamburg. In der Gruppe ist ein Verräter. Diese Situation belastet nicht nur den Haupthelden, sie belastet die gesamte Handlung.

Das erste Bild im Drehbuch beschreibt eine Straße am Hafen, und diese Beschreibung ist sehr genau. Die Handlung zeigt drei Männer, die antifaschistische Losungen an Wände schreiben und dabei verhaftet werden. Nachdem ich lange genug langweilige Straßen gefunden hatte, begann ich, Bild und Handlung infrage zu stellen. Ich suchte nach Bildern, die diese beunruhigende Spannung suggerieren sollten. Glücksfall oder Hartnäckigkeit. Im kleinen Dresdener Hafengelände fand ich das Motiv. Ideal für Kamerafahrten, die durch zwei nebeneinanderlaufende Brücken die Unruhe und die Verfolgung bis zur Verhaftung in eine dramatische Optik umsetzte.

In der Folge setzte ich meine Suche nach Bildern, die den beklemmenden Handlungsverlauf unterstützen sollten, fort. Die aussichtslosen Aktionen in einer Zeit, die sich widerstandslos verführen ließ, dazu der ungeklärte Verrat. Ein Mann, ein Zimmer, immer auf dem Sprung, kein Halt, keine Sicherheit, nackt ist der Raum. Tisch, Stuhl, eine Chaiselongue als Bett, ein kalter weißer Ofen, grün getünchte Wände. Zwei hohe verhangene Fenster, die Straße nur schlitzförmig wahrnehmbar, eine immer größer werdende Hakenkreuzfahne in dieser Straße, die in einem Bogen endet, aus dem ein SA-Aufmarsch wie ein Albtraum auf ihn zukommt. – So sieht Illegalität aus.

Einen als Maschinenhalle im Drehbuch beschriebenen Drehort habe ich nach längerem Suchen aufgegeben. Maschinenhallen gab es genug, abgesehen von den zeitlichen Veränderungen. Mir ging es um etwas anderes. Ich suchte die Verfremdung, den Widerspruch. Maschinen wurden mir immer unwichtiger. Ich nahm ein leeres Atelier, teilte die Halle in abgetrennte Kojen aus langen Vorhängen, in Schweißerkabinen, aus denen das unruhige Licht der Schweißerflammen und Lichtbogen, unterstützt durch geräuschvollen Lärm die Vorstellung von Arbeit erzeugte, die notwendig war. (...)

(Manuskript, S. 79)

Das Äußere erzählt sehr viel über den Charakter eines Menschen

Barbara Braumann im Gespräch

Klaus-Dieter Felsmann: *1965 hatten Sie angefangen, in der Kostümabteilung der DEFA zu arbeiten. Welcher Weg hat Sie in dieses Berufsfeld geführt?*

Barbara Braumann: Ich wurde mitten im Zweiten Weltkrieg in Magdeburg geboren. Mein Vater war Kirchenbauarchitekt. Er blieb nach dem Krieg vermisst. Meine Mutter arbeitete als Schneiderin, hatte aber den Traum, einmal Kostümbild studieren zu können. Beide Eltern konnten wunderbar zeichnen, und dieses Talent haben sie mir offenbar vererbt. Zeichnen wurde mein Lieblingsfach in der Schule, ich habe mehrmals überregionale Wettbewerbe gewonnen.

Nach dem Krieg lag Magdeburg in Trümmern. Einer der wenigen Trostorte für die Überlebenden war das Kino. Dorthin bin ich mit meiner Mutter oft gegangen. Zunächst liefen hauptsächlich Ufa-Filme für Erwachsene. Später begeisterten mich die zahlreichen sowjetischen Märchenfilme. Nach den Vorstellungen habe ich mit Leidenschaft die jeweiligen Kostüme nachgezeichnet. Ich versuchte sogar, aus Stoffresten meiner Mutter einzelne Kostüme nachzugestalten. Irgendwann stand dabei für mich fest, dass ich in dieser Richtung einmal arbeiten möchte.

1956 zogen wir nach Kleinmachnow. Vorher hatte ich im Radio von der Kunsthochschule in Berlin-Weißensee gehört. Dort bin ich mit meinen Zeichnungen hingefahren, um mich nach einem Modestudium zu erkundigen. Ein entsprechendes Fach sollte aber erst eingerichtet werden. Man empfahl mir, zunächst eine Schneiderlehre aufzunehmen. So lernte ich Damenmaßschneiderin. Die Lehre konnte ich wegen guter Leistungen ein halbes Jahr früher beenden. Danach fing ich bei der Firma »Kunst & Mode« in der Greifswalder Straße in Berlin zu arbeiten an.

Das Interessante an diesem Betrieb war, dass hier Theaterkostüme unter anderem für den Friedrichstadtpalast gefertigt wurden. Hier konnte man ganz andere Schneidertechniken als bei der Arbeit für Tagesmode erlernen. Klar war aber, ich wollte zum Studium. Diesbezüglich wurde ich auch unterstützt und man hat mich an die Ingenieurschule für Bekleidungsindustrie delegiert. Hier war inzwischen eine Modeklasse eröffnet worden, die in den künstlerischen Fächern von Dozenten aus Weißensee unterrichtet wurde. Als im zweiten Studienjahr ein Praktikum absolviert werden musste, bewarb ich mich dafür im DEFA-Studio für Spielfilme in Babelsberg.

Hatten Sie von Kleinmachnow aus zur DEFA schon besondere Kontakte?

Nein, solche Verbindungen gab es nicht. Ich bin einfach zum Studio gefahren und habe in der Kostümabteilung vorgesprochen. Der Leiter der Kostümabteilung, Erich Stein, gab mir eine Chance. Ich durfte dem Kostümbildner Günther Schmidt und den Gewandmeistern bei den Arbeiten an DIE ABENTEUER DES WERNER HOLT helfen. Das machte mir großen Spaß und ich habe viel gelernt. Später folgten noch zwei weitere Praktika.

Sie sind damals als Barbara Müller in das Studio gekommen. Bis heute ist in der Literatur oft unklar: Wie lange gab es die Kostümbildnerin Barbara Müller, und seit wann gibt es Barbara Braumann?

Ja, das ist wirklich ein spezielles Kapitel. Nach der Wende hatten viele Autoren Schwierigkeiten, alle Filme, die ich gemacht habe, wirklich meiner Person zuzuordnen. 1972 hatte ich während der Arbeiten an der LEGENDE VON PAUL UND PAULA den Kameramann Wolfgang Braumann geheiratet und dessen Namen angenommen. Später schrieben manche daher, PAUL UND PAULA sei mein erster Film gewesen. Doch davor hatte ich schon einige Filme als Barbara Müller gemacht. 1972 sagte ich dann, irgendwann müsse man einen Schnitt machen, damit man als Künstlerin wahrnehmbar bleibt. Und so habe ich gesagt: »Jetzt heiße ich Braumann. Und wenn ich mich noch mal scheiden lasse, bleibe ich Braumann.« So ist es dann ja auch gekommen.

Offenbar hatten Sie Ihr Studium tatsächlich mit einem guten Zeugnis abgeschlossen, sonst hätten Sie ja nicht bei der DEFA anfangen können.

Ein überdurchschnittliches Abschlussdiplom und eine große Mappe mit Zeichnungen und Entwürfen halfen mir, dass mich Professor Wilkening im September 1965 zunächst als Assistentin einstellte. Dabei sollte ich mich bewähren. Wie lange das allerdings dauern sollte, das konnte er nicht sagen. Letztendlich war es aber nur ein halbes Jahr.

In der Vorweihnachtszeit war im Studio viel zu tun. Da kam eine zusätzliche Anfrage vom Fernsehfunk mit der Bitte um Unterstützung. Die Kindersendung »Meister Nadelöhr« sollte lebendiger gestaltet werden. Man hatte sich überlegt, Tänzer mit phantasievollen Märchenkostümen auftreten zu lassen. Hier sollten die Kostümbildner der DEFA helfen. Weil aber alle Kollegen schon eingeplant waren, wurde ich von Erich Stein gefragt, ob mir zu dem vorliegenden Drehbuch etwas einfällt. Einerseits sollten die Kinder über die Kostüme die entsprechenden Märchenfiguren erkennen, andererseits mussten sich die Tänzer in den Kostümen ordentlich bewegen können. So wurde meine erste Arbeit bei der DEFA eine Dienstleistung für das Fernsehen.

Bei dieser Arbeit kam mir meine vorausgegangene Tätigkeit bei »Kunst & Mode« sehr zu pass. Dort war ich oft dabei, wenn die Kostümbildnerinnen den Tänzerinnen und Tänzern vom Friedrichstadtpalast die Kostüme anprobiert haben. So wusste ich, worauf es ankam. Ich hatte 14 Tage Zeit, um mir etwas zu überlegen. Dabei konnte ich meiner Phantasie freien Lauf lassen, und so habe ich mir einige Besonderheiten ausgedacht. Nachdem die Grundform der Kostüme feststand, fertigte ich Aquarelle an, um meine Farbvorstellungen zu verdeutlichen.

Ich wusste zwar noch nicht, wie das Szenenbild aussehen sollte, kannte aber vom Fernsehen die Figur »Meister Nadelöhr«. Dessen karierte Weste dominierte das Bild. Doch das wurde beim Auftritt der Märchenfiguren weggeblendet. Also konnte ich mich hinsichtlich der Farben völlig frei fühlen. Ich weiß nicht mehr, wie viele Märchen im Einzelnen auszustatten waren, es war aber insgesamt eine schöne und erfüllende Arbeit. Nachdem ich dann meine Figurinen in Adlershof beim Fernsehfunk dem dortigen Regisseur vorgestellt hatte, bekam ich den Auftrag und die Kostüme wurden in unseren Werkstätten bei der DEFA angefertigt.

Mit dem Auftrag für das Fernsehen haben Sie gleich eine selbstständige Arbeit übertragen bekommen. Wie verlief aber Ihr Einstig als Kostümbildassistentin ins eigentliche Filmgeschäft?

Der Kostümbildner Günther Schmidt war mir als Mentor zugeteilt. Er arbeitete gerade an den Kostümen für Richard Groschopps ENTLASSEN AUF BEWÄHRUNG. Ich sollte bei der Produktion mitlaufen und Erfahrungen im Filmgeschäft sammeln. Da hatte ich während des Studiums nichts gelernt. Bei den Filmkostümen geht es nicht um die Frage, was gerade modern ist und was die Modezeitungen widerspiegeln. Hier ist entscheidend, was mit der Filmgeschichte erzählt werden soll. In welcher Gesellschaftsstruktur spielt die Handlung? Mit welcher Bevölkerungsschicht haben wir es zu tun? Richtet sich der Film an ältere oder an jüngere Leute? Das sind alles Fragen, die sich bei der Kostümgestaltung niederschlagen müssen.

Dann musste ich lernen, wie man mit den Regisseuren redet. Die hatten sehr unterschiedliche Auffassungen zur Zusammenarbeit. Manchmal wollte der Regisseur, dass man zunächst allein mit ihm sprach. Und dann war es wiederum so, dass der Regisseur gesagt hat: »Wir setzen uns gleich mit dem Szenenbildner und dem Kameramann an einen Tisch.«

Obwohl die Kameraleute bei Szenenbild und Kostüm nicht direkt mitreden konnten, war ihr frühzeitiges Urteil oft hilfreich. Sie schätzten genau ein, welche Wirkung ein Stoff im Zusammenspiel mit dem Licht haben wird, was bei den damaligen Filmmaterialien von großer Bedeutung war. Besonders wichtig waren die Absprachen mit dem Szenenbildner. Hier müssen die Farben abgestimmt werden, damit sie sich nicht überschneiden. Farben werden so eingesetzt, dass sie dramaturgisch von Bedeutung sind. Meine Erfahrung bestand frühzeitig darin: Je besser das Team zusammenarbeitete, umso besser ist das Ergebnis. Dabei galt allerdings, dass die Regisseure, egal welche Arbeitsmethode sie bevorzugten, immer das letzte Wort hatten.

Das war für Sie also eine Phase des Beobachtens. Direkt waren Sie noch nicht mit der Kostümgestaltung beschäftigt?

Doch, das war ich schon, denn es kam ganz anders als geplant. Wir waren bei ENTLASSEN AUF BEWÄHRUNG gerade in der Vorbereitungszeit, in der man sich überlegt, wie die einzelnen Rollen angelegt sind und was durch das Kostüm herausgearbeitet werden muss. Dazu gab es erste Skizzen. Plötzlich musste Günther Schmidt parallel einen anderen Film übernehmen. Das war eine Koproduktion mit der Tschechoslowakei, EINE SCHRECKLICHE FRAU, irgendetwas mit einer Eisrevue. Jetzt war der ursprüngliche Kostümbildner für ENTLASSEN AUF BEWÄHRUNG weg und man entschied kurzfristig, dass ich die Arbeit weiterführen soll. Damit war ich ins kalte Wasser geworfen. Doch Günther Schmidt, der später nach seiner zweiten Eheschließung Günther Heidemann hieß, hat sich trotz der Doppelbelastung immer um mich gekümmert. Alle meine Entwürfe haben wir ausführlich diskutiert und auch bei der Auswahl der Stoffe konnte ich mich auf seine Erfahrungen verlassen.

Danach hat man Ihnen tatsächlich einen Vertrag als selbstständige Kostümbildnerin gegeben?

Nicht gleich. Eine gewisse Zeit hieß ich noch »Assistentin«. Doch dann wurde eine Planstelle frei und man rief mich in die Kaderabteilung. Dort lag ein neuer Vertrag mit einem höheren Gehalt. Und von diesem Moment an war ich offiziell Kostümbildnerin.

Meine erste eigenständige Arbeit führte mich mit dem Regisseur Gerhard Klein zusammen. Er hatte mich für seinen Film BERLIN UM DIE ECKE ausgewählt. Hier ging es viel um das Lebensgefühl junger Leute und ich als jüngste Kostümbildnerin erschien ihm für die anstehenden Aufgaben offenbar gerade richtig. Gerhard Klein wurde mir bald zu einer Art väterlicher Freund. Von ihm habe ich nochmals sehr viel zur Arbeit für den Film gelernt. Er lud in jeder Arbeitsphase immer wieder zu Besprechungen ein, um genau über die Mittel zur Charakterisierung der einzelnen Figuren zu reden. Dabei spielte das Kostüm eine große Rolle, weil ein Mensch über sein Äußeres ja sehr viel über sich erzählt. Von ihm habe ich auch eine Menge zum Umgang mit den Schauspielern gelernt. Gerade bei der Kostümauswahl ist es wichtig, den Darstellern zu vermitteln, dass sie nicht sich selbst ausstatten, sondern in ihrer Rolle eingekleidet werden. Leider wurde der Film dann verboten. Erst 1990 gab es eine offizielle Premiere.

Wenige Jahre später haben Sie mit DIE LEGENDE VON PAUL UND PAULA *an einer der erfolgreichsten Produktionen der DEFA mitgearbeitet. Wie war die Zusammenarbeit mit Heiner Carow bei diesem Gegenwartsfilm?*

Heiner Carow war ein ganz anderer Typ als Gerhard Klein. Er wollte meine Entwürfe zunächst allein sehen. Dabei merkte man an seiner Reaktion ziemlich genau: Er hatte in seinem Inneren schon längst bestimmte Vorstellungen, die er aber nicht so direkt zum Ausdruck bringen konnte. Mit dieser Art hatten manche Kollegen große Probleme. Ich fand aber recht schnell einen richtigen Draht. So sagte ich zu ihm: »Herr Carow, ich glaube, ich habe Sie verstanden.« Und er: »Na, dann machen Sie mal.« Ich entwickelte verschiedene Varianten und fragte immer wieder, ob er es so oder so meine. Da hieß es zunächst oft: »Nein, ich meine es noch ein bisschen anders.« Dann habe ich wieder Vorschläge gemacht und schließlich war er sichtbar zufrieden. Ja, so war seine Herangehensweise. Und das habe ich ziemlich schnell begriffen.

In PAUL UND PAULA ist letztendlich viel von der Geschichte über die Kostüme erzählt worden. Mit Paula sollte jeder mitfühlen können. Entsprechend musste sie ausgestattet werden. Sie war so gekleidet, dass sich in ihr viele wiedererkennen konnten. Anders Paul und seine schöne Frau. Diese Figuren waren überzeichnet. Sie sollten als Vertreter der Funktionärsschicht leicht karikiert wahrgenommen werden. Über die Kostüme werden wichtige Informationen transportiert. Wenn man etwa den Schießbudenbesitzer und dessen Frau als

Eltern von Pauls Ehefrau sieht, dann weiß man sofort, dass diese Frau keinen Geschmack haben kann.

Besonders hatte mir Spaß gemacht, die Kostüme für die Puhdys zu entwerfen. Ich hatte die Gruppe bei einem Konzert besucht und ich fand deren Musik toll. Nur ausgesehen haben sie wie eine Provinzcombo. Weiße Hemden und dazu dünne Lederschlipse. Das ging für den Film auf keinen Fall. Die Gruppe sollte in der Traumszene mit dem alten Schiff erscheinen. Dafür habe ich dann meine Phantasie spielen lassen.

Sie haben auch an zahlreichen Kinderfilmen mitgearbeitet. War das ein spezieller Wunsch von Ihnen?

DIE LEGENDE VON PAUL UND PAULA: Heidemarie Wenzel

Zunächst hatte das mal einen ganz pragmatischen Grund. Ich war schwanger, und ich war mit einem Kameramann des Studios verheiratet. Da war abzusehen, dass es Schwierigkeiten geben würde, wenn es um Außenaufnahmen geht und gleichzeitig das Kind betreut werden muss. Ein Kind war in unseren Berufsfeldern zunächst mal ein Hindernis. Unter meinen Kolleginnen hatte vielleicht auch deswegen kaum eine eigene Kinder. Ich selbst habe bewusst relativ spät meinen Sohn bekommen, weil ich meinte, ich müsse erst einmal Fuß fassen. Man wollte sich zunächst so etablieren, dass die Regisseure ausreichend wussten, wer man ist und was man kann. Das hieß dann nicht wie heute »Karriere machen«, sondern »Fuß fassen«. So war es ein Kompromiss, dass ich mich für den Kinderfilm interessiert habe. Weil die kleinen Darsteller nicht wochenlang ohne Aufsicht der Eltern sein konnten, wurde in diesem Bereich viel im Atelier gedreht oder »um den Kirchturm rum«. Das war dann zum Beispiel in Schlunkendorf, Belzig, Beelitz oder Wiesenburg. Also alles Orte, wo wir früh mit dem Bus hin- und abends zurückfahren konnten.

Im DEFA-Kinderfilm wurde beim Kostüm aber nicht weniger anspruchsvoll gearbeitet als bei anderen Produktionen. Das galt sowohl für Gegenwartsstoffe als auch für historische Szenarien. Eine Filmgeschichte, die in der Vergangenheit spielt, war für mich immer eine besondere Herausforderung, und das hat mir viel Spaß gemacht. Hier brauchte man allerdings auch eine längere Vorbereitungszeit.

Im Kinderfilmbereich gab es die Märchenstoffe, die große Möglichkeiten boten. Das war damals eine andere Herangehensweise als heute. Die neu gedrehten Märchenfilme wirken auf mich oft wie Fasching. Da werden alle Stile zusammengewürfelt und man geht durch alle Zeiten. Es gibt ein barockes Kleid neben einer Empire-Jacke und dann taucht noch jemand in Sandalen aus der Antike auf. Die Kostüme stimmen zeitlich und damit auch dramaturgisch nicht. Da steckt kein Sinn dahinter und es macht folglich keine Freude, überhaupt hinzusehen. Ich kann in solchen Fällen die Ausrede nicht gelten lassen, dass nicht genügend Geld vorhanden war. Damit hat das nichts zu tun. Wir hatten im Osten auch wenig Geld und vor allem kamen wir vielfach nicht an die entsprechend notwendigen Materialien ran. Dann mussten wir uns was einfallen lassen, damit die Sachen hinterher auf der Leinwand so aussehen, als ob sie original gearbeitet seien.

Bei HANS RÖCKLE UND DER TEUFEL wurde mit dem Regisseur Hans Kratzert im Vorfeld alles ganz genau abgesprochen. Wo wollen wir das ansiedeln? In welcher Grundhaltung soll die Geschichte erzählt werden? Sollte die Atmosphäre eher dunkel sein, oder brauchen wir mehr Farben, weil ja Poesie und Phantasie eine große Rolle spielen? Der Szenenbildner Klaus Winter, der die Hölle bauen musste, entschied, dass wir das Märchen nicht im Barock ansiedeln, weil das zu dunkel wird. Wir entscheiden uns für Renaissance. In dieser Epoche waren die Farben schon viel heller. Das war für mich einleuchtend, doch ich bestand auf der Freiheit, selbst zu entscheiden, wie Hexe und Teufel aussehen.

Ich wollte als Hexengestalt keine alte Frau mit grauen Haaren und einem Pickel auf der Nase, wie man sich Hexen üblicherweise vorstellt. Ich wählte für die Figur Seidenstoffe in Rot, Türkis und Lila. Dann kam der Kameramann Wolfgang Braumann hinzu. Der hatte einen großen Ehrgeiz, über das Licht eindrucksvolle Effekte zu erzielen. Rembrandt, Dürer oder van Gogh waren unsere Vorbilder für Licht und Schatten. Wolfgang arbeitete stark mit Licht- und Schattenkontrasten. Wichtiges war immer hell. Da schien dann ein Mondstrahl durch das offenstehende Fenster und das Licht hob zum Beispiel die Hände einer Person besonders hervor. So wollten wir unsere Filme machen. Es sollte durch eintöniges Licht nicht langweilig aussehen.

Als wir gedreht haben, war die Hölle ein ganz besonderes Ereignis. Klaus Winter hatte die ganze Mittelhalle vollgebaut. Da gab es Felsen mit Nischen, aus denen Wasser floss, und er ließ eine Windmaschine einsetzen. Die Kamera schwenkte zunächst durch den ziemlich dunklen Raum und dann erfasste sie das rot und gelb zündelnde Feuer. Hier saß die Hexe, die man zunächst gar nicht sah. Diese Idee fand ich toll. So bekam sie von mir ein Kostüm, als sei sie die Flamme selbst, als sei sie direkt aus den Flammen gestiegen. Das Kostüm bestand aus verschiedenen eingefärbten Seidenstoffen, die übereinander genäht waren. Dazu gab es weite Arme. Die Windmaschine brachte dann alles zum Flattern. Sie verschmolz mit dem Feuer.

Auf meinen Figurinen habe ich auch immer die Haarfrisuren und die Perücken angedeutet, damit die Köpfe zum Stil der Figuren passten. Solche Märchenproduktionen waren sehr anspruchsvoll und deshalb war hier auch immer ein Chefmaskenbildner eingebunden. Das waren Künstler, die für die Zuschauer einen jungen Mann noch ganz überzeugend in einen ganz alten Mann verwandeln konnten. Solche Leute sind rar gesät.

Wie wurden im Studio Ihre Arbeitsaufgaben eingeteilt und gab es für die Erfüllung der Aufgaben bestimmte Zeitvorgaben?

Die Kostümbildner zählten bei der DEFA wie die Regisseure, Kameraleute, Szenenbildner und später auch die Maskenbildner und Schnittmeisterinnen zu den künstlerischen Mitarbeitern. Diese Leute wurden nicht irgendwie eingeteilt. Wenn ein Film besetzt werden musste, konnte der Chef der Kostümabteilung, Erich Stein, nicht sagen: »Ach Frau X ist frei, dann macht sie mal dies oder jenes.« Die Regisseure machten den künstlerischen Mitarbeitern Angebote. Wie die ausfielen, hing in erste Linie von den Erfahrungen ab, die man bei vorausgegangener gemeinsamer Arbeit gesammelt hatte. Natürlich konnte dabei nicht jeder Wunsch erfüllt werden, denn wir mussten ja frei sein. Wir waren in der Firma angestellt, bekamen ein monatliches Gehalt und da konnten wir nicht ewig rumsitzen, um auf das passende Angebot zu warten.

Nach PAUL UND PAULA, hatte Heiner Carow beispielsweise gesagt, möchte er bei seinem nächsten Film, IKARUS, wieder mit mir zusammenarbeiten.

Dann hat es aber lange gedauert, bis er die Genehmigung bekommen hat, den Film zu drehen. Als es endlich so weit war, hatte ich mit anderen Produktionen zu tun. Ich hatte meistens Regisseure, die nach einem gemeinsamen Film gesagt haben: »Das nächste Mal arbeiten wir wieder zusammen.« Manchmal hat es geklappt und manchmal leider nicht. Aber zum Beispiel mit Werner W. Wallroth und Rolf Losansky habe ich jeweils fünf Filme machen können. Übrigens, auch die Kameraleute konnten sagen, dass sie mit bestimmten Kostümbildnern nicht arbeiten wollten, weil sie schlechte Erfahrungen gemacht hatten.

Hinsichtlich der Arbeitszeiten gab es keine konkreten Vorgaben und kein Mensch hat gesagt, dass ich an einem bestimmten Tag das und das abliefern muss. Unter solchen Bedingungen könnte man auch nicht kreativ arbeiten. Nein! Ich wusste, wann der erste Drehtag sein wird. Danach habe ich in den Werkstätten gefragt, wie lange die Kollegen für die Anfertigung der vorgesehenen Kostüme brauchen werden, und dann wusste ich, wie viel Zeit ich mir für meine eigentliche Arbeit einteilen konnte. Und je mehr Erfahrungen ich im Studio gemacht hatte, je sicherer wusste ich, was zu schaffen war. Ich

Für die Liebe noch zu mager?: Simone von Zglinicki

habe mich mit dem Drehbuch auseinandergesetzt und überlegt, welche Kostüme den Gedanken der Geschichte am besten transportieren. Gern habe ich mehrere Entwürfe gemacht, die dann diskutiert werden konnten. Hatte ich etwa bestimmte Farbvorstellungen und der Szenenbildner sagte: »Ach nee, ich habe einen hellblauen Bauernschrank, bemalt mit Blumen. Da wäre es schlecht, wenn davor jemand in einem hellblauen Kostüm steht«, dann konnte über andere Varianten gesprochen werden.

Neben den Kostümentwürfen musste ich mich um die passenden Materialien kümmern. Wir hatten im Studio ein kleines Stofflager. Da gab es Grundmaterialien, die man gut färben konnte. Ansonsten gab es einen Einkäufer, der besorgte alle speziellen Stoffe, die nach den Entwürfen der Kostümbildner gebraucht wurden. Der wusste, wo er anrufen musste. Er hatte prima Beziehungen überall dorthin, wo es Textilfabriken gab, ob in Plauen oder in Leinefelde. Wenn er etwas vermittelt hatte, bin ich oft selbst hingefahren. Weil ich nur kleine Mengen brauchte, habe ich gern in den Musterwerkstätten in die Flickenkisten gesehen. Wie bei meiner Mama unter dem Zuschneidetisch saß ich dann wieder da und habe mir das Passende rausgesucht. Das hat immer viel Zeit gekostet.

Dann wurden die Kostüme in den Werkstätten bei der DEFA genäht. Die Schneider bekamen meine Figurinen und dazu ein Blatt, auf dem ich mit Stecknadeln kleine Stoffproben in den gewünschten Farbtönen befestigt habe. Wenn es noch keinen passenden Stoff gab, habe ich die Farbe mit Tusche vorgegeben und die Materialien wurden dann danach eingefärbt. Das gehörte alles zu meiner Aufgabe.

Gab es während der Arbeit auch eine Abstimmung mit anderen Kostümbildnern?

Grundsätzlich hat jeder allein gearbeitet. Wenn ein Film dann fertig war, gab es in unserem großen Kino, dem »DEFA 70«, eine Abnahmevorführung, zu der alle künstlerischen Mitarbeiter eingeladen waren. Danach fand neben der großen Besprechungsrunde in der Direktion auch eine Auswertung unter den Kostümbildnern statt. Da saßen dann bis zu drei Kollegen, je nachdem wer Zeit hatte, und haben beurteilt, wie das Kostüm auf sie gewirkt hat. Es ging nicht um eine Filmbeurteilung insgesamt, sondern nur um das, was wir hinsichtlich unseres Fachgebiets gesehen haben. Wie haben die Farben gewirkt? Wie hat sich der dramaturgische Anspruch im Kostüm niedergeschlagen? War das, was wir in einem historischen Film gesehen haben, stilecht? Man musste wirklich begründen, wie man was gesehen hat, und alles sollte anschließend schriftlich niedergelegt werden.

Wie haben Sie das Ende der DEFA erlebt und wie hat sich Ihr Berufsweg in der Folge gestaltet?

Nach dem Mauerfall wurde das Filmstudio aufgelöst und ich war ein Jahr lang arbeitslos. Ich saß zu Hause und habe gebangt. Das war furchtbar, denn ich konnte kaum schlafen. Noch bekam ich Arbeitslosengeld, doch das war begrenzt. Ich war inzwischen alleinerziehende Mutter und wollte wegen meines Sohnes, der in Ruhe weiter seine Schule besuchen sollte, nicht in einer anderen Stadt arbeiten. So nutzte ich die Zeit, um neue Preise, neue Materialien, neue Konfektionsfirmen und Boutiquen kennenzulernen. Das war für die Erstellung einer Kalkulation Voraussetzung. Nebenbei ging ich putzen und hatte so die Zeit, mich mit meiner Zeichenmappe unterm Arm bei Produzenten zu bewerben. Schriftliche Bewerbungen hätten nichts gebracht, denn es waren weder DEFA-Filme noch – mit Ausnahme einiger Schauspieler – die Macher bekannt.

Es klappe und ich bekam die Zusage für 14 Fernsehfilme der Serie SYLTER GESCHICHTEN. Danach wurde ich weiterempfohlen. 1993 und 1994 holte mich Regisseur Celino Bleiweiß nach München für 15 Fernsehfilme ANNA MARIA – EINE FRAU GEHT IHREN WEG. Danach hätte ich in München für den TATORT arbeiten können. Aber ich konnte meinen Sohn nicht länger allein lassen. Er sollte in Potsdam Abitur machen und das hatte für mich Priorität. Von da an hatte ich auch in Berlin gut zu tun. Es folgten Arztserien, Anwaltsserien und Fernsehfilme mit interessanten Außenaufnahmen im Ausland. Der letzte Film vor meinem Ruhestand war GAUKLER DER LIEBE mit Klausjürgen Wussow als Heiratsschwindler.

Potsdam, 13. Oktober 2017

Immer wenn es gelang, aus Kostümen Kleider zu machen, wurde es spannend

Mit der Kostümbildnerin Christiane Dorst sprach Christel Gräf

Aus: »Film und Fernsehen«, Doppelheft 1+2/1996

Aufbauend auf dem in »Film und Fernsehen« veröffentlichten Interview von Christel Gräf hat Elke Schieber ebenfalls 1996 für das Filmmuseum Potsdam ein Zeitzeugengespräch mit Christiane Dorst geführt. Aus dem dabei entstandenen Transkript wurden einige ergänzende Passagen ausgewählt und bearbeitet. Die entsprechenden Stellen sind gekennzeichnet mit dem Namen der Interviewerin (Elke Schieber) und dem der Protagonistin (Christiane Dorst).

Christel Gräf: *Christiane, Du hast rund zwanzig Jahre bei der DEFA gearbeitet und an vielen, auch international beachteten Filmen mitgewirkt, Deine künstlerische Mitarbeit war für Regisseure von hohem Wert, Dein Engagement für das Ganze eine wichtige Stütze für die meisten. Wie bist Du zu diesem Beruf gekommen, war es Zufall oder innigster Wunsch?*

Christiane Dorst: Es war schon mein Wunsch, aber zu dem Zeitpunkt, als ich mich für diesen Beruf entschied, dachte ich nicht im Entferntesten an Film. Meine Mutter war hier am Potsdamer Theater Musikerin, Bratscherin – ich bin in Babelsberg geboren. Durch sie bin ich von frühester Kindheit an theatergeprägt. Mit 14 Jahren habe ich im Grunde gewusst, was ich werden wollte: Bühnenbildnerin. Wenn ich freihatte, saß ich bei jeder Probe im Theater. So oft es nur ging, hat Mutter uns – meine Schwester und mich – mitgenommen. Für mich stand damals fest: Irgendetwas mit Ausstattung, Bühnenbild und Kostüm wollte ich machen. Was das eigentlich bedeutet, war mir nicht bewusst. Im Abiturjahr machte ich meine Aufnahmeprüfung in Weißensee, an der Hochschule für bildende und angewandte Kunst, für die Fachrichtung Bühnenbild, Bühnenkostüm, bei Professor Heinrich Kilger, der damals Chefausstatter am Deutschen Theater war. (...)
Die Prüfung war im März, im Juli habe ich das Abitur gemacht und im September begann das Studium. Das war eine Superzeit! Es war unheimlich schön, an vieles bin ich sehr naiv und spielerisch herangegangen, meine Studienergebnisse waren aber sehr gut. Ich hatte das Glück, großartige Lehrer zu haben: Theo Balden, ein ganz bekannter Plastiker, bei Arno Mohr hatte ich Aktzeichnen, dann Herr Behrens-Hangeler, der sich mit Farbenlehre beschäftigte, Heinrich Drake, Walter Womacka – lauter tolle Leute. (...)

Heinrich Kilger war ein Mensch, der wusste, was einen guten Lehrer ausmacht. Ihm lag nicht daran, lauter kleine Adepten seiner selbst heranzuzüchten, sondern er versuchte, die Eigenart und das Talent eines jeden Studenten herauszufinden und dieses Besondere zu hegen und sorgsam aufzubauen. (...) Damals habe ich Malen und Zeichnen, ganz einfach mein Handwerk, gelernt. Manchmal merkt man, dass dies heute bei Kostümbildnern sehr auf der Strecke bleibt, dass sie nicht in der Lage sind, sich auf dem Papier zu äußern. Ich bin nach wie vor der Meinung, dass Papier, Strich, Farbe und Form die ersten Verständigungsmittel sind, um eigene Vorstellungen vorerst zweidimensional auszudrücken. (...)

Wann hast Du Dein Diplom gemacht?

Als Teil meines Diploms habe ich am Hans-Otto-Theater Potsdam meine erste eigene Arbeit gemacht: Strittmatters »Die Holländerbraut« (...). Mit dem Blumenstrauß zur Premiere bekam ich meinen festen Vertrag für das Theater. Ich hatte mein Diplom noch gar nicht in der Tasche, aber es war schon klar, dass ich es gut bestehen würde. Das war 1962, ein überaus glücklicher Moment für mich. (...)

Wie lange warst Du am Hans-Otto-Theater?

Sechs Jahre. Bei den meisten Inszenierungen habe ich Bühne und Kostüm gemacht. Im Grunde genommen habe ich alles gemacht, »Hamlet«, »Die Csárdásfürstin«, »Rigoletto«, Ballett und Weihnachtsmärchen, klassische und moderne Stücke. Wir mussten ganz schön ran. (...)

Was hat Dich bewogen, 1968 von Potsdam wegzugehen, und wohin bist Du gegangen?

Ich wollte mich verändern, anderes kennenlernen. Leipzig schien mir eine gute Möglichkeit. (...) Berlin war mir zu hochgegriffen. An den großen Häusern waren die Positionen alle besetzt. Aber ich hatte auch eine innere Scheu. Leipzig traute ich mir zu. Ich wusste allerdings nicht, was für ein Tyrann Karl Kayser[2] war, wie die Struktur dieses Theaters war, wie konventionell und

---

2 Karl Kayser (14. Mai 1914 – 27. Januar 1995); deutscher Schauspieler, Regisseur, Intendant und Politiker; 1963–1989 Mitglied des ZK der SED; www.wikipedia.org/wiki/Karl_Kayser_ (Schauspieler), [12.01.2020].

stark das ganze Gefüge. In den zwei Jahren dort habe ich für sämtliche Bühnen Leipzigs gearbeitet, für das Schauspielhaus, die Musikalische Komödie, die große Oper, die Kammerspiele, das Kellertheater und das Kindertheater. Die unterschiedlichen Häuser waren zu einem Kombinat zusammengefasst, dem Karl Kayser als Generalintendant vorstand. Ich habe unheimlich viel gearbeitet, machte aber ausschließlich Kostüme. Nur für eine Inszenierung Karl Kaysers im Kellertheater hatte ich auch die Raumgestaltung übernommen. Für die spätere Filmarbeit lernte ich in Leipzig etwas sehr Wichtiges: ungeheure Mengen von Kostümen zu organisieren. (...)

Wie war der Einstieg als Theaterfrau in den Film?

Am Anfang war ich ziemlich geschockt. Am Theater ist der Bühnen- und Kostümbildner der unmittelbare und engste Partner des Regisseurs. Im Musiktheater kommt noch der Dirigent dazu. Es wird unheimlich viel miteinander geredet. Bei der DEFA fühlte ich mich anfangs immer außerhalb stehend, bis ich allmählich begriff, dass es beim Film für den Regisseur viel mehr Partner gibt. Aber die intensive Auseinandersetzung um ein Projekt habe ich dennoch oft schmerzlich vermisst. Als ich dann allmählich im Filmgeschäft Fuß fasste und orten konnte, wer für was zuständig ist und wie sich alles zusammenfügt, brachte ich meine Forderungen ein. Ich konnte mich nicht damit abfinden, dass solche Gespräche nur am Rande stattfinden oder überhaupt nicht. (...)

Hattest Du bestimmte Idealvorstellungen von einer Art Film, ein künstlerisches Credo, als Du damals zur DEFA kamst?

Luchino Viscontis Tod in Venedig (Morte a Venezia, 1971) war und ist bis heute für mich einer der beeindruckendsten Filme. Da stimmt einfach alles. Gustav von Aschenbachs Sehnsucht nach der Schönheit der Jugend, sein Schmerz über deren Vergänglichkeit und das Spiel bis hin zu seinem Tod drückt sich in allem aus, im Agieren der Schauspieler, in der Musik von Gustav Mahler, in der gesamten Ausstattung bis zum kleinsten Detail. Die Zeit vor dem Ersten Weltkrieg wird lebendig in Kleidern und Bademoden, in Kronleuchtern und Mobiliar. Die Ästhetik dieses Filmes, seine Schönheit und morbide Farbigkeit, die Ausdruck der inneren Befindlichkeit des Helden sind, habe ich immer bewundert. Dieser Film war so etwas wie eine Messlatte für mich, ein Vorbild für Eigenes, auch wenn es vorerst um ganz andere Geschichten ging. Am Theater hatte ich viele Gegenwartsstücke gemacht, daher wusste ich, wie unspektakulär so was ist und wie schwer zu machen.

Worin besteht das Schwere?

Bei einem Stück, das historisch weggerückt ist, war es immer leichter gefallen, eine gewisse Abstraktion der Bekleidung zu erreichen. (...) Bei den Gegenwartsfilmen ging es oft um ganz profane Dinge. Du hast einen Kittel gesucht, aber von zwanzig Kitteln vermittelt jeder einen anderen Ausdruck, und du musst den passenden für die Figur und die Szene finden. Er darf nicht beliebig sein, nicht austauschbar. Wenn ich mir zum Beispiel den Kittel von Katrin Sass im HAUS AM FLUSS in Erinnerung rufe, der ist eben nicht austauschbar. Das war so ein bestimmter Wendekittel, dunkelblau, mit roten Streifen auf der einen Seite und mit Pünktchen auf der anderen. Das war ja eines ihrer wichtigen Bekleidungsstücke als Reinemachfrau in dem reichen Haus, der sie als reizvolles, begehrenswertes Weib zeigte und nicht nur als Aschenputtel.

Im Laufe meiner Arbeit habe ich immer wieder die Erfahrung gemacht, dass es im Gegenwartsfilm sehr darauf ankommt, dieses ganz spezielle, unverwechselbare Kostüm zu finden, auch wenn es viel Mühe kostet und diese Arbeit unspektakulär ist. Ein raffiniertes historisches Kostüm herzustellen, ist viel einfacher. Modernes gut zu machen, ist schwer.

Kommt es beim historischen Film nicht auch darauf an, das sehr spezielle Kostüm für die Person zu finden, die die Rolle spielt?

GLÜCK IM HINTERHAUS: Dieter Mann, Ute Lubosch

Damit berührst Du eine andere Frage. Kostüme, ob gegenwärtige oder historische, unterliegen in einem gewissen Maße auch immer den augenblicklichen Ansichten der Mode und Neigungen der Zeit, in der sie entworfen werden. Seit Beginn der 1970er-Jahre gehen die Tendenzen in der Gestaltung von Filmkostümen dahin, einen möglichst großen Grad an Realität, fast Naturalismus, zu erreichen.

Ganz großen Eindruck haben auf mich damals die Filme von Jan Troell gemacht Emigranten (Utvandrarna, 1971) und Das neue Land (Nybyggarna, 1972). Da habe ich zum ersten Mal deutlich begriffen, was für eine erzählerische Kraft Genauigkeit im Detail haben kann. Der Axtstiel in der Hand des Bauern hat im Laufe seines Lebens die Form von dessen Hand bekommen. Das war zu sehen. Über die Leinwand war zu spüren, was diese Menschen in ihrer Kleidung erlebt hatten, wie sie geschwitzt und gelitten hatten, es war detailreich und voller Leben. (...)

Die Filme von Troell waren also die Initialzündung?

Ja, damals habe ich mich gefragt, woran liegt es, dass alles so voller Leben ist. Wie kommt es, dass man die Geschichte dieser Leute, die einen ja sehr berührt, ihre Vergangenheit und Zukunft, sogar in der Bekleidung spürt? Damals regte sich bei mir der Wunsch, auch solche Kostüme zu machen. Wenn ich heute die finanziellen Möglichkeiten hätte, würde ich gern nochmals einen historischen Film machen. Das Wissen habe ich, Materialien gibt es wunderbare, aber heute hat keiner mehr Geld dafür. Ich denke, nach Möglichkeiten der DEFA sind mir solche Kostüme ganz gut gelungen bei Ursula, in Hilde, das Dienstmädchen und Fallada – Letztes Kapitel. In diesen Filmen bin ich meiner Idealvorstellung am nächsten gekommen.

Bei Ursula hatte ich die Möglichkeit, Schweizer Kostümhäuser kennenzulernen, der Film wurde ja zu großen Teilen in der Schweiz gedreht. (...) Ich konnte ein paar sehr gute Materialien bekommen durch eine Schweizer Kostümbildnerin, die mir zur Seite stand und die heute meine Freundin ist, eine großartige Frau. Sylvia de Stoutz – sie hat Rote Erde gemacht und ist mir sehr verwandt in der Art, Kostüme zu bauen. Sie hat allerdings, aus ähnlichen Gründen wie ich, den Beruf heute aufgegeben. Überall wird nur am Geld gemessen. Die Produktionen sind in ihrem Budget so eingeschränkt, dass ihnen eine Kostümbildnerin mit solchen Ansprüchen viel zu teuer und unbequem ist.

Für Ursula hatte ich damals Unmengen von Kostümen aus der Schweiz, aus dem Meininger Theaterfundus und aus unserem Fundus zur Verfügung.

Ich konnte sehr viel im Material arbeiten und habe Urformen von Kostümen wiederentdeckt. Die einfachen Leute haben immer dasselbe Zeug getragen, über alle Jahrhunderte hinweg. Diese Urhemdformen, die findest du in Afrika und in Indien und an der Nordsee. Die praktischen Grundformen der menschlichen Bekleidung.

Ich habe immer Dinge gesucht, die uns als Kleidungsstücke bekannt waren. Für Ursula, die durch den Krieg geht, um ihren Liebsten zu finden, brauchten wir eine Winterkleidung. Ich wollte ihr irgendein Detail im Kostüm geben, das uns als Uniformteil bekannt ist, das an Krieg erinnert. Mathias Grünewald beschreibt auf einer Tafel seines Isenheimer Altars die Himmelfahrt Christi. Während Christus in einem hellen Licht nach oben steigt, liegen die Kriegsknechte, die das Grab bewacht haben, in völlig verkrampften Stellungen am Boden, und einer von ihnen hat eine Steppjacke an. Da habe ich an die Russen denken müssen, wie sie damals, 1945, in ihren Steppjacken gekommen sind. Aber schon viel früher haben die Krieger unter ihren schweren Metallharnischen Steppjacken getragen. Aus russischen, olivgrauen Wattejacken haben wir dann eine Jacke gebaut. Das Material war verschossen und zigmal gereinigt, an vielen Stellen war es aufgeplatzt, und wir haben Flecken drübergenäht. Am Ende war es ein Bekleidungsstück, das ganz organisch mit der Zeit übereinstimmte, und jeder hat mit dieser Wattejacke unbewusst etwas Kriegerisches assoziiert.

Wir mussten erfinderisch sein, denn in vielen Dingen waren uns vom Material her Grenzen gesetzt. Ich habe immer nach Stoffen gesucht, die lebendig waren. Zum Glück gab es bei uns im Studio Baumwollnessel, damit konnte ich etwas anfangen und war weg von den veredelten »spezitex-Stoffen«, dem »Präsent 20« und der Schwemme von »Kunststoffen«. Wenn ich die Materialien von heute sehe und Vergleiche anstelle, was wir uns einfallen lassen mussten, um unseren Idealvorstellungen nahezukommen, ziehe ich den Hut vor uns allen. Wie wir in HAUS AM FLUSS und FALLADA – LETZTES KAPITEL mühsam unsere kostbaren Originalkleider aus den 1940er-Jahren zusammengehalten und Tüll untergenäht haben, damit sie nicht den Schauspielern vom Leibe fielen! Wir hatten damals für beide Filme Annoncen aufgegeben und großes Glück. Eine junge Frau aus Ruhla löste den Haushalt ihres Vaters auf, darunter befanden sich viele Truhen und Kisten mit vorzüglich erhaltenen alten Sachen. Das war ein kostbarer Schatz.

Beim Film JOHANNES KEPLER drang Frank Vogel sehr darauf, Kostüme zu verwenden, die leben. Die Zeit des 16. Jahrhunderts war für uns schwer greifbar, die Zeit des Dreißigjährigen Krieges, die Strenge der spanischen Weltmode. Der Mantel von Kepler sollte sein armseliges und erbärmliches

Leben erzählen. Wir haben damals sehr viel patiniert, mit Seife und Bügeleisen gearbeitet, um diesen speckigen Glanz zu erreichen, oder mit Chlor, damit die Farbe rausätzt. Alle diese Tricks kannte ich ja sehr gut vom Theater, das kam mir immer zugute. Die Kostümausstattung vom Kepler-Film ist für mich bis heute mit diesem Geruch der patinierten Kostüme verbunden. Die Schauspieler klagten immer, dass meine Kostüme stinken. Zum Schluss waren sie sehr schön geworden, vom Leben geprägt, benutzt.

Was den Büchner-Film ADDIO, PICCOLA MIA anbetrifft, bin ich noch heute traurig, dass mir ein Fehler erst auffiel, als alles vorbei war. Georg Büchners Kostüm, der polnische Rock, wirkt wie ein Panzer, starr und steif. Ich hatte ein mit Plaste gemischtes Material, wie die meisten DDR-Materialien in dieser Zeit. Die Anzugstoffe für den Werktätigen waren daraus gemacht, damit konnte er tagsüber im Büro sitzen und abends ins Theater gehen, es blieb alles tipptopp. Ich erinnere mich, dass die Regisseure immer verschwitzte Hemden mit Falten haben wollten. Hätte ich Leinen und Baumwolle gehabt, wäre es ein Leichtes gewesen. So haben wir immer auf Altes zurückgegriffen, ein Priesterhemd vom Großvater zum Beispiel.

Wenn man sich heute die Filme anschaut, sieht man die Schauspieler immerzu in alten Priesterhemden. Weil die lebendig waren. Aber beim Büchner-Kostüm habe ich mich nicht genügend kundig gemacht. Wie ist denn früher so ein Rock verarbeitet worden, wie verhielt es sich mit Ober- und Unterstoff? Wir arbeiteten mit Watteschicht und Steifleinen und bauten einen starren, präzisen Gehrock. In diesem Polenrock ist der arme Büchner durch die Lande gezogen und sah immer tipptopp aus und eingeschnürt. Der mühsame Weg der Erkenntnis bleibt einem nicht erspart. Und wenn man ihn nicht geht, bereut man es später bitter.

Elke Schieber: *Man sagt den DEFA-Filmen nach, dass sie immer einen Hang zur Genauigkeit hatten. Auch die Gegenwartsfilme wollten immer eine genaue Alltagsbeschreibung liefern. Es ging nicht um selbstzweckhafte schöne Bilder, wie wir sie aus Hollywood-Filmen kennen. Inwiefern hat das bei Ihrer Arbeit eine Rolle gespielt?*

Christiane Dorst: Ich weiß noch genau, dass wir in den 1970er-Jahren sehr intensiv darüber gesprochen haben. Wenn es hieß, das sei ein Hollywood-Kleid, dann bedeutete das ein klares Urteil. Damit war ausgedrückt: Spiegelt nicht die angestrebte Wirklichkeitsdarstellung wider. Wir grenzten uns von einem Trend ab, bei dem bestimmte Schönheitsideale aus der Entstehungszeit eines Films in die Inszenierung einflossen und die Bilder dominierten. Das entsprach aber auch einem internationalen Trend. Die Entwicklung ging insgesamt dahin, dass man vom Heranziehen eigener Schönheitsideale weg-kam und mehr auf soziale Genauigkeit achtete.

Eine Geschichte wurde wirklich in eine bestimmte historische Zeit ge-bettet. Kostümbildner, so wie auch ich mich verstehe, wollen wirklich Kos-tüme bilden. Es geht darum, etwas auszudrücken, was exakt die jeweilige Handlungszeit bestimmt. Man muss also genau beobachten: Wie war etwas genäht gewesen und wie sahen die Stoffe aus? Wenn die Kostüme wirklich zu Kleidern werden, dann ist das für mich beglückend. Wenn es gut gemacht ist, wird der Zuschauer das kaum mitbekommen. Das muss er auch nicht. Ich denke im Gegenteil, wenn der Zuschauer deutlich bemerkt, dass ihm da absichtlich etwas vorgeführt wird, dann wird er entrückt.

Gegenwartsfilme zu machen, ist besonders schwer. Das hat zunächst schlicht damit zu tun, dass die Schauspieler ihren eigenen Geschmack in die Kostümfindung einbringen wollen. Angeblich würden sie sich nur dann wohlfühlen, wenn sie so gekleidet werden, wie sie selber über die Straße laufen würden. Das hatte dann gar nichts mit der Filmrolle zu tun. Es geht aber darum, dass man sagen kann, dieser Filmcharakter kann nur so ange-zogen sein, wie es seiner Rolle entspricht. Genau wie wir im Kleiderschrank auch nur das versammeln, womit wir uns am liebsten anziehen. So gesehen trifft die Kleidung eine bestimmte Aussage über die jeweilige Person. Da-durch hat auch wieder unsere Kleidung eine Aussage über uns. Als Anne Hoffmann mit BÜRGSCHAFT FÜR EIN JAHR ihre Diplomarbeit vorgelegt hatte, fand ich das ausgesprochen gut. Sie hat wirklich gut beobachtet und Din-ge ausgewählt, von denen man sagen musste:»Ja, das ziehen Frauen, in der Art wie eine von ihnen hier von Katrin Sass gespielt wird, tatsächlich an.« Anne Hoffmann hatte etwas gestaltet, was dann als allgemeingültig wahr-genommen werden konnte.

Elke Schieber: Die Farbe steht als Symbol, als Zeichen für etwas und sie spiegelt gleichzeitig eine bestimmte Zeit. Wie sind Sie damit umgegangen?

Christiane Dorst: Natürlich setzt man sich bei jedem Film, den man macht, mit der historischen Zeit auseinander, in die er eingebettet ist. Bei historischen Stoffen beschäftigte ich mich sehr intensiv mit den bildenden Künstlern der jeweiligen Epoche. Bei der jüngeren Geschichte konnte ich in unseren Fun-dus sehen und auf der Grundlage von Originalkleidung feststellen, welche Farbigkeit und welche Materialien in einer ausgewählten Zeit bestimmend waren. Etwa im Büchner-Film ADDIO, PICCOLA MIA fanden sich viele Braun-töne. Das konnte ich aus zahlreichen Darstellungen des Biedermeier ableiten. Braun ist eine sehr bürgerliche Farbe. Es hat etwas dezent Zurückhaltendes, Gediegenes.

Bei ADDIO spielte das bei der Farbdramaturgie eine große Rolle. Entsprechend der inhaltlichen Aussage des Films verschwinden die Brauntöne zum Ende hin immer mehr zugunsten einer Farbigkeit, in der Schwarz-Weiß-Töne dominieren. Dann kommt hinzu, dass bestimmten Farben eine spezifische Aussagekraft zugeordnet werden kann. Rot deutet auf etwas Aktives hin. Das habe ich auch immer gern benutzt, um bestimmte Akzente zu setzen. Damit wird die zentrale Person in einer zentralen Szene herausgehoben. So wie Katrin Sass, wenn sie in FALLADA ein violettes Kleid anhat.

Kostüme wurden doch nicht nur im Studio angefertigt, sondern für Gegenwartsfilme auch aus der Konfektion bezogen.

Anfang der 1970er-Jahre gab es die Einrichtung der Exquisit-Läden, die die neueste Mode führten. Meist Importe aus dem Westen. Bei der DEFA gab es so viel Geld, dass wir dort kaufen konnten, die Sachen waren unverschämt teuer. Am Theater hatten wir nie genügend Geld und mussten immer sparen. Das war eine neue Erfahrung für mich. Als wir den Film DER DRITTE vorbereiteten, existierte als Moderichtung sowohl Mini als auch Midi, das Kurze und das Lange. Wesentliche Kleidungsstücke sowohl für Jutta Hoffmann als auch für Barbara Dittus kauften wir im Exquisit. Ein rehbrauner Hosenanzug für Jutta, die die Margit Fließer spielte, den sie sehr viel getragen hat und der ihr vorzüglich stand. Für Barbara, als Freundin Lucie, hatte ich einen Hosenanzug mit merkwürdig geschwungenen Jugendstilornamenten erstanden, den sie zu Margits Hochzeit anhatte.

Diese beiden schönen jungen Frauen waren ja auch modebewusst, und die knabenhafte Jutta mit ihren schlanken Beinen gefiel sich in diesen kurzen Röcken. Hin und wieder gerieten die beiden Weiber in einen kleinen modischen Wettstreit, wenn die eine einen Schal trug, wollte die andere auch einen. Oder die Mini-Maxi-Kleid-Szene, in der die beiden sinnieren, ob man das Blümchenkleid radikal kürzen soll oder nicht und wie Lucie schließlich wildentschlossen zur Schere greift. Dieses Spiel mit der Mode bedient die Geschichte auf schöne Weise. Mode im Film so einzusetzen, dass sie nicht als solche dominant wird, sondern zum Gestus der Schauspieler gehört und zugleich ein Ausdruck der Zeit ist, das habe ich immer akzeptiert.

Welche Art von Kostüm herzustellen hat Dir am meisten Spaß gemacht? Gegenwärtige oder historische?

Am meisten macht es Spaß, wenn man mit einem Filmkostüm eine bestimmte Abstraktion erreichen kann. Das muss man vorsichtig machen, nicht so kräftig wie beim Theater.

Bei einer Komödie, etwa ANTON DER ZAUBERER, die ich von meiner Arbeit her sehr mag, hat man immer die Möglichkeit, leicht zu überhöhen. Komödienfiguren verlangen nach einer gewissen Stilisierung. Für jede Figur habe ich sechs bis acht Blätter gezeichnet, für die verschiedenen Zeitabschnitte. Wenn ich meine Figurinen zu dem Film heute anschaue, bin ich verblüfft, wie weit damit im Gestus etwas vorgegeben war, was später den Film mitprägte.

Oder AUTOMÄRCHEN, ein Film, der durch sein komisches Genre ebenfalls nach einer starken Überhöhung verlangte. Das Kostüm von Kurt Böwe war sehr originell und schön. Es war das erste Mal, dass Böwe in einem übergroßen Sakko spielte und sich darin offensichtlich so wohlfühlte, dass er später bei anderen Rollen immer wieder so ein schlampiges weites Stück wollte. Mit seinen vorstehenden Hasenzähnen und dem riesengroßen Schnupftuch war er echt komisch. Das war auch eine Möglichkeit für Abstrahierung. Bei Genre- oder Märchenfilmen bieten sich solche Gestaltungsmittel am ehesten an. Aber auch bei historischen Filmen kann man das erreichen, wenn es vom Buch her angelegt ist. (...)

Wie war die Zusammenarbeit mit den Szenenbildnern?

Meist begann die Zusammenarbeit sehr früh. Man musste ja die Farben aufeinander abstimmen und die Dimensionen der Dekorationen kennenlernen. Fredi Hirschmeier lernte ich bei ORPHEUS IN DER UNTERWELT kennen; wir haben viele Jahre sehr gut zusammengearbeitet. Mit Georg Wratsch machte die Arbeit auch außerordentlichen Spaß und mit Paul Lehmann bei dem Fernsehfilm DER MANN VON DER CAP ARCONA. Wir haben uns alle gegenseitig geschätzt, jeder interessierte sich für die Arbeit des anderen. Die Neugierde auf dessen Arbeit, nicht im Sinne des Stehlens, sondern der gegenseitigen Anregung, um das Optimale zu erreichen – das war das Schöne in dieser Zeit.

Elke Schieber: *Wie sahen im Vorfeld der Dreharbeiten Ihre Absprachen mit den Kameraleuten aus?*

Christiane Dorst: Der Szenenbildner war für mich neben dem Regisseur natürlich immer der erste Ansprechpartner. Mit ihm zusammen hat man den Grundausdruck von Raum und Kostüm am intensivsten abgestimmt. Doch auch mit den Kameraleuten fanden immer ausführliche Absprachen statt.

Bei Jürgen Brauer, mit dem ich sehr gern gearbeitet habe, und der Kameramann und Regisseur in einer Person war, ging es beispielsweise bei unserer Auseinandersetzung zur Farbgestaltung sehr stark um die Frage, ob die Oberflächen glatt oder glänzend sein sollten. In vielen Fällen habe ich mit Kameraleuten sehr sorgfältige Farb- und Materialproben gemacht, um zu testen, ob ein Ausdruck präzise genug entsprechend der Regieabsicht umgesetzt werden kann.

Ich erinnere mich noch an eine umfassende Reihe von sehr konkreten Material- und Farbproben mit dem Kameramann Erich Gusko im Hinblick auf Egon Günthers LOTTE IN WEIMAR. Dort haben wir seinerzeit die Farbigkeit der Szene mit der großen Tafelrunde bei Goethe sehr genau getestet. In dem vom Szenenbildner Harald Horn nachgebauten originalen Weimarer Goethe-Haus sah unsere Farbkonzeption vor, dass die an der Tafel versammelten Menschen durch eine bestimmte Skala von Grautönen geprägt sein sollten. Entsprechende Materialien waren in der DDR aber nur unter großen Schwierigkeiten zu bekommen. Wir hatten damals allerdings einen findigen Einkäufer, der kannte eine Reihe von kleinen Unternehmen im Erzgebirge, wo er immer etwas Besonderes auftreiben konnte.

Ich habe meine Figurinen unter den Arm geklemmt und bin mit ihm ein paar Tage auf Tour gegangen. Am Ende hatten wir alle Stoffe, die die gesamte Palette unserer Grauvorstellungen für die Fracks und Biedermeierröcke der Tafelrunde abdeckte. Als wir allerdings unsere Stoffe für einen Kameratest im Atelier vor eine neutrale Wand gehängt haben, war das Ergebnis furchtbar, denn die differenzierte Grauskala konnte bei dem hier simulierten Licht nicht erfasst werden. Es gibt Grau in hunderterlei Facetten, mehr ein warmes Grau oder ein kaltes Grau und so weiter. Wir waren eigentlich überzeugt, dass wir das, was wir uns vorgenommen hatten, nicht erreichen können.

Dann kam die große Überraschung. Als wir in der Originaldekoration mit den Schauspielern, mit allen Lichtspielen und mit allem Kunstlicht, was gemacht wurde, einschließlich aller Zwischentöne und innerhalb einer besonderen Raumatmosphäre die Szene drehten, stellte sich heraus, dass unsere Konzeption doch aufgegangen war: mit der Haut, mit der Luft, die dazwischen lag, also mit einer völlig anderen Situation. Seither habe ich neutrale Kameratests mit Kostümmaterialien nicht mehr als besonders sinnvoll angesehen.

Wie war die Zusammenarbeit mit den Gewandmeistern?

Im Laufe der zwanzig Jahre hatte ich verschiedene Teams, aber es gab bestimmte Leute, mit denen ich immer wieder gern gearbeitet habe, denn mir war wichtig, dass sie verlässlich sind. Der Garderobier hat die Pflicht, die Kostüme technisch zu verwalten und zu organisieren, auf die Anschlüsse zu achten. Macht er Fehler, kann es sehr unangenehme Situationen geben. Mit solchen Sachen wollte ich mich nicht belasten, obwohl ich dafür letztendlich verantwortlich bin. Aber ich bin für Arbeitsteilung. Am Drehort wollte ich mich darauf konzentrieren, meine Arbeit, die ja gemacht war, zu überprüfen, um Dinge, die vielleicht nicht so gut geworden waren, abzuklären. Ich fühlte mich nie als Kontrolleur für die Details der Garderobe am Drehort, das ist die Aufgabe meiner Kollegen. Deshalb habe ich über eine lange Zeit mit Leuten zusammengearbeitet, auf die ich mich verlassen konnte. Das waren Rutchen Leitzmann und Herbert Henschel.

Elke Schieber: *Wie war Ihre Zusammenarbeit mit den Schneiderwerkstätten des Studios?*

Christiane Dorst: Was in den Werkstätten gemacht wurde, das war für mich einfach ein Kunsthandwerk. Es mussten immer aus zwei Dimensionen der Kostümvorlage drei Dimensionen gemacht werden. Ein Kostümbildner bekommt mit der Zeit einen Blick für die Kleidungsstücke. Er kann sagen: Das sitzt nicht, deshalb nimm mal hier einen Zentimeter weiter nach hinten.

Aber wie bestimmte Ausdrücke zu finden sind, die sich dann am Körper der Schauspieler formen, das ist eben die Kunst von einer guten Schneiderin. Ich habe es immer hoch bewundert, wenn ich sagte, dies oder das und so müsste geändert werden, aber nicht sagen konnte wie, und die haben dann gesagt: Sieh mal, das machen wir so.

Im Studio arbeiteten Handwerker, die nicht anonym für Anonymes arbeiteten. Inge Bochow zum Beispiel war eine der sehr guten Meisterinnen. Selbst wenn sie bei einer Kostümprobe erst einmal gar nicht so viel Hintergrundwissen über eine Filmfigur und das, was das Kostüm ausdrücken sollte, hatte, besaß sie für diese Dinge einen speziellen Sensor. Sie war hochbegabt und hat öfter, wenn alles festgefahren schien, gesagt, jetzt raff das mal hier hoch, dann nähen wir das hier runter und machen den Ausschnitt bis dahin und nun guckt doch mal hin. Sie konnte improvisieren und hat sich sehr aktiv in die Gestaltung eingebracht. Sie war oft am Drehort und hat dort noch den Anforderungen entsprechend an den Kostümen gearbeitet. Viele Regisseure schätzten ihren hohen Kunstverstand.

Ihre Nachfolgerin Ursel Heidemann war ebenfalls eine sehr gute Meisterin. Sie hat für LOTTE IN WEIMAR gearbeitet, und wenn ich mich an die Proben mit ihr erinnere, so sind das eigentlich Feste gewesen. Alles war noch unfertig und im Werden und man trat den Schauspielern gegenüber, die zunächst noch fremd waren. Das Maßnehmen ist eine sehr intime Geschichte. Hier offenbaren sich alle körperlichen Besonderheiten der Darsteller. Ich blieb dabei meist im Hintergrund und habe die Maßkarten ausgefüllt. Wenn alles vermessen ist, dann stehen der Meister oder die Meisterin da und diktieren die wesentlichen Dinge, die beim Kostümbau zu beachten sind. Das wurde nicht pur formuliert, denn da hätte sich mancher sehr erschrecken können. Schauspieler sind sehr sensibel. So gab es bestimmte Kürzel.»3 O«, das heißt dann: Sie hat so ziemliche O-Beine.»Rechts 3 O« wiederum heißt: Das rechte Bein ist sehr nach außen gewölbt.

Als ich 1970 im DEFA-Studio angefangen habe, da gab es in der Schneiderwerkstatt noch Leute, die waren schon bei der Ufa tätig, und sie hatten mit allen frühen DEFA-Größen gearbeitet. Die gingen dann bald in Rente, doch sie blieben für die Jüngeren lange Zeit wichtige Vorbilder. Hanni Opielka hatte ich im Studio nicht mehr persönlich kennengelernt. Deren Korsagen waren berühmt, und die alten Damen des Films haben noch lange erzählt, welch wunderbare Frauenkörper sie durch ihre Kunst formen konnte.

Als ich im Studio ankam, da gab es zirka fünfzig Schneiderinnen und Schneider. Das war eine gut bestückte Werkstatt und es ist bis zur Auflösung der DEFA so geblieben. Ich war immer wieder bass erstaunt, welch handwerkliche Fähigkeit dort versammelt war. Ein Rokoko-Kleid zu nähen mit einer Korsage und diesem Reifrock darunter, ist schneidertechnisch eine große Herausforderung. Dazu gehört viel Wissen hinsichtlich des Schnitts und der Verarbeitung. Das kann ein normaler Maßschneider nicht. Das erfordert alles eine hohe Kunstfertigkeit.

Die Schneiderei war ursprünglich im Haus 37 a untergebracht. Ich habe dazu immer »unser Mutterhaus« gesagt, weil wir ansonsten mit unseren Arbeitsplätzen über das ganze Gelände verstreut waren. In diesem Haus waren in der unteren Etage die Verwaltung und die Herrenschneiderei, und in der oberen Etage gab es nochmals Büroräume und die Damenschneiderei. Doch die Arbeitsplatzbedingungen waren beengt, und so wurde in den 1970er-Jahren ein ehemaliges Probeatelier für die Schneiderei umgebaut. Dort gab es zwei große Werkstatträume und entsprechende Meisterateliers. Dazu kamen eine Anprobe und ein kleinerer Raum, wo die Jungfacharbeiter ihre ersten Schritte taten. Es war eine schöne Werkstatt damals. Das ist dann später Teil des ORB geworden.

Entscheidet der Regisseur beim Film mit über das Kostüm, oder ist das ganz Dir überlassen?

Das ist sehr unterschiedlich. Ich habe jahrelang die Erfahrung gemacht, dass sich die Regisseure in der Phase der Vorbereitung sehr intensiv um die einzelnen Sparten bemühen. Aber je näher der Drehbeginn kommt und sie mit tausend Problemen beschäftigt sind, desto seltener lassen sie sich sehen und verlassen sich auf die Zusammenarbeit. Das hängt auch mit ihren bisherigen Erfahrungen zusammen. Aber es gibt auch Regisseure, die das Kostüm bis zum Schluss nie aus den Augen verlieren, Roland Gräf zum Beispiel, der einen bis kurz vorm Dreh anspornt, nach einer optimalen Variante zu suchen. Er hat auch stets bemerkt, wenn ich kleine Veränderungen vorgenommen habe, und sie dankbar angenommen.

Durch die Tatsache, dass Filme unchronologisch gedreht werden, ist meine Arbeit bis zum Schluss nicht abgehakt. Ich habe immer darauf bestanden, den Regisseur zu seiner Pflicht zu rufen und mit mir *vor* dem Dreh die wichtigsten Kostüme abzustimmen, nicht am Drehort, wo alles drunter und drüber geht. Ich finde, das sind Arbeitspflichten der einzelnen Sparten untereinander, sich gegenseitig zu fordern und zu sagen: Schau bitte mit drauf.

Zusammen mit Roland Gräf haben wir bei FALLADA – LETZTES KAPITEL mit Jörg Gudzuhn die unterschiedlichsten Jacketts probiert, ein kleines enges, mit spitzen Schultern, ein langes zweireihiges und ein schlottriges mit hängenden Schultern, und jedes Mal kam eine total andere Figur dabei heraus. Solche Dinge muss man gemeinsam abstimmen, das ist wahnsinnig aufregend und macht ungeheuren Spaß.

Wenn ich als Kameramann nur Ausführender bin, wäre ich in dem Beruf falsch

Jürgen Brauer im Gespräch

Klaus-Dieter Felsmann: *Alle öffentlich zugänglichen biografischen Angaben zu Ihrer Person beginnen mit der Information, dass Sie aus dem Haushalt eines Schuhmachers kämen. Gab es aus diesem familiären Milieu heraus Impulse oder Anregungen, die Sie zum Beruf des Kameramanns geführt haben?*

Jürgen Brauer: Nein, die gab es nicht. Mein Vater war vor dem Krieg Schuhmacher. Er hatte in Leipzig eine kleine Werkstatt, die beim großen Bombenangriff auf die Stadt 1943 zerstört worden ist. Da war ich fünf Jahre alt, und mein Vater war an der Front. Er kam erst 1949 zu uns zurück, vom Krieg so gezeichnet, dass er seinen Beruf nicht mehr ausüben konnte. Wenige Jahre später ist er leider zu früh gestorben. Als ich bei der DEFA einen Personalbogen ausfüllen musste, gab es die Rubrik »Soziale Herkunft«. Da wollte man wissen, welchen Beruf der Vater hatte. Ich schrieb Schuhmacher. Das fanden die prima, weil ich ja damit ein richtiges Arbeiterkind war. Von da an zieht sich der Schuhmacher durch meine amtliche Biografie. Aber meine Herkunft hat mit meinem Beruf gar nichts zu tun.

Als junger Mensch war ich zunächst sehr unsicher, was ich werden wollte. Wegen meiner guten Noten in den naturwissenschaftlichen Fächern schlug mir eine Lehrerin vor, in Dresden Physik zu studieren. Schon im ersten Semester merkte ich, dass ich mich weder mit dem Fach noch in der Atmosphäre einer Massenuniversität wohlfühlte. Angeregt durch einen Freund, der in Leipzig Fotografie studierte, kaufte ich mir eine Plattenkamera und ein Stativ und begann, intensiv zu fotografieren.

Nach Abbruch meines Studiums bekam ich eine Anstellung als optischer Rechner im Kamerawerk Dresden-Niedersedlitz, wo die »Praktica« hergestellt wurde. Meine Tätigkeit dort hatte eher einen Alibi-Charakter, weil mein Chef an einer Doktorarbeit saß und mich dafür zur Berechnung bestimmter optischer Effekte brauchte. Parallel konnte ich mich intensiv mit meinem Hobby beschäftigen. Mir standen verschiedene Fotoapparate und eine gut ausgestattete Dunkelkammer zur Verfügung.

1958 bewarb ich mich in Leipzig an der Hochschule für Grafik und Buchkunst für das Fach Fotografie und gleichzeitig an der 1954 gegründeten Hochschule für Filmkunst in Babelsberg in der Fachrichtung Kamera. Die erste

Aufnahmeprüfung fand in Babelsberg statt. Dort bin ich sofort angenommen worden. Das kurze Physikstudium und die Arbeit im Kamerawerk waren mir dabei hilfreich. Die Ausbildung zum Kameramann war in dieser Zeit sehr naturwissenschaftlich orientiert. Zunächst gab es zwei Jahre lang ein entsprechendes Grundlagenstudium. Erst dann konnten wir praktisch mit einer Filmkamera arbeiten. In den Beruf bin ich also eher zufällig reingerutscht, habe in der Folge aber schnell Blut geleckt. Ich studierte an der Filmhochschule mit großem Vergnügen.

Ihre Diplomarbeit schrieben Sie zum Thema »Die künstlerischen Aufgaben von Schnitt und Montage unter besonderer Berücksichtigung der Aufgaben des Kameramannes«. Hatten Sie damit schon eine Art Konzeption formuliert, die Grundlage für Ihre künftige Arbeit werden sollte?

Eine »Konzeption« wäre vielleicht etwas übertrieben. Doch ich konnte mir viele Zusammenhänge bewusst machen, die für meine Arbeit wichtig werden sollten. Das Thema selbst hatte ich mir nicht gesucht, sondern zugeteilt bekommen. Es erwies sich bald als sehr anregend. Ich stellte mir die Frage: Kann ein Kameramann durch Einstellungsgröße und Komposition seiner Bilder Einfluss auf den Rhythmus eines Filmes nehmen und dadurch die Arbeit der Schnittmeister/in positiv beeinflussen oder nicht? Die Ansicht vieler Filme sowie meine eigene spätere Arbeit als Kameramann haben mir bestätigt, dass die Bildkomposition einen wesentlichen Einfluss auf den Schnitt haben kann.

Als Mentor für meine Arbeit konnte ich den Regisseur Gerhard Klein gewinnen, der gerade DER FALL GLEIWITZ drehte. Sein Kameramann war der Tscheche Jan Čuřík, der durch die Intensität seiner Fotografie den Film stark geprägt hat. Ich kannte von ihm schon den Film DIE WEISSE TAUBE (HOLUBICE, 1960), gedreht über den Dächern von Prag, und war beeindruckt, welche Bilder er dort gefunden hat. Gerhard Klein sagte mir zu Čuřík, dass dieser zunächst immer exakte Bilder gebaut hat, dabei komponierte er nach allen Regeln der Kunst. Wenn schließlich alles eingerichtet war und vom Prinzip her stimmte, hat er die Kamera genommen und sie einfach einen halben Meter verrückt. Von der Stelle aus drehte er dann. Er hat bewusst das Idealbild zerstört, weil er meinte, dass das Leben nie so perfekt sein kann, wie man es künstlerisch darstellen könnte.

Parallel hatte ich mir damals viele andere DEFA-Filme angesehen. Dabei haben mich einige Kameramänner, so auch Günter Marczinkowsky, unheimlich beeindruckt. Er hat das Licht optimal gesetzt und seine Bildkomposition war stimmig. Dennoch hatte ich mit seinen Filmen oft ein Problem. Seine Arbeit hat sich zu sehr in den Vordergrund gedrängt und mich tendenziell von der Geschichte abgelenkt. So wollte ich es bei meinen eigenen Filmen künftig nicht machen. Die Arbeit an der Diplomarbeit war für mich sehr wichtig. Ich habe in dieser Phase mehr über meinen Beruf gelernt, als in allen vorhergehenden theoretischen Seminaren.

Sie waren somit jemand, der sich am Stil Jan Čuříks orientiert hat?

Ja, ich bin dann jemand geworden, der sehr gern komponiert hat und beim Drehen trotzdem immer ein bisschen aus dieser Komposition herausgetreten ist. Als ich 1962 als Absolvent des dritten Jahrgangs an der Filmhochschule mit dem Studium fertig war, hatte sich international der Ausdruck der Kamera sehr geändert. Maßstabgebend für mich war zu dieser Zeit unter anderem AUSSER ATEM (À BOUT DE SOUFFLE, 1960), der erste große Spielfilm von Jean-Luc Godard. Dort hatte Kameramann Raoul Coutard häufig eine Handkamera verwendet, was ich außerordentlich interessant fand. Außerdem wurde mit natürlichem Licht und an Originalschauplätzen gedreht.

In der Nachkriegszeit gab es bei der DEFA eine ganze Reihe außerordentlich guter Filme. Man denke nur an Die MÖRDER SIND UNTER UNS von Wolfgang Staudte. An den Filmen haben große Kameramänner wie Eugen Klagemann, Friedl Behn-Grund, Robert Baberske gearbeitet. Ihre Bildkultur war Anfang der 1960er-Jahre im DEFA-Studio noch prägend. Unser Fachrichtungsleiter an der Filmhochschule war Professor Albert Wilkening. Er war zu dieser Zeit gleichzeitig Technischer Direktor des DEFA-Spielfilmstudios. Als solcher hat er den alten Kameramännern gesagt: Bald kommen die Neuen und dann müsst ihr mal ein bisschen Platz machen. Uns sagte er, wir sollten nicht zu sehr die Arbeit der älteren Kollegen beobachten. Für uns sei es wichtig, darauf zu achten, was aus uns selbst heraus entsteht. Ich denke, Wilkening hatte genau wahrgenommen, welche Bildsprache sich international zu jener Zeit entwickelte und er hat darauf gesetzt, dass mit dem Nachwuchs neue Ideen ins Studio kamen.

Auch ich wollte die alten Muster aufbrechen und einen anderen Bezug zur Realität finden. Für mich war Film immer eine Widerspiegelung der Realität, und ich glaubte, dass durch die Art, in der ich mich ihr mit der Kamera näherte, das Ganze dichter und damit glaubhafter wird. Ähnlich wie andere junge Kameramänner bin ich auch anders mit dem Licht umgegangen, als das bisher in den Ateliers üblich war. Ich habe mich um Originaldekorationen bemüht und die Lichtrichtung immer von Originallichtquellen abhängig gemacht.

Haben Sie bei Ihrer Kameraarbeit eine Art visuelles Drehbuch genutzt, in dem Sie Einstellungen etc. vor Drehbeginn festgelegt hatten?

Am Anfang nicht. Doch ich habe sehr schnell festgestellt, dass es mit einigen Regisseuren oft schwierig war, sich über Bildgrößen oder Einstellungsgrößen zu verständigen. Der eine nannte »Halbnah« den Bildschnitt mitten in der Brust. Der andere sah die Bildgrenze dafür am Ansatz des Oberschenkels. Im Drehbuch war beispielsweise schlicht vermerkt »Groß«. Doch was ist »Groß« und was »Sehr groß«? Um die Verständigung zu vereinfachen, skizzierte ich mir bald die Bildausschnitte in mein Drehbuch. Das half nicht nur bei der Abstimmung mit den Regisseuren, sondern ich konnte mich damit selbst besser vorbereiten.

Das war nicht zuletzt mit Heiner Carow, mit dem ich oft zusammengearbeitet hatte, sehr wichtig. Carow war kein optischer Mensch, und er hatte auch Schwierigkeiten mit den Bildachsen. Das heißt: Wohin muss ein Schauspieler in einer Einstellung sehen, damit später die Anschlüsse stimmen? So war es sehr nützlich, wenn ich meine Köpfe mit entsprechenden Pfeilen versehen habe. Irgendwann sagte er mir dann, dass er bei unserer gemeinsamen Arbeit gar nicht mehr durch die Kamera sehen wolle. Das fand ich ganz sympathisch. Ohne »optisches Drehbuch« habe ich später nicht mehr gearbeitet.

Kommen wir nochmals auf Ihre Anfänge im Studio zurück. Sie waren zunächst in der Produktionsgruppe DAS STACHELTIER, in der satirische Kurzfilme produziert wurden.

Ja, ich hatte das Glück, von 1962 bis zur Auflösung der Produktionsgruppe 1964 bei den STACHELTIEREN zu arbeiten. Dort wurden Filme bis zu einer Länge von zwanzig Minuten produziert, die in den Kinos als Vorfilme liefen. Hier lernte ich nicht nur die unterschiedlichsten Regisseure kennen, sondern auch sehr viele Schauspieler mit unterschiedlichsten Temperamenten. Gleichzeitig hatte ich in dieser Arbeitsgruppe die Möglichkeit, mit der Kamera all das zu probieren, was an der Hochschule wegen der dort sehr begrenzten technischen Ausstattung nicht möglich war. Unter anderem begann ich hier, die Kamera in die Hand zu nehmen und vielfach ohne Stativ zu drehen.

Obwohl Sie bei den STACHELTIER-Filmen viel mit Horst Seemann *zusammenarbeiteten, haben Sie sich danach anders orientiert. Woran hat das gelegen?*

Ein Kameramann hat sich üblicherweise nicht seinen Regisseur gesucht, sondern es war umgekehrt. Mit Seemann hatte ich studiert, wir waren in dieser Zeit auch privat befreundet. Nach der STACHELTIER-Phase, in der wir tatsächlich viel zusammen gemacht hatten, wollte er aber bald die ganz großen Filme realisieren. Er fand es nützlich, sich dafür um bereits renommierte Kameraleute zu bemühen. Dazu kam, dass im Studio zunehmend in Farbe gedreht wurde, was man den Neuen – also auch Brauer – nicht gleich »zutrauen« wollte. Im Gegenzug ergab sich dadurch für mich eine ganz andere Chance.

Offenbar hatte Heiner Carow von meiner Art zu drehen gehört, und so wollte er mich ausprobieren. 1965 entstand dann als erste gemeinsame Arbeit der Fernsehfilm JEDER HAT SEINE GESCHICHTE nach einem Buch von Benno Pludra. Das war eine alltagsnahe Berlin-Erzählung, in der Angelica Domröse und Siegfried Höchst spielten. Nach diesem Film begannen wir nahtlos mit der Arbeit an DIE REISE NACH SUNDEVIT. Und auch danach haben wir unsere Zusammenarbeit über 15 Jahre bis zu meiner eigenen Regie 1980 fortgesetzt.

Vielfach wird in der Kritik angesichts der REISE NACH SUNDEVIT hervorgehoben, dass es die intensiven Bilder seien, die auf bemerkenswerte Weise das Innere des kindlichen Helden verdeutlichen. Haben Sie das nach einem bestimmten Prinzip gestaltet?

Nein, ein Prinzip hatte ich nicht. Ich habe versucht, vieles von dem, was ich bei den STACHELTIEREN ausprobieren konnte, bei SUNDEVIT anzuwenden. Ich hatte auch das Glück, dass der jugendliche Hauptdarsteller mit großer Intensität in seine Rolle schlüpfte. Ralf Strohbach, der Darsteller des Tim Tammer, war schon bei den Probeaufnahmen, die wie immer bei Heiner Carow sehr umfangreich waren, sehr engagiert und hinterließ bei allen einen starken Eindruck. Für mich als Kameramann bedeutete die Arbeit mit ihm, die Technik zu reduzieren, um ihn bei seinem Spiel nicht zu sehr abzulenken. Ich nahm oft die Kamera in die Hand und war mehr der Beobachter, der Kompositionen und Bildgrößen vielfach vom intensiven Spiel des Jungen bestimmen ließ. Da unser Held sehr viel mit dem Fahrrad unterwegs war, musste auch die Kamera sehr beweglich sein. Oft hat sie ihn aus einem nebenherfahrenden Auto begleitet. Für einzelne Aufnahmen war ich mit der Kamera auf dem Kühler eines Dixi angebunden. Entscheidend für die Wirkung war aber der Junge selbst.

War die authentische Darstellung von Personen oder Vorgängen ein genereller Anspruch hinsichtlich Ihrer Arbeit bei der DEFA?

Angestrebt war natürlich immer eine realistische Darstellung sowohl der Historie als auch der Gegenwart. Das bedeutete, dass der Zuschauer die Filmgeschichten als authentisch wahrnehmen konnte. Ich denke, die Arbeiten, an denen ich beteiligt war, spiegeln diesen Anspruch auch wider. Natürlich ist das bei den einzelnen Filmen unterschiedlich ausgeprägt. Wie jemand die Gegenwart sieht und welche Fragen er an seine Zeit stellt, hat immer etwas mit der jeweiligen Persönlichkeit zu tun. Beispielsweise waren die Regisseure Günter Reisch und Heiner Carow völlig unterschiedliche Charaktere und entsprechend unterschiedlich waren auch ihre Filme. Trotzdem hat jeder auf seine Weise glaubhaft über eine Zeit erzählt, die für beide gleichermaßen prägend war.

Realismus heißt ja nicht, in naturalistischer Weise ein pures Abbild von der Wirklichkeit zu schaffen. Sondern es geht darum, glaubhaft und künstlerisch verdichtet etwas von der Wirklichkeit zu erzählen. Das macht selbstverständlich jeder auf eine andere Weise. Wenn ich an DIE LEGENDE VON PAUL UND PAULA denke, dann ist das ein Film, der unübersehbar stark realistisch geprägt ist. Von den Figuren her sind im eigentlichen Sinne aber nur Paula und Reifen-Saft realistisch. Bei allen anderen ist schon im Buch eine deutliche Überhöhung angelegt. Das trifft insbesondere auf Paul, dessen Familie und Kollegen zu. Dieses Wechselspiel zwischen Realität und Überhöhung war es nicht zuletzt, was dem Film eine so große Publikumsresonanz gebracht hat. Andererseits waren das aber auch immer wieder die Punkte, bei denen es Streit mit den staatlichen Auftraggebern gab.

Wenn es um den Anspruch des realistischen Erzählens geht: Mit welchen Mitteln haben Sie sich als Kameramann darum bemüht, dieses Prinzip umzusetzen?

Das ist schwer, allgemein zu beschreiben. Natürlich habe ich durch die Möglichkeiten der Bildgestaltung oder einer realistischen Lichtführung viel zu einer realistischen Erzählweise beigetragen. Aber Realität und Phantasie sind häufig nicht zu trennen. Und Filmarbeit ist immer eine kollektive Arbeit. So ist es nicht nur wichtig, dass Drehstäbe untereinander harmonieren, sondern dass sich die Sparten auch künstlerisch ergänzen. Wenn, wie bei PAUL UND PAULA, der Autor die Protagonisten sagen lässt: »Komm lass uns einen Kahn kaufen, es gibt noch welche«, und auf dem soll dann eine Liebesszene stattfinden, die ein Traum ist, der in einem Blumenmeer ertrinkt, dann ist das für die filmische Umsetzung, die ja realistisch sein will, eine große Herausforderung.

Die Großeltern von Paula waren Schiffer, die haben uns auf das Motiv der Schute gebracht. Ich hatte in Berlin, in der Rummelsburger Bucht, einen

Schiffsfriedhof entdeckt. Hier fanden wir unser Schiff. Darauf setzte dann der Szenenbildner Harry Leupold den Mast mit dem Segel, und er stellte das zerschnittene Bett aus Paulas Zimmer auf. Damit konnten Bilder entstehen, die eine realistische Grundlage haben und darüber hinaus eine überhöhte symbolische Wirkung. Das halbe Ehebett als Zeichen einer kaputten Ehe und das Segel als ein Hinweis für einen Aufbruch, für einen vielleicht glücklichen Neubeginn.

Im Film DIE REISE NACH SUNDEVIT waren die meisten Szenen außen zu drehen. Es gab aber eine Ausnahme. Tim war durch ein militärisches Sperrgebiet gelaufen und sollte deswegen vom Dorfpolizisten verhört werden. Der Szenenbildner Georg Wratsch hatte ein Haus gefunden, wo wir glaubhaft erzählen konnten, dass dieser Polizist dort in einem Anbau sein Büro hat. In die Mitte eines kleinen Raumes hatte er einen Tisch und zwei Stühle gestellt. Ansonsten gab es kahle Wände und ein großes Fenster zur Dorfstraße. Heiner Carow inszenierte vor dem Fenster viel Leben. Dort liefen Urlauber hin und her und so weiter. Durch die Art, wie ich das aufgenommen habe, erzählte die Szene nicht nur, dass ein Polizist einen Jungen verhört, sondern es wird gleichzeitig die Sehnsucht des Jungen nach Freiheit vermittelt. Der Kontrast zwischen dem Leben draußen und dem Gefühl des Eingesperrtseins wurde so optisch erlebbar.

In dem Raum waren nur weißen Wände. Ich dachte, da müsste es einen visuellen Kontrast geben. Damals hingen überall im Land irgendwelche Losungen. So kamen wir auf die Idee, dass so etwas sein könnte. Georg Wratsch brachte also an der Wand einen Spruch an, den wir tatsächlich gelesen hatten: »Unser Ziel: Ein froher und glücklicher Urlaub für alle Werktätigen«. Als ich das schließlich durch die Kamera sah, fand ich die Losung als Ganzes zu dominierend. Carow meinte, solche Sprüche hängen oft sehr lange und da könnten doch einfach ein paar Buchstaben verloren gegangen sein. Wir reduzierten nun den Text und am Ende stand an der Wand nur noch: »Unser Ziel: ...«. Wir hatten das nicht bewusst gebaut, aber »Unser Ziel: ...« stand nun über einem kleinen Jungen, der von einem finsteren Polizisten verhört wird.

Bei der Abnahme, es war unmittelbar nach dem Verbotsplenum von 1965, hieß es: Das geht gar nicht. Die Szene musste ausgetauscht werden. Das Büro wurde dann im Atelier gebaut. Vor dem Fenster hing eine Gardine und mit der Besetzung von Horst Drinda hatte man nun einen sehr freundlichen Polizisten. Vom Inhalt her ist es die gleiche Szene, doch sie erzählt eine ganz andere Realität. Die Urlauber hinter dem Fenster, unser Bemühen um Realismus und eine zusätzliche Ebene spielten keine Rolle mehr.

Wie sehen Sie in diesem Kontext das Verhältnis von gebauten Drehorten zu Originalschauplätzen?

Das ist immer von der Geschichte abhängig. Bei GRITTA VON RATTENZUHAUS-BEIUNS, einem historischen Märchenfilm, hätte ich nie sagen können, dass wir nur an Originalschauplätzen drehen wollen. Dann hätten wir uns sehr beschränken müssen. Ähnlich war es bei TROTZ ALLEDEM!, dem Liebknecht-Film von Günter Reisch. Wenn es allerdings in die Gegenwart ging, dann hatte ich es schon gern und hielt es für wichtig, original zu drehen. Das Problem war aber, wie noch bei PAUL UND PAULA 1972, dass das zu dieser Zeit zur Verfügung stehende Filmmaterial NC-1 von ORWO nur eine Empfindlichkeit von 12 DIN hatte. Das war im Prinzip gar nichts.

Man brauchte also viel Licht, sodass das Drehen nicht an allen Originalschauplätzen möglich war. Deshalb haben wir Drehorte vielfach kombiniert. Paulas Zimmer ist im Atelier gebaut worden, die Neubauwohnung von Paul haben wir ähnlich wie bei IKARUS original gedreht. Doch dort gab es nur wenig Platz für Kamera und Scheinwerfer. Damit vom Fenster Licht auf die Schauspieler fallen konnte, hatte ich an der Decke eine 10-kW-Halogenlampe anbringen lassen. Mit dem Nebeneffekt, dass zum Drehschluss der Kitt in den Verbundfenstern heruntergelaufen war. Später, mit empfindlicherem Material, waren wir flexibler.

Sie haben in Ihrer Zeit bei der DEFA mit verschiedenen Szenenbildnern zusammengearbeitet. War da eine bestimmte Schule sichtbar oder dominierten eher individuelle Stilrichtungen?

Ich glaube, die Szenenbildner waren alles Individualisten. Von einer Schule konnte man nicht sprechen, weil sie ja alle sehr unterschiedliche Wege zum Szenenbildner genommen hatten. Georg Wratsch hatte in Dresden Malerei studiert. Mit ihm fand ich schnell eine gemeinsame Sprache, weil ich mich ebenfalls sehr für Malerei interessiere. Auch Harry Leupold hat gemalt. Ihm waren Details besonders wichtig. Er hat schon mal im Müll gewühlt, bis er das passende Ausstattungsstück gefunden hatte. Dieter Adam hat viel fotografiert. Das half, um sich gut mit ihm zu verständigen.

Alfred Hirschmeier war ein ganz besonderer Künstler. Alle seine Bauten fand ich außerordentlich gut. Seine Arbeit fiel durch eine große Genauigkeit auf. Er zeichnete immer optische Drehbücher, in denen Einstellungsgrößen, Bildkomposition und Lichtstimmung schon zu erkennen waren. Ich wollte als Kameramann aber nicht nur Ausführender sein, sondern meine eige-

nen Vorstellungen unmittelbar einbringen. Bei dem Film GRITTA VON RAT-
TENZUHAUSBEIUNS, bei dem ich auch Regisseur war, fand zwischen uns ein
sehr produktiver künstlerischer Austausch statt. So wie bei allen Gewerken
der DEFA gab es auch bei Szenenbildnern und Kameramännern ganz unterschiedliche Handschriften.

*Mit PUGOWITZA nach der literarischen Vorlage von Alfred Wellms »Pugowitza
oder Die silberne Schlüsseluhr« sind Sie 1980 erstmals auch als Regisseur in Erscheinung getreten. Wie ist es dazu gekommen?*

Für diesen Film war zunächst Georgi Kissimow als Regisseur vorgesehen. Mit
ihm habe ich als Kameramann begonnen, die Dreharbeiten vorzubereiten.
Plötzlich kam Kissimow und sagte, dass er aus dem Projekt aussteigt. Das fand
ich sehr ärgerlich, denn ich hatte mich schon sehr für den Stoff engagiert. Ich
fragte Heiner Carow, ob er nicht den Film, in dem aus meiner Sicht sehr viel
Poesie steckte, machen wolle. Doch Carow wollte keine Kinderfilme mehr
drehen. Generaldirektor Mäde schlug dann Gunther Scholz als Regisseur vor.
　Wieder begannen wir mit den Vorbereitungen. Ich bin mit Dieter Adam,
dem Szenenbildner, nach Polen zur Motivsuche gefahren und es stand fast
die Besetzungsliste fest. Doch dann gab auch Scholz den Film nach einigem
Hin und Her ab.
　Wieder klagte ich Heiner Carow mein Leid. Daraufhin schlug er mir vor,
ich sollte doch PUGOWITZA selbst machen. Er würde mir helfen und dann
klappt das schon. Am Drehbuch arbeitete Heiner mit, beim Dreh hat er mich
dann hängen lassen. Trotz aller Probleme fand der Film Anerkennung. Damals war ich zufrieden, heute würde ich ihn neu schneiden. Von da an arbeitete ich bei der DEFA auch als Regisseur, habe das aber immer mit der Kameraarbeit verbunden. Ich brauchte auch als Regisseur im Umgang mit den
Schauspielern den Blick auf den von der Kamera vorgegebenen Ausschnitt.

*Wie haben Sie das Ende der DEFA erlebt und welches Resümee ziehen Sie hinsicht-
lich Ihrer Arbeit in diesem Studio?*

Das Ende der DEFA ist mir zunächst gar nicht so nahegekommen, weil ich
noch intensiv bei Dreharbeiten war. SEHNSUCHT ist 1990 und TANZ AUF DER
KIPPE 1991 fertig geworden. Dann stand ich mit Anfang fünfzig wie alle anderen Kollegen vor der Frage, wie es weitergehen könnte. Nach dem Studium
wollte ich niemals zum Fernsehen. Ich hatte ja auch das Glück, im Spielfilmstudio arbeiten zu können. Doch nun erwies sich das Fernsehen für mich als

TANZ AUF DER KIPPE: Dagmar Manzel, Frank Stieren

eine Alternative. Ich lernte, mit den neuen Bedingungen klarzukommen und ich erhielt viele Angebote.

Bei der DEFA verbrachte ich fast dreißig Jahre meines Lebens. Ich arbeitete dort gern, habe mich über viele Erfolge gefreut und habe doch in diesem Studio durch meinen Beruf den größten Schmerz meines Lebens erfahren. 1968 war die Arbeit an DIE RUSSEN KOMMEN in der Regie von Heiner Carow für mich eine ganz wichtige Etappe. Ich glaubte, mit diesem Film meine Handschrift als Kameramann gefunden zu haben. Plötzlich wurde der Film nicht abgenommen, er wurde sogar verboten. Das machte mich so betroffen, dass ich einen Hörsturz erlitt, in dessen Folge ich auf dem rechten Ohr nichts mehr höre.

Dennoch, bei der DEFA konnte ich letztendlich viel lernen und viel verwirklichen. Dort hatte ich das große Glück, mit sehr vielen Kollegen zusammenarbeiten zu können, die in ihren Berufen absolute Profis waren.

Leipzig, 22. Mai 2019

Nach dem Ende der DEFA war ich gegenüber meinen eigenen Sachen eher verunsichert, heute nehme ich alles wieder viel differenzierter wahr.

Gabriele Herzog im Gespräch

Klaus-Dieter Felsmann: Sie haben 1973 begonnen, bei der DEFA als Dramaturgin zu arbeiten. Wie sind Sie zu diesem Beruf gekommen?

Gabriele Herzog: Ich studierte nach dem Abitur in Leipzig Theaterwissenschaften mit dem Ziel, anschließend an einer Bühne als Dramaturgin oder – lieber noch – Regisseurin zu arbeiten. Filmarbeit hatte ich aber überhaupt nicht im Kopf. Nach dem Diplom konnte ich als Dramaturgin am Hallenser Theater anfangen. Das war damals eines der kreativsten Häuser des Landes. Verantwortlich dafür waren neben dem Intendanten Gerhard Wolfram der Schauspieldirektor Horst Schönemann und der Autor und Dramaturg Armin Stolper. Auf Anregung dieses Trios wurde unter dem Dach des Theaters eine Abteilung »Neue Werke« aufgemacht. Hier sollten Stücke entwickelt und zur Uraufführung gebracht werden. Als bekannteste Produktion, die aus der Abteilung hervorging, gilt bis heute Ulrich Plenzdorfs »Die neuen Leiden des jungen W.«. In diesem Umfeld fand ich ein für mich interessantes Arbeitsgebiet.

Auch aufgrund des Erfolgs, den das Theater in Halle damals hatte, bot man Wolfram die Intendanz am Deutschen Theater in Berlin an. Dorthin hat er auch Schönemann und Stolper mitgenommen. Mir war klar, dass ich am DT kaum eine Chance haben würde, doch ich wollte nun auch nicht mehr in Halle bleiben. Da fügte es sich gut, dass ich im Zusammenhang mit der Uraufführung der »Neuen Leiden ...« Plenzdorf kennengelernt hatte. Der meinte, ich sollte es doch mal bei der DEFA versuchen. So habe ich mich entsprechend informiert und tatsächlich waren im Studio gerade zwei Stellen frei geworden. Auf der Grundlage meiner Bewerbung wurde ich zum Gespräch mit dem damaligen Künstlerischen Direktor, Günter Schröder, und dem Hauptdramaturgen der Gruppe »Johannisthal«, Willi Brückner, eingeladen. Dabei war ich offenbar überzeugend und so fing ich im November 1973 in Babelsberg mit der Arbeit an.

Welche Aufgaben sind auf Sie als Dramaturgin im Spielfilmstudio zugekommen?

Im Grunde genommen wurde von mir das erwartet, was mir auch schon am Theater in der Gruppe »Neue Werke« Spaß gemacht hat. Es ging um das aktive Suchen nach Geschichten, die Stoffgrundlage sein konnten, um daraus mit ebenfalls zu findenden Autoren Filmbücher zu entwickeln. Dabei war einmal zu fragen, welche Probleme und Konflikte in der Wirklichkeit so interessant sind, um zu versuchen, daraus eine Filmfabel zu bauen. Zum anderen wurden literarische Texte aller Formate durchforstet, um zu sehen, was für den Film adaptiert werden kann.

Besonders schön war es, wenn sich mit Autoren, mit denen man auf einer Wellenlänge lag, längerfristige Partnerschaften herausgebildet haben. Dabei konnten sich dann bestimmte Fähigkeiten in einem schöpferischen Prozess auf einer stabilen Grundlage gegenseitig ergänzen. Ich arbeitete beispielsweise viel mit Christa Kožik zusammen. Wir sind völlig unterschiedliche Charaktere. Sie hat wahnsinnig tolle Einfälle, die aber manchmal – zumindest am Anfang der Arbeit – zu überbordend daherkommen, und ich besitze die Fähigkeit, das spannende Material dramaturgisch zu ordnen. Christa Kožik hatte immer eine ganz spezielle, meist sehr phantasievolle Sicht auf die Wirklichkeit. Und so entstanden erfolgreiche Filme wie HÄLFTE DES LEBENS, SIEBEN SOMMERSPROSSEN, GRÜNE HOCHZEIT, GRITTA VON RATTENZUHAUSBEIUNS, PHILIPP, DER KLEINE oder MORITZ IN DER LITFASSSÄULE.

Wie waren die konkreten Abläufe, wenn man mit einem Autor oder einer Autorin an einem Projekt gearbeitet hat?

Da gab es in der DEFA sehr klare Strukturen. Nachdem ein Stoff gefunden war, musste in der ersten Phase der dramaturgischen Entwicklung ein Exposé geschrieben werden. Das wurde dann in der Gruppe, die aus vier oder fünf Dramaturgen und einem Hauptdramaturgen bestand, besprochen. Dabei ging es um alle Stärken und Schwächen der Vorlage und es wurde das Für und Wider mit Blick auf eine Weiterentwicklung abgewogen. Wurde der Stoff bestätigt, dann bekamen Autor und stoffführender Dramaturg den Auftrag, das Exposé entsprechend der Diskussionsergebnisse zu verändern. Dabei entstanden meist mehrere Fassungen, bevor es stimmig war. Weil das Exposé die Grundlage des Drehbuches ist, muss es sehr genau gearbeitet sein. Im nächsten Schritt wurde nochmals alles in der Gruppe besprochen und wenn hier Einverständnis vorlag, dann erteilte der Hauptdramaturg einen Treatment-Auftrag. Der Autor schrieb daraufhin in der Regel eine Filmgeschichte im Umfang von dreißig bis vierzig Seiten.

Nur wenige Autoren hatten auf der Grundlage ihres bisherigen Werkes das Privileg, nach dem Exposé gleich ein Drehbuch schreiben zu dürfen. Ich als Dramaturgin habe, wie alle meine Kollegen, den Schreibprozess entsprechend der jeweiligen Bedürfnisse des Autors kontinuierlich begleitet. Wenn ich schließlich der Meinung war, das Treatment ist gelungen, dann habe ich auch das wieder bei der Gruppe zur Besprechung eingereicht. Aus meiner Sicht war das ein sehr hilfreiches Verfahren. Denn jeder in der Gruppe der Fachleute hat eine andere subjektive Sicht, und so kamen Hinweise aus sehr unterschiedlichen Perspektiven, die dann kontrovers diskutiert wurden. Dabei ergaben sich oft noch sehr gute Einfälle, die als Bereicherung in die Geschichte aufgenommen werden konnten.

Wenn das Treatment am Ende dieser Arbeitsphase abgenommen wurde, dann schrieb der stoffführende Dramaturg eine entsprechende Einschätzung, die dem Chefdramaturgen vorgelegt wurde. Dieser hat nun entschieden, ob ein Drehbuchauftrag erteilt wird. Bei einem positiven Bescheid konnte sich der Autor an die weitere Arbeit machen. Hier war die Zusammenarbeit mit den Dramaturgen sehr unterschiedlich. Manche Autoren wollten zunächst ganz für sich allein schreiben, andere brauchten immer wieder den unmittelbaren Austausch. Auf alle Fälle war der Dramaturg immer in den Prozess eingebunden. Idealerweise war zu diesem Zeitpunkt auch schon ein Regisseur für das Projekt gewonnen worden. Manchmal war das Drehbuch jedoch schon fertig und es gab keinen Regisseur oder dieser war abgesprungen. Alles war möglich. Da gab es keine Regel.

Hier ist vielleicht eine Anmerkung zum Begriff »Drehbuch« notwendig: Zu DEFA-Zeiten hieß das, was heutzutage das Drehbuch ist, Szenarium. Der Autor schrieb das Szenarium. Das Drehbuch bezeichnete das Regie-Drehbuch, das der Regisseur auf der Grundlage des Szenariums erstellte und beinhaltete Kamerapositionen, Szenenaufteilungen etc. So steht es auch in den Credits. In der BRD konnte niemand mit dem Begriff »Szenarium« etwas anfangen, deshalb verwenden wir ihn heute nicht mehr.

Wenn schließlich das Szenarium fertig vorlag, was passierte dann?

Dann wurde auch das Buch in der Gruppe besprochen und es wurden eventuell Korrekturen vorgenommen. Wenn alle meinten, die Arbeit sei gelungen, wurde dieses Szenarium der Hauptdramaturgen-Runde, die unter Leitung des Chefdramaturgen tagte, vorgelegt und diskutiert. War es hier abgenommen, dann konnte ein Produktionsantrag beim Generaldirektor des Studios gestellt werden. Dessen Befugnis war es, eine Drehgenehmigung zu erteilen oder auch nicht. Natürlich wurden die Szenarien in dieser Phase auch in staatlichen Behörden wie der HV Film[3] gelesen. Wie da aber die Strukturen im Einzelnen waren, das haben wir nicht so genau mitbekommen. Wenn ein Buch nach diesem Prozess genehmigt war, dann ging es um die Frage, wie es realisiert werden kann. Ein Produktionsleiter erarbeitete die entsprechende Kalkulation. Dabei war es wichtig, darauf zu achten, dass sich das Vorhaben möglichst genau in die Gesamtplanung des Studios einfügen ließ. Sowohl bei der Auswahl der Regisseure als auch bei den Hauptbesetzungen hatte der Generaldirektor Hans Dieter Mäde das letzte Wort.

Haben Sie als Dramaturgin die Filmprojekte nach Drehbeginn weiterhin begleitet?

Ja, so war das vorgesehen. Aber ich habe mich natürlich nur eingemischt, wenn die zwischen Autor, Regisseur und Dramaturg verabredete Geschichte zu »verrutschen« drohte. Im Idealfall war es jedenfalls so, dass der Regisseur seine Umsetzungsideen vorstellte und wir gemeinsam darüber diskutierten. Wenn ich Zeit gehabt hätte, wäre es auch möglich gewesen, immer am Drehort anwesend zu sein. Das geschah aber nur partiell. Selbstverständlich habe ich mir die Muster angesehen und den Rohschnitt. Zur Rohschnittabnahme innerhalb der Direktion hatte der stoffführende Dramaturg eine Einschätzung der Arbeit vorzulegen.

Gab es seitens der Studioleitung Vorgaben, was die Themenfindung betraf?

Zunächst war der Dramaturg ziemlich frei in dem, was ihm wichtig schien. Da gab es von vornherein keine thematischen Beschränkungen. Ich konnte also prinzipiell auf die Suche gehen, wohin ich wollte. Die Frage war nur, ob das, was ich gefunden hatte, auch gewollt wurde. Da gab es zunächst quantitative Grenzen, die darin bestanden, dass im Studio pro Jahr maximal 18 oder 19 Filme realisiert werden konnten. Das andere Problem war, dass man natürlich von vornherein wusste, dass es verminte Themenfelder gab. So war es schwierig, etwas aus dem Umfeld der Armee oder dem Volksbildungsbereich zu erzählen, weil bei diesen Themen die entsprechenden Ministerien wie Innenministerium oder Volksbildungsministerium ein Mitspracherecht bei den Drehbüchern einforderten.

---

3 Die Hauptverwaltung Film (HV Film) beim Ministerium für Kultur (MfK) war die zentrale Einrichtung für das gesamte Filmwesen der DDR, https://de.wikipedia.org/wiki/Hauptverwaltung_Film [17.1.2020].

Wenn wir beispielsweise in Halle am Theater mit »Die neuen Leiden des jungen W.« großen Erfolg hatten, so hieß das noch lange nicht, dass aus diesem Stoff bei der DEFA auch ein Film entwickelt werden konnte. Da zeigte sich ein Problem, das bei literarischen Vorlagen immer wieder auftrat. Da gab es offenbar die Meinung, Literatur nimmt jeder für sich allein wahr, und dabei kann es nicht spontan zu irgendwelchen problematischen Verabredungen kommen. Wenn die gleiche Geschichte aber im Kino gesehen wird, dann wäre zu befürchten, dass sich daraus eine viel größere soziale Wucht ableiten könnte. Exemplarisch dafür sind die Geschehnisse um den Film INSEL DER SCHWÄNE. Ulrich Plenzdorf schrieb das Drehbuch nach Benno Pludras gleichnamigem Kinderbuch. Die Arbeit verlief zunächst unproblematisch, dann aber wurde der Feinschnitt des Films durch die HV nicht abgenommen. Regisseur Herrmann Zschoche musste Änderungen vornehmen. Endlich gab es die Uraufführung. Schon am nächsten Morgen – man beachte den Postweg – startete die Zeitung »Junge Welt« eine getürkte Leserbriefkampagne. Die Briefeschreiber empörten sich, dass durch unseren Film das Wohnungsbauprogramm der DDR verunglimpft würde. Auf einen Satz gebracht, erzählt der Film aber nur, dass in neuen und modernen Häusern nicht automatisch bessere Menschen wohnen.

Wenn uns auch keine speziellen Themen vorgegeben wurden, so waren die potenziellen Klippen natürlich ein Hindernis bei der Arbeit. Eine ständige Auseinandersetzung um solcherlei Klippen hat mir aber keinen Spaß gemacht, denn man konnte sich darin verlieren. Mein Ziel war es, Filme auf die Leinwand zu bekommen. So suchte ich nach alternativen Räumen, um dort wahrhaftige Geschichten erzählen zu können. Diese sollten emotional berühren und beim Zuschauer etwas bewirken. Eine entsprechende Möglichkeit ergab sich dabei für mich im Bereich des Kinderfilms. Wenn man sich in die Welt der Heranwachsenden begab, dann hatte man einen recht großen Spielraum, etwas über das konkrete Leben in der DDR zu erzählen. Nicht zuletzt auch etwas über die Volksbildung, was mich immer sehr beschäftigt hat. Die Geschichten waren vom Kern her authentisch, sie wurden jedoch vielfach im Wechselspiel mit einer Märchenebene erzählt. Auf diese Weise konnte man oft mehr transportieren, als das in einem realistischen Gegenwartsfilm für eine erwachsene Zielgruppe möglich war. Was etwa Christa Kožik und Rolf Losansky in MORITZ IN DER LITFASSSÄULE erzählt haben, das zeigt in vielen Facetten sehr genau, wie die DDR damals war.

Wenn man bedenkt, dass es Themenfelder gab, die im DEFA-Spielfilmstudio ausgeklammert wurden, kann man sicher nicht davon sprechen, dass man über die

Filme ein realistisches Bild von der DDR als Ganzes bekommen kann. Inwiefern aber waren die möglichen Produktionen mit ihren spezifischen Wirklichkeitsausschnitten an der Realität orientiert?

Ich denke schon, der entsprechende Anspruch war durchgängig gegeben. Was dann das jeweilige Filmbild tatsächlich über die seinerzeitige Lebenswirklichkeit vermittelt, hat an erster Stelle damit zu tun, welche Geschichte erzählt wird. Die sich daraus ergebenden dramaturgischen Strukturen waren dafür ausschlaggebend, welche Bilderwelten Szenenbild, Kostüm und Kamera gebaut haben. Das Musical HOCHZEITSNACHT IM REGEN von Horst Seemann etwa zeigt wie alle Musicals in der ganzen Welt in erster Linie schöne Menschen in schönen Kostümen. Das Ganze ist in schwungvolle Musik eingebettet und versucht, nicht mehr aber auch nicht weniger zu bieten als Unterhaltung. Bei einer Alltagsgeschichte wie GLÜCK IM HINTERHAUS von Herrmann Zschoche nach dem Roman »Buridans Esel« von Günter de Bruyn, da ist das natürlich etwas anderes. Hier wurden eine Ausstattung und dazu die entsprechenden Kostüme gewählt, die für die Zeit und die darin agierenden Figuren angemessen sind und die genau darüber etwas erzählen. Fräulein Broder in diesem Film ist keine Frau, die sich mit etwas Äußerlichem schmückt, sondern sie wirkt durch ihre Intelligenz, ihre Warmherzigkeit und ihre Liebe. Hier haben wir es mit einem Realismus zu tun, in dem für den Zuschauer ein großer Wiedererkennungseffekt steckt. Insofern ist es für mich heute interessant, dass ich beim neuerlichen Ansehen dieser Filme immer das Gefühl habe: Ja, so hat es in der DDR ausgesehen. Wenn in einem Film Probleme angesprochen wurden, die die Leute wirklich hatten, dann war klar, dass auch der äußere Rahmen, in dem die Sachen verhandelt wurden, stimmen musste.

Natürlich spielen hier auch individuelle Geschmacksfragen und Lebenssichten eine Rolle. Insofern kann man nicht nach einer sogenannten objektiven Wahrheit fragen. Man kann nur fragen, ob das, was erzählt wird, als eine Möglichkeit wahrhaftig ist. Daher war es für mich immer wichtig, dass ich mit dem Autor und dem Regisseur möglichst eine ähnliche Sicht auf die Welt hatte. Das war nicht immer gegeben, doch beispielsweise mit Herrmann Zschoche habe ich mich nahezu blind verstanden. Wenn er sich für ein Kostüm oder für diesen oder jenen Schauspieler entschieden hat, da brauchte ich gar nicht hinzusehen. Ich wusste, er wird das wählen, was auch von meinem Gefühl her die beste Variante für die Geschichte ist. Dieses Verständnis war natürlich auch dadurch gegeben, weil bereits längere Zeit gemeinsam am Stoff gearbeitet wurde. Ich fand es immer wichtig, und das hat einen großen

Teil meiner Arbeit bei der DEFA ausgemacht, dass es im Vorfeld ausreichend Möglichkeiten gab, sich nicht nur über gemeinsame, sondern auch über unterschiedliche Meinungen auszutauschen. Wenn erst die Dreharbeiten begonnen haben, also die Uhr im Nacken sitzt und es reichlich unerwartete Probleme gibt, dann fehlt dafür meist der notwendige Raum.

Haben Sie als Dramaturgin in dieser Hinsicht auch direkt mit den Kostüm- und Szenenbildnern gesprochen?

Normalerweise nicht. Die Künstler haben ihre Entwürfe selbstständig entwickelt und mit den Regisseuren abgestimmt. Nur in Ausnahmefällen, wenn das Kostüm oder die Dekoration unmittelbar für das Funktionieren der Geschichte entscheidend war, hat der Regisseur das, was er mit der Kostümabteilung oder den Szenenbildnern besprochen hat, auch unter dramaturgischen Gesichtspunkten zur Diskussion gestellt. Allerdings haben wir an der Arbeit der Gewerke stets als Kollegen großen Anteil genommen. Alfred Hirschmeier, der brauchte Christa Kožik und mich als Berater ganz bestimmt nicht, kam aber beispielsweise bei GRITTA VON RATTENZUHAUSBEIUNS, um uns stolz zu zeigen, was er gebaut hatte. Da standen wir dann nur staunend davor und haben ihn natürlich gebührend gelobt.

1991 kam mit DAS MÄDCHEN AUS DEM FAHRSTUHL ein Film ins Kino, den Sie Ende der 1970er-Jahre als originären Stoff entwickelt hatten und wofür Sie auch das Drehbuch geschrieben haben. Warum gab es hier eine so lange Entwicklungsgeschichte?

Tatsächlich lag das Drehbuch bereits 1978 vor. Der Chefdramaturg Rudolf Jürschik hatte es abgenommen und Kurt Tetzlaff wollte damit als Regisseur wieder ins Spielfilmgeschäft einsteigen. Doch die Geschichte spielte im Bildungsbereich und das gefiel Generaldirektor Mäde gar nicht. Direkt sprach er das nicht aus. Seine Taktik war, mich immer wieder zur Überarbeitung aufzufordern. Schließlich hatte Tetzlaff keine Zeit mehr und ich begriff irgendwann, dass das Ganze bei der DEFA nichts werden soll. Ich habe dann daraus einen literarischen Text gemacht, den nach einigem Hin und Her der Verlag Neues Leben veröffentlicht hat. Das Buch war dann recht erfolgreich. Es wurde auch im Ausland, etwa in Polen, verlegt und erreichte bis 1989 eine Auflage von über 100.000 Exemplaren.

1985, als das Buch erschienen war, kam dann mein Kollege Hasso Hartmann auf mich zu, weil er den Stoff adaptieren wollte. Ich glaube, er wusste

DAS MÄDCHEN AUS DEM FAHRSTUHL: Rolf Lukoschek, Barbara Sommer

zu diesem Zeitpunkt gar nicht, dass die Geschichte schon mal bei der DEFA vorgelegen hatte. Als Regisseur holten wir uns Herrmann Zschoche dazu. Die gesellschaftliche Situation war inzwischen so, dass niemand mehr zum Nein-Sagen da war. Es sagte aber auch keiner richtig Ja. Wir haben dann lange gegrübelt, ob der Stoff nicht inzwischen eher verstaubt war. Es gab dann die Idee, alles in einem aktuellen Rahmen als historischen Rückblick zu erzählen. Doch dann meinte Zschoche, dass wir eine gute Filmidee hätten und jetzt das notwendige Geld vorhanden sei. Wir sollten das Drehbuch so realisieren, wie es ist. Vielleicht werde es einmal ein historischer Film.

Die Uraufführung 1991 im Kino »Börse« wurde dann eine traurige Angelegenheit. Kein Mensch wollte zu dieser Zeit noch einen DEFA-Film sehen. Die Leute waren inzwischen mit allem Möglichen innerhalb der neuen Gesellschaft beschäftigt, nur nicht mehr mit alten Problemen aus der DDR. Entsprechend war auch der Kollege vom PROGRESS Film-Verleih skeptisch. Der meinte resigniert, da könnten wir nichts machen, das verkauft sich nicht.

Inzwischen hat sich alles geändert. Ich werde des Öfteren eingeladen, um über den Film zu diskutieren. Herrmann Zschoche hat recht behalten. Der

Film ist zu einem historischen Dokument geworden. Wir haben ja wirklich noch dort gedreht, wo alles aussah wie zu DDR-Zeiten.

Würden Sie aus heutiger Perspektive sagen, dass der Film insgesamt realistisch über den Schul- und Lebensalltag innerhalb der DDR erzählt?

Während ich gleich nach der Wende auch gegenüber den eigenen Sachen eher verunsichert war, sehe ich das heute wieder viel differenzierter. Als ich den Film jetzt neu gesehen habe, habe ich erst begriffen, wie genau er über unser damaliges Leben erzählt. Die Schauspieler machen das einfach großartig. Wie Karin Gregorek diese Schulleiterin spielt, das ist umwerfend. Auf der einen Seite so forsch, bestimmend und knallhart – und dann weicht sie zurück, als ihr Rita Feldmeier als Mutter klarmacht, wer hier letztendlich zu bestimmen hat. Auch Monika Lennartz füllt ihre Rolle als Lehrerin ausgesprochen vielschichtig und differenziert. Dazu Hanns-Jörn Weber, der Kombinatsdirektor, der aus der Perspektive des Vaters und Wirtschaftsfunktionärs weiß, dass sein Sohn mit seinem Widerstand keinen Erfolg haben kann, und der ihn deshalb opportunistisch aus der Schusslinie nimmt. Wie präzise alle diese Schauspieler die DDR interpretieren, das ist wirklich beeindruckend.

Jetzt ist mir auch etwas aufgefallen, was ich damals gar nicht als was Besonderes wahrgenommen habe. Wir drehten in einem Hochhaus auf der Berliner Fischerinsel. Da wohnten ganz selbstverständlich Leute aller Couleur miteinander. Es gab Arbeiter, Wissenschaftler und Botschaftsangehörige und sehr einfache Menschen, die Mühe hatten, ihren Alltag zu bewältigen. Hier wohnte der Betriebsdirektor im selben Haus wie die alleinstehende Mutter mit drei Kindern. Das entspricht tatsächlich der damaligen Wohnkultur, und so erzählt der Film auch damit viel über die DDR. Heute wäre es undenkbar, dass der Chef eines großen Unternehmens mit Menschen, die soziale Probleme haben, in einem Haus wohnt. Dieser Film stellt also einige Klischees und Vorurteile über die damalige Zeit infrage. Man kann das nicht fordern, aber man kann darauf aufmerksam machen, dass es Angebote gibt, sich damit auseinanderzusetzen.

Stahnsdorf, 29. Juli 2019

Schaut auf die Filme

»Kosmonauten sollten wir werden, und Hausmeister sind wir geworden.« Das war Ende der 1980er-Jahre ein viel zitiertes Bonmot innerhalb der in den ersten Nachkriegsjahrzehnten geborenen Generationen der DDR. Man erinnerte sich noch daran, wie man in der Kindheit immer wieder gehört hatte, wir gingen einer herrlichen Glücksgesellschaft entgegen, die den Heranwachsenden alle Entwicklungschancen bieten werde. Jetzt fielen einem bei den zahlreichen Trostpartys mit viel bulgarischem Rotwein nur noch solch sarkastische Sprüche ein, und per Kassettenrekorder steuerte Wolf Biermann mit seiner »Bilanzballade im dreißigsten Jahr« den passenden Sound bei.

»Und hab an Lehrgeld schwer bezahlt / Und Federn viel gelassen / Frühzeitig hat man mich geehrt / Nachttöpfe auf mir ausgeleert / Die Dornenkrone mir verehrt / Ich hab sie liegen lassen (...) / Ich hab mich also eingemischt / In Politik, das nützte nischt / Sie haben mich vom Tisch gewischt / Wie eine Mücke.«[1]

Will jemand wissen, wie es zum Ende der DDR war – das sind Verse, die wohl ziemlich genau die Situation charakterisieren. Wenn der Soziologe Steffen Mau dreißig Jahre später in einer Untersuchung zur Frage, wie die DDR-Zeit in Ostdeutschland nachwirke, feststellt: »Gab es in der Frühphase beachtliche Aufstiegsmobilität, so war die späte DDR durch eine starre Sozialstruktur und zunehmend verstopfte Pfade in höhere Positionen gekennzeichnet«[2], kann es mich nicht wirklich überraschen, dass mein damaliges Gefühl generelle systemimmanente Verwerfungen widerspiegelt. Mau beschreibt die Transformation der ostdeutschen Teilgesellschaft nach 1990 in den westdeutsch-dominierten Gesamtstaat vor der Folie seines Herkunftsortes, dem Rostocker Neubaugebiet Lütten Klein. Dabei arbeitet er soziale Besonderheiten des ostdeutschen Lebensraums heraus, die im Vereinigungsprozess nicht nur gebrochen wurden, sondern auch ungenügend Beachtung fanden. Zusammen mit anderen Komponenten, wie dem einsetzenden technologischen Wandel durch Digitalisierung und der unter der Globalisierung voranschreitenden neoliberalen Wirtschaftsordnung, sieht Mau hier eine der Ursachen für aktuelle innerge-

---

1 Siehe: www.musixmatch.com/de/songtext/Wolf-Biermann/Bilanzballade-im-dreißigsten-Jahr [17.1.2020].
2 Steffen Mau: Lütten Klein. Leben in der ostdeutschen Transformationsgesellschaft, Berlin 2019, S. 15.

sellschaftliche Konflikte. Auf Grundlage eigener Erinnerungen, zahlreicher Gespräche und statistischer Erhebungen stellt er mit Blick auf die DDR fest:

>»Mein Befund ist der einer stark nivellierten, um die Arbeit herum struktu-rierten, geschlossenen und ethisch homogenen Gesellschaft, die sich vom west-deutschen Pendant – mittelschichtdominiert, migrantisch geprägt, zunehmend individualisiert – grundlegend unterscheidet.«[3]

Damit ist jener Topos beschrieben, innerhalb dessen an der Realität orientier-te Gegenwartsfilme der DEFA subjektbezogene Geschichten erzählen. Die in ihnen verdichteten Bilder veranschaulichen in der Gesamtsicht sehr genau das, was DDR-Alltag ausgemacht hat. Wer darüber mehr erfahren möchte, schaue sich vorurteilsfrei diese Filme an. Die jeweiligen Szenenbilder sind ein besonderer Ausdruck für das Bestreben der Filmemacher um soziale Ge-nauigkeit. Dabei ging es bei der DEFA nicht um das, was im naturalistischen Sinne landläufig als typisch angesehen wird, sondern um gestaltete Räume, die das äußere Leben genauso wie die inneren Befindlichkeiten der Prota-gonisten veranschaulichen. Am deutlichsten lässt sich szenisch über eine Persönlichkeit erzählen, wenn der Blick auf ihre Wohnverhältnisse geöffnet wird, wie bei den meisten in der Gegenwart angesiedelten Spielfilmen ge-schehen. Damit werden über die Inszenierung gesellschaftliche Phänomene im privaten Raum deutlicher erkennbar als bei rein dokumentarischer Arbeit. Die folgende Sicht auf einige Filme, ausgehend vom Zeitpunkt eines letzten politischen Hoffnungsschimmers in der DDR zu Beginn der 1970er-Jahre bis hin zur Verstopfung aller Binnenpfade Ende der 1980er-Jahre, soll sowohl als Anregung für subjektive Betrachtungen dienen als auch für eine tiefer schürfende wissenschaftliche Untersuchung sein.

Zuvor ein Exkurs zum Studiobetrieb als solchem. Manchmal heißt es, die DEFA sei in sich eine Art »Mini-DDR« unter besonderen klimatisierten Be-dingungen gewesen. Bezogen auf die von Mau beschriebenen anfänglichen Aufstiegsmöglichkeiten in der jungen DDR-Gesellschaft und die zum Ende allenthalben verstopften Pfade in zunehmend rauer werdendem Klima, kann sie ganz sicher als Modell des Landes gesehen werden. Ausdruck dafür ist der Kampf der vierten und letzten Generation von Filmemachern, um mit eigenen künstlerischen Ideen in diesem Betrieb kreativ arbeiten zu können. Reinhild Steingröver hat die »ewige« Nachwuchsgeneration, die erst um das vierzigste Lebensjahr herum, in einer Phase als sich DDR-Strukturen bereits

---

3 Ebd., S.18.

in Auflösung befanden, erste eigenständige Filme vorlegen konnte, in einer Monografie ausführlich gewürdigt.[4]

Einführend geht die Autorin auf den V. Kongress des Verbandes der Film- und Fernsehschaffenden der DDR im April 1988 ein, weil hier am deutlichsten für die Öffentlichkeit die Problematik der damals aktuellen Filmproduktion sichtbar geworden sei. Auf dem Kongress wollten die jüngeren Filmemacher als Gruppe ein Thesenpapier vorlegen, in dem die deprimierenden Erfahrungen einer Nicht-Inanspruchnahme ihres Potenzials aufgezeigt und darauf aufbauende Forderungen formuliert sein sollten. Nach längeren Diskussionen mit Entscheidungsträgern und erneuter Hoffnung, es werde sich etwas bessern, wurde dieses Vorhaben fallen gelassen. Stattdessen hielt der Regisseur Jörg Foth eine Rede, die zwar auf die Misere aufmerksam machte, in den Schlussfolgerungen aber relativ moderat war. »Unsere Welle war keine«, so resümierte Foth nüchtern, und er hielt fest:

»Die Grunderlebnisse unserer Generation, die Themen der Zeit aus unserer Sicht, unser Anspruch auf Zuständigkeit und Verantwortung für gesellschaftliche Vorgänge und politische Entwicklungen fehlen in den realisierten Nachwuchsfilmen unseres Landes vollkommen.«[5]

Hier zeigt sich, auch diese Generation hatte das Selbstverständnis, mit eigenständigen ästhetischen Mitteln authentisch über die Konflikte ihrer Lebensumwelt zu erzählen. Doch die »Pfade« waren verstopft – wie überall in der DDR. Reinhild Steingröver fasst als Quintessenz aus Foths Rede zusammen, »seine Generation sei aktiv daran gehindert worden, ihren Beitrag zur deutschen Filmkultur zu leisten«[6]. Welche Tragik in dieser Aussage steckt, zeigt sich bei Jörg Foth selbst sehr deutlich, wenn man sich dessen Debütfilm DAS EISMEER RUFT (1983) vergegenwärtigt.

»Den Stoff hatte er nicht selbst vorgeschlagen, er war ihm von der Studioleitung ›empfohlen‹ worden. Ein Kinderfilm quasi als Probe. Foth hat die Herausforderung angenommen, dazu bekennt er sich, und das Ergebnis bestätigt ihn noch heute. Dieses Debüt hat dem DEFA-Kinderfilm eine neue Dimension eröffnet«[7],

---

4 Vgl. Reinhild Steingröver: Spätvorstellung. Die chancenlose Generation der DEFA, Berlin 2014.
5 Jörg Foth, in: V. Kongress, Verband der Film- und Fernsehschaffenden der DDR 19.–21.04.1988, Protokoll, Bd. 1, S. 204.
6 Reinhild Steingröver: Spätvorstellung, S. 15.
7 Klaus-Dieter Felsmann: Das Eismeer ruft, in: Ingelore König, Dieter Wiedemann, Lothar Wolf [Hg.]: Vergangene Zeiten. Arbeiten mit DEFA-Kinderfilmen, München 1998, S. 84.

schrieb ich 1998. Zwanzig Jahre später, angesichts der Produktion einer inzwischen großen Anzahl institutionell speziell geförderter »besonderer«, aber auch unabhängig entwickelter Kinderfilme, gibt es keinen Grund, an dieser Aussage auch mit Blick auf das gesamtdeutsche Filmgeschäft etwas zu ändern. Was das Besondere des Films ausmacht, brachte Hans-Dieter Tok 1984 auf den Punkt:

DAS EISMEER RUFT: Thomas Gutzeit

»Der junge, zweifelsohne talentierte Regisseur vertraut dem abenteuerlichen Gegenstand ebenso wie naiver Kinderphantasie, zaubert auf die Leinwand eine eigentümliche, bewusst überhöhte Wunderwelt, deren realitätsbezogener Hintersinn jederzeit erkennbar bleibt. Dabei dringt er tief in die Psyche seiner kleinen Helden ein, lässt Motive für ihr rührendes Tun spürbar werden.«[8]

1990 drehte Foth schließlich noch zwei weitere Filme bei der DEFA. BIOLOGIE! (1990) setzt sich im Rahmen einer Liebesgeschichte mit Umweltproblemen auseinander. LETZTES AUS DER DA DA ER (1990) wurde eine satirisch angelegte, dabei bittere Abrechnung mit der sich um ihn herum auflösenden Gesellschaft. Beide Filme liefen infolge der sich sprunghaft verändernden

---

8 Hans-Dieter Tok, Wochenpost 23/1984, zitiert nach F.-B. Habel: Das große Lexikon der DEFA-Spielfilme, Berlin 2017, Bd. 1, S. 201.

äußeren Bedingungen ins Leere. Danach war die Energie des Regietalents aufgebraucht. Unter Marktbedingungen fand sich keine Gelegenheit mehr, mit der er in seinem Beruf hätte reüssieren können.

DIE ARCHITEKTEN (1990, Peter Kahane)

Peter Kahane hatte es als eine der Ausnahmen innerhalb seiner Regiegeneration geschafft, zu den etablierten Kollegen des Studios aufschließen zu können. Mit ETE UND ALI (1984) sowie VORSPIEL (1987) konnte er zwei Arbeiten abschließen, die in ihrer realitätsnahen Haltung interessante Einblicke in die Lebenswirklichkeit von Jugendlichen in der DDR vermitteln. Somit war für ihn eine gewisse Basis gegeben, weitere Projekte entwickeln zu können. Gemeinsam mit dem Autor Thomas Knauf wandte er sich nunmehr mit DIE ARCHITEKTEN (1990) einem Stoff zu, der unmittelbar das Lebensgefühl seiner Generation aufgriff. Der ehrgeizige Architekt Daniel, Ende dreißig, ist in seinem Beruf ausschließlich mit Belanglosigkeiten beschäftigt. Plötzlich bekommt er völlig unerwartet den Auftrag, ein Kulturzentrum mit hohem ästhetischem Anspruch zu entwerfen. Er motiviert einige Kommilitonen zur Mitarbeit und man geht hoffnungsvoll ans Werk. Doch dann wird das Projekt von den Auftraggebern immer mehr zurückgeschnitten, bis es schließlich ganz verworfen wird. Die Gruppe fällt auseinander und jeder steht danach für sich allein vor Alternativen wie Ausreise aus der DDR, Flucht ins Landleben oder opportunistische Anpassung.

Als bereits absehbar ist, dass sich die mit dem Projekt verbundenen Hoffnungen nicht erfüllen werden, sucht Daniel Rat bei seinem Professor und beruflichen Mentor. Peter Kahane und Szenenbildner Dieter Döhl haben für die Begegnung der beiden Männer eine Wohnung im »Haus des Kindes« am Strausberger Platz, dem Kernstück der Ost-Berliner Karl-Marx-Allee, ausgewählt. Damit gibt es eine direkte Anspielung auf den Architekten Hermann Henselmann, der die Architektur der DDR in den 1950er-Jahren geprägt hatte. Henselmann wohnte genau in diesem Haus. Gleichzeitig konnte man keinen besseren Ort finden, um das Scheitern der Gesellschaftsutopie in der DDR optisch zu verdeutlichen. Die Wohnung des Professors strahlt moderne bürgerliche Gediegenheit aus. Sparsam sind handwerklich solide gearbeitete Möbelstücke aus den 1950er-Jahren angeordnet, im Zentrum der Aufmerksamkeit eine Eckcouch mit dazu passendem Tisch. Darüber hängt ein Kupferstich – eine alte Berliner Stadtansicht. Die Tapete ist dezent gemustert, bei den Übergardinen fällt der gute Stoff auf.

Der Professor, dessen Habitus der Wohnung ganz und gar entspricht, erklärt seinem Schüler, dass Architektur immer mit den gesellschaftlichen Rahmenbedingungen zurechtkommen müsse und dafür Kompromisse notwendig seien. Kommentiert wird diese Aussage durch einen Blick der beiden Männer aus dem Fenster: vor ihnen die Karl-Marx-Allee als Entwurf eigenwilliger architektonischer Hervorbringung mit erkennbar individueller Note, aber auch mit diversem Angebot für ihre Anwohner, dazu am Horizont genormte Plattenbauhochhäuser als Ergebnis von mancherlei Kompromiss aus den Folgejahren. Der Professor genehmigt sich nach seinem Vortrag einen Cognac; nachdenklich verlässt Daniel ihn.

Wenig später betritt er die eigene Wohnung, irgendwo in einem Neubaugebiet. Gemeinsam mit seiner Frau Wanda muss er der Tochter vermitteln, dass sich die Eltern trennen werden. Die Wohnung erscheint eng: der kleiner Flur hinter einer Tür aus Holzimitat, das Wohnzimmer hell und relativ großzügig, doch überfrachtet mit Alltagsutensilien. Das Kind starrt auf ein Fernsehgerät und sucht dort seiner Verzweiflung zu entkommen. Wanda möchte zu ihrem Geliebten in die Schweiz ausreisen. Sie hält den allgegenwärtigen Stillstand in der DDR nicht länger aus. Diese Wohnung vermittelt ein bedrückendes Gefühl. Hier wird zwar gelebt, doch jegliche Entfaltungsmöglichkeit wird schon im Ansatz durch die räumliche Begrenzung, die überdeutlich wahrnehmbar ist, eingeschränkt.

Die gesamte Filmerzählung steht als starke Metapher für die Endphase der DDR. Die Produktion des Films im Herbst 1989 war möglich gewesen, weil den Kontrolleuren die Zügel aus den Händen glitten.

Beim Kinostart am 27. Mai 1990 interessierte das jedoch niemanden mehr, weil die gesellschaftlichen Bedingungen, aus denen heraus der Film entstanden ist, schlicht nicht mehr vorhanden waren. Kaum jemand hatte Zeit und Lust, sich Bilder einer eben durchlebten bleiernen Zeit anzusehen. Auch wenn Kahanes Figuren leider zu oft als deklamierende Lautsprecher agieren und die inszenierten sozialen Beziehungen so erzählt werden, dass sich hier wenig Empathie beim Zuschauer aufbauen kann, ist mit größer werdendem Abstand Reinhild Steingröver zuzustimmen, dass der Film Die Architekten »als mikroskopische, kritische und selbstkritische Betrachtung eines Mikrosystems innerhalb des größeren Apparates eines verschwundenen Staates an Bedeutung gewonnen«[9] habe. Der Filmkritiker Claus Löser hielt dem allerdings weitaus früher entgegen:

9 Reinhild Steingröver: Spätvorstellung, S. 241.

»Als Membran für die sich ringsum vollziehenden Veränderungen versagte DIE ARCHITEKTEN: Dem Verschwinden der DDR vermochte er keine adäquaten, d. h. bleibenden Bilder abzutrotzen, da er sich der überholten ästhetischen Methoden genau dieses verschwindenden Systems bediente.«[10]

Hier werden ästhetische Vorlieben und Abneigungen mit zwar nachvollziehbaren, doch nicht nur in diesem Fall irreführenden ideologischen Animositäten aufgeladen. Kahane bedient sich in seinem Film der Formen des sozialkritischen Realismus, die bei der DEFA eine interessante Kultivierung erfahren haben. Wenn Löser im gleichen Artikel auch noch pauschal unterstellt, die DEFA-Filme seien in einem »stets kunstgewerblichen Dekor« dahergekommen, dann spricht das eher für einen »Blick zurück im Zorn« denn für eine analytische Betrachtungsweise. Löser verfasste seine Replik 2009 – mithin im zwanzigsten Jahr des Mauerfalls. Im selben Jahr gab es im Filmmuseum Potsdam eine Ausstellung, die unter dem Titel »Glück für alle« nach der »Wirklichkeit in DEFA-Filmen der fünfziger Jahre« fragte. Der Filmpublizist Volker Baer hatte sie betrachtet und im Nachhinein bemerkt:

»Der informative Eindruck beim Gang durch die Ausstellung ergibt eine ebenso belastende wie verräterische Beobachtung: Man hat noch immer den Blick von gestern nicht verloren, man sieht noch heute die Zeitgeschichte mit den Bildern und Dokumenten jener Jahre.«[11]

Daraus abgeleitet hält er abschließend fest: »Wer Distanz hat zu jenen Jahren, kann die Wahrheit hinter den Bildern erkennen.«[12]

Etwas Distanz ist schon notwendig, um DEFA-Spielfilme als Quelle zeitgeschichtlicher Deutung mit Gewinn lesen zu können. Die Postrezeption von DIE ARCHITEKTEN belegt, dass dies durchaus möglich ist. Die erzählte Filmgeschichte hatte seinerzeit übrigens ein sehr reales Pendant. 1981 war beschlossen worden, unter Federführung der FDJ ein »Haus der Jugend ›Artur Becker‹« im Berliner Friedrichshain an der Ecke Dimitroffstraße (heute Danziger Straße) / Artur-Becker-Straße (heute Kniprodestraße) zu errichten. 1987 sollte Baubeginn sein, 1991 war die Eröffnung vorgesehen. Es gab einen Architekturwettbewerb, bei dem überwiegend jüngere Bewerber angespro-

10 Claus Löser: Blick zurück im Zorn? Bemerkungen zum finalen Zustand der DEFA zwischen 1989 und 1992, film-dienst 22/2009, S. 38.
11 Volker Baer: Verdeckte Realität. »Glück für alle«: Ausstellung im Filmmuseum Potsdam, film-dienst 17/2009, S. 16.
12 Ebd.

DIE ARCHITEKTEN: Andrea Meissner, Jörg Schüttauf, Catherine Stoyan, Kurt Naumann, Uta Eisold, Jürgen Watzke, Ute Lubosch (v. l. n. r.)

chen worden waren. Das Baumaschinen-Kombinat Süd sollte die technischen Arbeiten koordinieren und ein Kollektiv der Zentralen Arbeitsgemeinschaft »Junge Kunst« im Verband Bildende Kunst, zu dem unter anderem Johannes Heisig, Ulrich Müller-Reimkasten und Trakia Wendisch gehörten, war auserwählt, ein künstlerisches Gestaltungskonzept für das Gebäude zu erarbeiten. Wie modern und zukunftsfähig hört es sich an, wenn die Künstler 1987 in der Zeitschrift »Bildende Kunst« formulierten:

> »Im Verständnis der Arbeitsgruppe erstreckt sich die Verantwortung über Aspekte der künstlerischen Ausgestaltung hinaus auf den gesamten Komplex; Außen- und Innenraum können nur gemeinsam gedacht werden. Nur in der Verbindung aller technischen, funktionellen und ästhetischen Fragen kann die Idee für ein Bauwerk liegen, das am Ende unseres Jahrhunderts gebaut wird und auch vor kommenden Generationen von Jugendlichen bestehen muß. In der Diskussion unserer Arbeit entstand der Begriff des ›sinnlichen und intelligenten Ensembles‹. Nach unserer Auffassung muß ein Gebäude entstehen,

daß für seine Besucher zukunftsfähige architektonische, energieökonomische und materialästhetische Maßstäbe entwickelt und in gestalterisch faszinierender Weise vorführt. Ziel unserer Idee ist ein Komplex, in dem die Trennung von Unterhaltung und Produktivität überwunden wird. Ein Haus also, das in allen Baugliedern, in den Foyers und Lichthöfen, auf den Dachterrassen und im Freiraum, in den Klubs und Diskotheken, im Saal und in den Gaststätten, überhaupt in allen Bereichen die Atmosphäre von Kreativität herstellt. Das Haus muß eine Totalität ausbilden. Es soll Spiel und Lust ebenso provozieren wie zum Erprobungsfeld für technologische Neuentwicklungen werden, zum Ort von kultureller Produktion in ihrer Gesamtheit.«[13]

Das waren reale Hoffnungen, und sie wurden genauso real fast über Nacht zu Makulatur. Für solcherlei Visionen waren aufgrund des erstarrten politischen Systems in der DDR weder materiell noch ideell keine Anschlussmöglichkeiten mehr gegeben. Seit 1988 wurde das zunächst auf zirka 268 Millionen DDR-Mark veranschlagte Projekt Stück für Stück zusammengestrichen und im Frühjahr 1989 stellte man auf Beschluss der obersten Parteiführung die Arbeiten schließlich gänzlich ein. Das bereits in Teilen erschlossene Baufeld wurde beräumt. Die »Pfade« waren verstopft. Und von den entsprechenden Konsequenzen erzählt Kahanes Film. Von wegen er vermochte dem Verschwinden der DDR keine adäquaten Bilder abzutrotzen. Allein das Schlussbild – der Held liegt betrunken vor einer überdimensionierten Propagandabühne, die auf ödem Feld steht – erscheint als ein wirkmächtiges Symbol für das Ende eines Staates, der seiner Jugend keine Perspektiven mehr bieten konnte.

Arbeitswelten

»Alles war arbeiterlich gefärbt, die dazugehörige Gesellschaft ihrer innersten Wesensbestimmung nach eine arbeiterliche Gesellschaft«[14], so charakterisiert der Soziologe Wolfgang Engler jenen Kosmos, der die DDR im Kern ausmachte. Engler hinterlegt diese These mit vielschichtigen Argumenten und er kommt unter anderem zu dem Schluss:

> »Es wäre eine Absurdität zu behaupten, die ostdeutschen Arbeiter hätten die politische Herrschaft ausgeübt. Aber das soziale Zepter hielten sie in der Hand.

---

13 Autorenkollektiv: Komplexe Gestaltung im Auftrag des Zentralrates der FDJ. Zur Arbeit eines Gestalterkollektivs am Projekt »Haus der Jugend«, Bildende Kunst, Heft 7/1987, S. 299.
14 Wolfgang Engler: Die Ostdeutschen, Berlin 1999, S. 197-198.

Anschauungen, Meinungen, Konventionen, Kleidungs- und Konsumgewohnheiten und nicht zuletzt die Alltagssitten richteten sich nach den Normen und Idealen der arbeitenden Klasse.«[15]

Insofern ist es nicht verwunderlich, dass in Filmen, die aus dieser Gesellschaft heraus entstanden und die den Anspruch hatten, die Realität möglichst authentisch zu erfassen, die Arbeit immer eine wichtige Rolle spielt. Unterschiede gibt es allenfalls in der Gewichtung. Führt die Filmerzählung direkt in die Arbeitswelt hinein oder wirkt jene indirekt auf sonstige soziale Beziehungen? Wie auch immer, stets wurden Bilder produziert, die konsequenterweise als Belege zu Englers Thesen gelesen werden können und die viel über das Leben in dieser speziellen Welt aussagen. Lässt man die Filme der letzten zwanzig DEFA-Jahre, die mit den damaligen Arbeitswelten verbunden sind, Revue passieren, so zeigt sich, welche Gratwanderung die Akteure hier zu bewältigen hatten. Der Arbeiter und die Arbeiterin standen ganz weit oben in der Ikonografie der SED-Propaganda. Daher war es explizit gewünscht, dass sich die Filme dem entsprechenden Milieu zuwandten. Andererseits wollten die Filmkünstler wahrheitsgetreu über die sie umgebende Realität erzählen. So kamen bisweilen merkwürdige filmische Hybride auf die Leinwand.

Im Mittelpunkt der Geschichten stehen auch in den 1970er-Jahren Helden der Arbeit, die den Modellbildern aus den Aufbaujahren der Nachkriegszeit entsprechen. Die Bilder dagegen fangen eine ganz andere Ebene ein. Sie erzählen von einer Welt, die den ideologischen Idealen bei weitem nicht entsprachen. Gleichzeitig wird mehr oder weniger dezent infrage gestellt, ob Arbeit als solche der einzige Lebensinhalt für die Menschen sein kann. Orientiert am tatsächlichen Alltag scheint immer wieder ein Gefühl von Stagnation durch, wie es in einem Song des »Gunter Gabriel des Ostens«, Peter Tschernig, anklingt. Ähnlich wie bei Wolf Biermann dient beim Country-Barden dabei der 30. Geburtstag als Zäsur, angesichts dessen die Frage aufgeworfen wird, welche Perspektive für das Subjekt in einem mehr oder weniger erstarrten gesellschaftlichen Kontext noch bereitsteht:

»Eine Woche Frühschicht, die andre Woche Spät-, die dritte Woche Nachtschicht, damit das Rad sich dreht. Ich fahre einen Trabi, krieg langsam bisschen Bauch, hab Familie und 'ne Wohnung und rauchen tu' ich auch.«[16]

---

15 Ebd., S. 200.
16 Siehe: www.songtextemania.com/gut_dreissig_jahre_songtext_peter_tschernig.html [26.1.2020].

Solchen Figuren kann man in den DEFA-Filmen, die die Arbeitswelt thematisch aufnehmen, immer wieder begegnen. Weil sie aber vom Sujet her sehr nah an die Postulate der Staatsideologie heranreichten, gerieten sie zusammen mit der Ideologie vielfach in Verruf. Doch wie hielt Volker Baer fest? Mit etwas Distanz kann man viel Wahrheit über jenes Land hinter den Bildern entdecken. So ist es, weil die Schauspieler ihre Rollen realitätsnah umsetzten, weil die Handlungsräume in verdichteter Form Realität anschaulich machen und weil die Kamera Perspektiven eingefangen hat, die vielfach in einen kritischen Dialog mit der erzählten Geschichte treten. Wer heute die Filme sieht, bekommt in selten authentischer Form eine Vorstellung von dem, was in der DDR politisch gewollt wurde, und von dem, wie das Leben tatsächlich organisiert war. In der Rückschau wird dabei jener Widerspruch sichtbar, der dazu führte, dass das System nicht von Dauer sein konnte. Es werden aber auch Werte verdeutlicht, die die Menschen in diesem Land geprägt haben und an denen sie gern zu Recht oder auch zu Unrecht festhalten wollen. Der Interessierte kann sich ein Bild machen.

Nebenher bietet die Ansicht der Filme noch einen ausgesprochen informativen Nebeneffekt. Ging es bei der Inszenierung direkt in das Produktionsumfeld hinein, so eröffnet sich für den Betrachter ein aufschlussreiches Panorama der Industriegeschichte des vorigen Jahrhunderts: von der Schuhfabrik zur Spinnerei, vom Stahlwerk zur Karbidfabrik, von der industriellen Großbaustelle zum analog gesteuerten Rangierbahnhof.

Kennen Sie Urban? (1970, Ingrid Reschke)

In Kennen Sie Urban? lernt Hoffi, ein junger Mann, der wegen Körperverletzung bereits im Gefängnis gesessen hat, im Krankenhaus mit Urban einen selbstbewussten und kraftstrotzenden Helden des sozialistischen Arbeitslebens kennen. Dem will er sich anschließen, und so versucht er nach der Krankenhausentlassung in Begleitung seines Bruders auf diversen Baustellen der Republik jenen Urban zu finden. Dabei trifft er zwar nicht sein Vorbild, dafür gewinnt er eigenes Selbstbewusstsein und in Gila eine Frau, mit der er eine Familie gründen möchte. Schließlich wird klar, auch Urban ist nicht so perfekt, wie es nach außen scheint. Während er bei der Arbeit brilliert, nehmen Frau und Kinder emotional Schaden. Hoffi ist jetzt bereit, eigene Entscheidungen zu treffen.

Scheint mit der Läuterung des Protagonisten die erzählte Fabel ausgesprochen systemkompatibel – noch dominiert vielfach der Glaube, Probleme seien nur vorübergehender Art und somit lösbar –, werden mit den Handlungsorten und Nebenfiguren zahlreiche Aufmerksamkeitspunkte gesetzt, die ein realis-

KENNEN SIE URBAN?: Evamaria Bath, Jenny Gröllmann, Berndt Renné, Irma Münch (v. l. n. r.)

tisches und differenziertes Bild damaliger DDR-Verhältnisse vermitteln. Das betrifft zunächst diverse Baustellen mit all den dort üblichen Arbeitstechniken. Hinzu kommen dokumentarische Schwarz-Weiß-Bilder Ost-Berlins von Claus Neumann, die nicht nur Neubauten, sondern auch vernachlässigte Wohnquartiere zeigen.

Als besonders aufschlussreich erweist sich die Zeichnung unterschiedlicher sozialer Milieus innerhalb der DDR-Gesellschaft. Mehr noch als über die Figuren erfolgt das über deren Wohnumfeld. Hier hat Heike Bauersfeld etwas gebaut, was einen ungemein detailreichen Wiedererkennungseffekt hat. Gilas Eltern – der Vater war nach dem Krieg als »Spezialist« in die Sowjetunion verpflichtet worden, wo er lernte, sich mit dem System zu identifizieren – leben in einem gewissen Wohlstand mit Standardmöbeln aus den 1960er-Jahren in kleinbürgerlichem Ambiente. Der Besucher wird im Flur nach sowjetischer Art durch ein Lenin-Porträt begrüßt. Überall finden sich weitere Andenken an die Zeit im sozialistischen »Bruderstaat«. Zu festlichen Anlässen ist der Tisch einschließlich der Wodkaflasche mit großen Trinkgläsern nach russischer Art üppig gefüllt.

Wanda, die selbstlose Sozialarbeiterin, wird als im DDR-Verständnis moderne Frau durch ein Hellerau-Ensemble gekennzeichnet, in dem viele Bücher Platz haben. Auch bei ihr hängt bekenntnisgleich ein Lenin-Porträt an der Wand. Auf dem Tisch steht ein Nelkenstrauß, jene Blumenart, die in der

DDR als Klassiker für jegliche Auszeichnungsfeier galt. Sie ist alleinstehend und wird als jemand gezeigt, der alle Herausforderungen bestens meistert, ob als Näherin in ihrem Betrieb, als ehrenamtliche Sozialarbeiterin oder beim Umgang mit Bügelbrett und Nähkasten.

Hoffis Mutter dagegen – alleinstehend, mit vielen weiteren Kindern und wenig Geld – muss in einer vollgestopften Hinterhofwohnung zurechtkommen. Die Wohnung liegt im Parterre. Sie erfährt eine Erweiterung durch den davorliegenden Hof. Problematisiert wird dieses Wohnensemble kaum. Es ist als Normalität gegeben und strahlt in gewisser Weise sogar etwas wie menschliche Wärme aus. Die Gefühlswelt von Urbans Familie dagegen wird durch kalte Neubauräume gekennzeichnet, die lediglich mit Souvenirs des abwesenden Vaters aus 17 Ländern von Vietnam bis Algerien geschmückt sind. Und Gila und Hoffi richten mit zusammengesammelten Möbeln einen ehemaligen Bäckerladen ein. Damit wird nahezu das gesamte in der DDR übliche großstädtische Wohnspektrum aufgezeigt – und zwar in einer sehr authentischen Form.

REIFE KIRSCHEN (1972, Horst Seemann)

REIFE KIRSCHEN kann sicher als größtes filmisches Opus bezeichnet werden, das sich dem von der SED Anfang der 1970er-Jahre ausgerufenen Wohnungsbauprogramm angenommen hat. So liegt es auf der Hand, dass der Film bei den Verantwortlichen von Partei und Staat Gefallen gefunden hat. Doch er hat auch über eine Million Zuschauer in die Kinos gelockt. Das ist nicht nur für einen ausgesprochen linientreu daherkommenden Film ungewöhnlich. Die Filmkritik hat seinerzeit sowohl die opulente Bildgestaltung von Seemann und seinem Kameramann Helmut Bergmann als auch den Einsatz von Mitteln des Unterhaltungskinos für solcherlei Zuspruch verantwortlich gemacht. Aus Sicht des Soziologen Steffen Mau muss man für die heutige Bewertung des Films zumindest noch einen weiteren Aspekt hinzufügen:

> »Anders als heute, wo man mit der ›Platte‹ häufig abgehängte und sozial problematische Quartiere verbindet, waren es damals vielleicht nicht Sehnsuchtsorte für alle, aber doch attraktive Wohngegenden, in die Familien mit Kindern gerne zogen. Viele Bewohner sahen die innerstädtischen Mietskasernen – Ofenheizung, Klo auf halber Treppe etc. – als primitiv an und fühlten sich in den Neubaugebieten wohl, nicht entfremdet.«[17]

---

17 Steffen Mau: Lütten Klein, S. 30.

Das Wohnungsbauprogramm stellte für die Mehrheitsgesellschaft eine akzeptable Vision dar und wurde deshalb zustimmend goutiert. Der Film gibt diesem Gefühl einen raumgreifenden Ausdruck, und allein deshalb erscheint er ausgesprochen informativ. Der Betonbaubrigadier Kamp gehört zu den Erbauern eines Neubaugebiets vor den Toren der Stadt Jena. Täglich blickt er stolz von seinem Häuschen am Berghang auf »seine« Baustelle.

Jenes Haus war von Hans Poppe kongenial ausgestattet. Es erzählt aufschlussreich von den kleinbürgerlichen Wurzeln des strammen Sozialisten Helmut Kamp. Den Mittelpunkt des familiären Alltags stellt eine Wohnküche dar. Sie ist einfach, jedoch sehr funktional eingerichtet. Es gibt ein Küchenbuffet, das aus den 1950er-Jahren stammt. Wandborde bieten Platz für Tontöpfe mit selbsteingelegten Früchten, einfache Handtuchhalter ermöglichen einen schnellen Zugriff auf Geschirrtücher und Topflappen. Neben dem Gasherd findet sich ein schlichter Ausguss, der präzise die rückständige sanitäre Ausstattung des Hauses veranschaulicht. Die gewöhnlichen Kastenfenster sind mit gerafften Gardinen geschmückt. Die zentrale Funktion in diesem Raum füllt der Küchentisch mit Holzstühlen aus. Auf dem Tisch sind wich-

REIFE KIRSCHEN: Eberhard Esche, Traudl Kulikowsky

tige Utensilien angeordnet, die bei den Mahlzeiten gebraucht werden. Eine große Wanduhr macht deutlich, dass die Bewohner des Hauses auf einen regelmäßigen Tagesrhythmus angewiesen sind. Einzige Besonderheit im Raum sind ein Krug und diverse Becher aus der Töpferschule in Bürgel. Dies stellt eine Referenz an die regionale Verortung der Handlung dar. In der Küche herrscht Ordnung, und für die ist Elfriede Kamp verantwortlich. Das Reich ihres Mannes ist der üppige Garten mit zahlreichen Apfel- und Kirschbäumen.

Dieser Rahmen bestimmt das Sozialgefüge der Familie. Kamp kommt von der Nachtschicht, holt sich ein Bier aus dem Kühlschrank – dem abgesehen vom Herd einzigen technischen Gerät in der Küche –, sie kommt aus dem Bett, deckt den Tisch und macht sich für die Frühschicht in der Spinnerei fertig. Dazwischen wird diskutiert, ob das zu erwartende Ki nd abgetrieben werden soll. Passend zur Szene die von Barbara Braumann entworfene Kleidung. Elfriede in einem dicken längsgestreiften Bademantel, wie er in Häusern ohne Zentralheizung sehr hilfreich war, und Helmut im einfachen karierten Hemd eines Proletariers. Die Diskussion über das Kind, die mit einem Bekenntnis zur nochmaligen späten Schwangerschaft endet, wird an einem der folgenden Abende im Wohnzimmer fortgesetzt.

Auch dieser Raum ist geprägt durch die Gemütlichkeit eines Kleinbürgerhaushalts. Es gibt eine grobgemusterte Tapete, wuchtige Gardinen und Standardblumentöpfe auf einem Ständer und in Wandhängern. An den Wänden befinden sich außerdem Kunstdrucke, die sich deutlich mit dem Tapetenmuster beißen, und ein Barometer, das als Ausdruck technischer Aufgeschlossenheit galt. Das Buffet stammt ebenfalls aus den 1950er-Jahren, es bietet Platz für einige Bücher. Auf Beistellschränken stehen ein Fernsehapparat und ein Radiogerät – gewisse Statussymbole, denn die im Zentrum des Lebens stehende Arbeit brachte den Beteiligten auch etwas ein. Zu all dem kommt eine Sitzgarnitur mit kleinem Tisch und Sofa. Während des Gesprächs ist Elfriede mit Handarbeiten beschäftigt. Ein großer Nähkasten zeigt, dass es sich hierbei um Routinetätigkeiten der Frau handelt.

Das Geständnis der über vierzigjährigen Frau, dass sie nochmals schwanger sei, kommt genau in jenem Moment, als der Baumeister Helmut Kamp für ein noch größeres Neubauprojekt an der Ostsee bei Greifswald geworben werden soll. Kamp steht zum dritten Kind, doch er will auch die neuen Aufgaben annehmen. Bei der Fahrt von der Entbindungsstation nach Hause verunglückt Elfriede Kamp tödlich. Der Held stürzt daraufhin in eine Krise, aus der er mithilfe seiner erwachsenen Töchter und vor allem seiner Kollegen recht schnell wieder herausfindet. Jetzt entwickelt er noch mehr Elan, um in seiner neuen Herausforderung erfolgreich zu sein.

Kamps Weg ist besonders in Bezug auf das Leben der erwachsenen Töchter durchaus mit Fragezeichen versehen. Er bleibt im Kern letztendlich aber ein trügerisches Symbol für das Gelingen der Utopie hinsichtlich vernünftiger Wohnbedingungen. So einer darf dann auch schon mal die menschengerechte Abrundung der Bauflächen anmahnen: »Zwanzig Jahre arbeite ich mit Beton. Anfangs konnt' ich ihn gar nicht leiden. Er war irgendwie kalt. Da dacht' ich, ... für jeden Kubikmeter müßte man einen Baum setzen als Gegenleistung.«[18]

Für die szenische Genauigkeit des Films spricht unabhängig von allen inhaltlichen Aspekten ganz nebenher, dass ein aktueller Blog im Internet ihn dafür heranzieht, die Vergangenheit des Greifswalder Bahnhofs authentisch zu zeigen.[19]

DIE TAUBE AUF DEM DACH (1973/2010, Iris Gusner)

Als REIFE KIRSCHEN in die Kinos kam, drehte Iris Gusner, gerade von der Moskauer Filmhochschule WGIK zurückgekehrt, mit DIE TAUBE AUF DEM DACH ebenfalls einen Film, der auf Großbaustellen angesiedelt ist. In einer für die DEFA ungewöhnlichen Erzählweise schenkte sie ihre Aufmerksamkeit den Widersprüchen, die sie nicht nur auf den Baustellen, sondern insgesamt in der DDR-Gesellschaft sah. Die Kleinbürgerwelten, die in Seemanns Film ganz im Sinne des Publikums schöngeredet wurden, sind bei Gusner kritisch hinterfragt worden. Ein ehrlicher Film, der zur Diskussion einladen sollte. Ihr »Held der Arbeit«,

> »(...) tatkräftig, aber auch melancholisch und dem Alkohol zugeneigt, tourt im Auftrag der Gesellschaft von Großbaustelle zu Großbaustelle, opfert dafür sein Privatleben und wird von einem jüngeren Kollegen, der gerade am schmucken Eigenheim werkelt, noch beschimpft: ›Eisenhüttenstadt, Halle-Neustadt, Alexanderplatz, jawoll, aber kein eigenes Bett unterm Arsch.‹«[20]

Wunderbar dicht und genau die von Roland Gräf fotografierten Bilder. Schaurige DDR-Wirklichkeit, wenn bei einer steifen Betriebsfeier ein Praktikant die ritualisierten Solidaritätsattitüden parodiert. Berührend, wenn die Eltern der Bauingenieurin Linda ihre Tochter besuchen – in der von Günther Pohl entworfenen Kleidung so was von überzeugend als von gestern kommend

---

18 Kino DDR, 12/1972, S. 4.
19 Siehe: www.blog.17vier.de/2009/11/29/reife-kirschen-zeigt-den-greifswalder-bahnhof/ [12.1.2020].
20 Ralf Schenk: Der Spatz in der Hand. Realität und Utopie in einem DEFA-Verbotsfilm von 1973: DIE TAUBE AUF DEM DACH, Berliner Zeitung, 9.9.2010.

gezeichnet – und sich mit schüchtern vorgetragener Selbstverständlichkeit nach Enkeln erkundigen.

Der Film stellte aus Sicht der Studioverantwortlichen zu viele kritische Fragen, und so wurde er nicht zur Aufführung freigegeben. Begründet wurde dies offiziell mit der formalen Handschrift der Regisseurin. Die wurde als handwerkliches Unvermögen bewusst missverstanden. Aus einer später aufgefundenen Rohschnittfassung konnte der Film unter Verlust einiger Bilder und der Farbe rekonstruiert und 2010 ins Kino gebracht werden. So können heutige Zuschauer sowohl über den Film Horst Seemanns als auch den Iris Gusners vergleichende Betrachtungen zu einem wichtigen DDR-Kapitel anstellen. Den eigentlichen Adressaten war das seinerzeit nicht vergönnt.

DIE TAUBE AUF DEM DACH wurde in den letzten Monaten des Jahres 1972 gedreht, in jenem Jahr, als in der DDR die noch verbliebenen Familienbetriebe vergesellschaftet wurden. Vor diesem Hintergrund gewinnt ein Kabinettstück in diesem Film, das ohnehin schon ausgesprochen doppeldeutig daherkommt, eine weitere diffizile Bezugsebene. Der als besonders fortschrittsgläubig agierende Baupraktikant Daniel ist der Sohn eines Fabrikanten für Weihnachtsbaumschmuck. Als solcher zelebriert Fabrikbesitzer Sturm ein ausgesprochen traditionell-bürgerliches Familienleben. In einem über Generationen gewachsenen Ambiente wird konservativ Ritualen gehuldigt, die im Arbeiter-und-Bauern-Staat zwar anachronistisch wirken, gleichzeitig jedoch den Konformismus in eigener Weise hinterfragen. Darüber hinaus praktiziert der Unternehmer ein Arbeitsethos der ganz besonderen Art. Er liebt seine Produkte, er weiß genau, wo sie herkommen und was ihr Bestimmungszweck ist. Mit der ideologisch bedingten Enteignung solcher Menschen hatte sich die SED-Führung ohne wirkliche Not ein weiteres ökonomisches Desaster organisiert. Plötzlich gab es allenthalben Versorgungslücken bei den sogenannten »kleinen Dingen«.

Im Film führt der Weihnachtskugelhersteller die Hauptprotagonisten der Baustelle durch seine Produktionsstätte. Er fabriziert eigenhändig eine filigrane Glasplastik, er zeigt, wie Frauen an einem kleinen Fließband den Kugeln unterschiedliche Farbigkeit geben, und er träumt öffentlich inmitten von schwebendem Weihnachtsbaumschmuck von der kleinen Freude, die er mit seiner Arbeit bereiten kann. Die Leute würden zwar nie merken, dass alle Kugeln unterschiedlich seien, denn sie verfolgten einfach nur den Zweck, mit ihnen am Weihnachtsabend eine Stimmung zu erzeugen. »Die Leute kaufen unsere fertigen Kugeln und ihnen bleibt nur die Freiheit, sie auf dem Tannenbaum zu verteilen.« Hier spricht der Mann längst nicht mehr nur über seine Arbeit. Spätestens jetzt ist er beim großen gesellschaftlichen Ganzen.

Für die Liebe noch zu mager? (1973, Bernhard Stephan)

Mehr Glück bei der DEFA als Iris Gusner hatte Bernhard Stephan, ebenfalls Absolvent am Moskauer WGIK, mit seinem Debütfilm Für die Liebe noch zu mager?. Der Stoff war von den Autoren Joachim Nestler und Manfred Freitag zunächst als Musical gedacht. Stephan ging, wie er selbst sagt, völlig unbefangen an die Arbeit heran. In der Fabel geht es formal vordergründig gesehen lediglich um die Emanzipation einer jungen Frau, die in einer großen Fabrik arbeitet. Das klingt recht unverfänglich. Herausgekommen ist allerdings eine heitere, aber deutlich zugespitzte Auseinandersetzung mit Arbeitsmythos und lebensweltlicher Enge innerhalb der DDR.

Susanne ist fleißig und stets um Pflichterfüllung bemüht. Was ihr fehlt, ist die Anerkennung als selbstständig denkende und handelnde Frau. Das gilt für ihr Zuhause, wo sie den Vater und zwei Brüder umsorgt, das gilt am Arbeitsplatz und das gilt auch gegenüber ihrer heimlichen Liebe Lutz. Erst als ihre Freundin und Kollegin Daisy von Lutz geschwängert wird, wacht Susanne auf und verlässt ihr Mauerblümchendasein.

Die Aufnahmen, die Susanne in ihrer Arbeitswelt zeigen, wurden in der früheren Baumwollspinnerei Leinefelde gedreht, wo bis zur Werksschließung Anfang der 1990er-Jahre fast 4.500 Menschen, meist Frauen, arbeiteten. Es sind beeindruckende Bilder, die Kameramann Hans-Jürgen Kruse hier gelangen. In großen Hallen riesige Spinnmaschinen, zwischen denen bei ohrenbetäubendem Lärm Hunderte Frauen in ihren Dederonschürzen hin und her huschen und die Spindeln kontrollieren bzw. auswechseln. Parallel wird dabei gezeigt, dass die Fabrik in der DDR nicht nur Arbeitsort, sondern ganz allgemein einer der wichtigsten Sozialorte war. Wie die Frauen beraten, wie sie mit Daisys geplantem Schwangerschaftsabbruch umgehen wollen oder wie sie bestimmte Wettbewerbssymbolik diskutieren – das gibt einen genauen Einblick in dieses Milieu. Satirisch überzeichnet sind gesellschaftliche Aktivitäten, die in sozialistischen Großbetrieben üblich waren. Das betrifft den Aufmarsch zum 1. Mai, eine Katastrophenübung oder als Stimulanz zur Arbeitsfreude gedachte Sendungen des Betriebsrundfunks.

Jede Handlung des Films wird durch Lieder der ein Jahr später verbotenen »Klaus Renft Combo« oder durch die ungarische Gruppe »Illés« mit der Sängerin Zsuzsa Koncz kommentiert. Diese Lieder sind es, die nicht nur die Entwicklung der Protagonistin vorantreiben, sie hinterfragen zudem die sich im Stillstand befindende DDR-Welt. Wenn »Renft« singt: »Was machen die Leute, wenn sie keine Fahnen tragen, wenn sie keine Spindeln drehen ...«, dann zielt das auf ein Nachdenken darüber, was das Leben sonst noch ausmacht außer Arbeit und politischem Deklamieren. Und auf andere Weise wird die Sinnfrage aufgegriffen, wenn die Kamera über die angestrengt arbeitenden Frauen schwenkt und Zsuzsa Koncz singt: »Schenk mir mal eine Seifenblase«.

Im Film erklingt an herausragender Stelle eine der berühmtesten Liedpassagen der »Renft Combo«: »Irgendwann will jedermann raus aus seiner Haut ...«. Diese Textzeile beschreibt nicht nur die unmittelbare Lebenssituation Susannes, sie drückt ein Grundgefühl junger Menschen in der eingemauerten DDR aus. Lutz steht als filmischer Protagonist stellvertretend für solcherlei Gedanken. Auch wenn Susanne ihn kurzzeitig erobern kann – er will raus aus der Enge, und wenn es auf einem Schiff der staatlichen Seereederei ist. Konsequenterweise bricht er am Ende der Geschichte auf.

Der Film reflektiert differenziert Stimmungen in der DDR im Jahr 1974. Dafür bemüht er keine großkalibrigen Politklischees. Gerade deswegen ist er ausgesprochen glaubwürdig.

Bankett für Achilles (1975, Roland Gräf)

Ein besonderes Dokument ostdeutscher Arbeitswelt und des Lebens der Menschen unter der Dominanz von Arbeit ist der bereits erwähnte Film Bankett für Achilles. Wer ihn sieht, wird sich nicht wundern, dass es bei dieser Produktion reichlich Schwierigkeiten bei der Realisierung und Zulassung für das Kino gab. Glücklicherweise konnte Gräf – nicht zuletzt dank vehementer Fürsprache seitens des Hauptdarstellers Erwin Geschonneck – sein Projekt durchsetzen. Der Filmkritiker Fred Gehler schrieb 1975 über die Gestaltung jener Lebenszäsur, die der Protagonist Karl Achilles angesichts des Übergangs in das Rentenalter durchmacht: »Ein Konflikt, der weder künstlich noch banal ist, der auf spektakuläre Effekte verzichten kann. Eine psychologische Studie mit Tiefgang; mit letztlich doch sehr intimen Haltungen und Wirkungen.«[21] Das ist die eine Seite, und die andere, das sind die filmischen Bilder einer einstmalig gigantischen Industriewelt im Bitterfelder Chemie-Kombinat. Im März 2004 war Roland Gräf im Zusammenhang mit einer Vorführung seines Films wieder in Bitterfeld. Danach resümierte er:

---

21 Fred Gehler: Bankett für Achilles. Ein DEFA-Film von Roland Gräf und Martin Stephan, Sonntag, 51/1975, zitiert nach: Cui bono, Fred Gehler? Texte und Kritiken aus fünf Jahrzehnten, Berlin 2012, S. 168.

»Am Vormittag wollte ich die Orte aufsuchen, an denen wir vor dreißig Jahren gedreht haben, aber es ist mir nicht gelungen. Natürlich wusste ich, dass sich Bitterfeld in den neunziger Jahren grundlegend verändert hatte, aber dass man dieses riesige Industriegelände so restlos verschwinden lassen könnte, lag außerhalb meiner Vorstellungskraft. Nirgends auch nur ein Bruchteil der alten Werksilhouette, kein einziger gelber Ziegelbau oder gemauerter Schornstein mehr, kein rostfarbener Brückenkran, nichts, was Erinnerung heraufbeschwören könnte. (...) Spätestens bei diesem Anblick beginne ich mit aller Deutlichkeit zu begreifen, welche historische Dimension der Umsturz der politischen Verhältnisse unserem Film verliehen hat: Bankett für Achilles ermöglicht einen letzten, lebendigen Blick auf eine Industriearchitektur, die diese Landschaft und ihre Menschen fast ein Jahrhundert lang geprägt hat.«[22]

In der Filmhandlung, die sich auf einen Tag konzentriert, geht es um den letzten Arbeitstag des Meisters Achilles in der Farbfabrik des Chemie-Kombinates Bitterfeld. Dreißig Jahre war der Mann hier beschäftigt, hat den Betrieb nach dem Krieg wieder mit aufgebaut und war redlich bemüht – ob in veralteten Anlagen oder an neuen Produktionslinien – das Plansoll zu erfüllen. Entsprechend schwer fällt ihm der Abschied, gleichzeitig nimmt er deutliche Zeichen wahr, dass das Leben nicht unendlich währen kann.

Der Industriebetrieb wird mit den Augen des Rentners in spe gezeigt. Dabei werden keine Facetten seines bisherigen Wirkungsbereichs ausgelassen: sein Meisterbüro, die Produktionsstätten, undichte Transportleitungen, Berufsverkehr und der Eisenbahntransport im Werk, die Abraumhalde und verschiede farbige Substanzen, die aus den Schornsteinen entweichen. Ein Sidekick verdeutlicht den Geruch, den das Chemiewerk ausströmt. Eine Bahnlinie führt unmittelbar am Werk vorbei. Reisende in einem Fernzug schließen die Fenster, weil es schlichtweg stinkt. Es gibt Arbeiter, bei denen die gelbe Farbe ihres Produktionsbereichs die Haare verfärbt. Die Gewerkschaft bezahlt das Umfärben. Ein Kollege muss immer wieder in einem Produktionsbereich aushelfen, wo es Dämpfe gibt, die sich unter der Haut festsetzen, sodass diese bei Alkoholgenuss rot erscheint. Besonders berührend ist eine Rentnerbrigade, die beim Verschließen und Transport von Fässern aushilft.

Das Handeln von Karl Achilles wird über ein Amateurfilmteam veranschaulicht. Zwei junge Männer beobachten ihn, um ihm bei der Verabschiedungsfeier filmisch eine Freude zu bereiten. Eine kleine Abschiedszeremonie für Karl gibt es bereits während der Frühstückspause. Vor einem Wandbild

---

22 Roland Gräf: Bankett für Achilles, Schriftenreihe der DEFA-Stiftung, Berlin 2007, S. 129-130.

mit verklärenden Motiven des sozialistischen Aufbaus, dominiert von einer Gymnastikbänder schwingenden Tänzerin, versucht eine junge Genossin das Leben des Meisters zu würdigen. Der Text gerät ihr zu einer einzigen Phrase. Entsprechend sind die Reaktionen der Arbeiter. Desinteressiert kauen sie ihre Brote. Karl selbst ist das alles peinlich.

Ergänzend zum Betriebsalltag hat Szenenbildner Georg Wratsch aufschlussreiche Orte privaten Lebens gebaut. Überall wird deutlich, dass Freizeit kaum vom Alltag im Werk zu trennen ist. Achilles wohnt mit seiner Lebenspartnerin und einer jungen Frau, um die er sich wie um eine Tochter kümmert, seit deren Eltern bei einer Havarie im Chemiewerk ums Leben gekommen sind, in einer Betriebssiedlung ein paar Fahrradminuten von der Fabrik entfernt. Früh um fünf klingelt der altertümliche Wecker. Die Wohnungseinrichtung ist von einfacher Gediegenheit, jedoch sichtbar in die Jahre gekommen. An den Wänden finden sich ein Saxophon, das auf ein inzwischen eingeschlafenes Hobby Karls verweist, sowie gerahmte Blumenmotive. Die deuten auf seine aktuelle Freizeitbeschäftigung hin: Achilles möchte Pflanzen züchten, die irgendwann einmal die geschundene Landschaft neu beleben sollen: eine widerstandsfähige blaue Blume.

Wie vergiftet die Erde rings um das Werk ist, verdeutlicht ein Besuch Karls in seinem Schrebergarten. Hier angebautes Obst und Gemüse sind wegen der Umweltverschmutzung nicht genießbar. Dennoch müht sich nicht nur Karl in dieser baumlosen Kolonie, die durch schlichte Lauben, Gewächshäuser und Zäune gekennzeichnet ist. Man tut in Reichweite der Fabrik so als ob.

Gesellschaftliches Zentrum dieser Gartenanlage ist eine große Gaststätte. Hier finden Festlichkeiten aller Art statt, an besagtem Tag sowohl eine Trauerfeier als auch Achilles' Abschiedsparty. Ein Musik-Duo bedient beide Ereignisse gleichermaßen, die Herren müssen die Westen nur vom Schwarzen zum Farbigen tauschen. Die Gaststätte besteht aus einem Schankraum für das Tagesgeschäft, einem Saal und einem Separee, das vom Saal durch eine halbhohe Balustrade mit Pendeltüren und dicken Samtvorhängen abgetrennt ist. Der Tresen ist funktional. Dort dominieren ein Radio, aus dem Schlagermusik dudelt, und ein Regulator. An den Wänden hängen wahllos Urkunden und Medaillen von Sport-, Skat- und Gartenwettbewerben. Es gibt einen Stammtisch mit Eckcouch und Glocke, ein Billardtisch steht im Hintergrund. Im Saal befinden sich neben einfachen Stühlen und Tischen keine weiteren Einrichtungsgegenstände.

Hier treffen am Morgen einige Kollegen ein, um für die abendliche Abschiedsfeier zu dekorieren. Man hängt grüne und bunte Girlanden auf, spannt Lichterketten mit farbigen Glühlampen, und dort, wo Achilles sitzen soll, wird ein Mond-Lampion angebracht. Auf die Tische kommen karierte Decken, Teller und Besteck, Aschenbecher sowie als Schmuck kleine Nelkensträußchen. Es ist ein Wunder, dass die Männer das alles hinbekommen, denn bereits nach ihrem Eintreffen beginnen sie, sich mit Schnaps- und Bierrunden zu »stärken«. Am Abend treffen die Gäste in ihrer Ausgehkleidung ein. Es wird kräftig gegessen. Aus Schnaps und Weinflaschen bedient sich ein jeder nach Herzenslust, und Kellnerinnen sorgen ständig für Biernachschub. Vom Betrieb wird Achilles mit einer monsterhaften Kristallvase sowie einer Schwarzmeerreise beschenkt.

Das Abspielen des 16mm-Films macht einige Probleme. Ein Kollege hat sich ein besonderes Geschenk ausgedacht. Im Rahmen einer Moritat zelebriert er Säckchen mit Erde aus den fruchtbarsten Gegenden der DDR. Diese mischt er und schenkt sie Achilles für dessen Zuchtbemühungen um die blaue Blume. Lobreden werden gehalten, man streitet sich und es wird gelacht. Im Saal und auf einer Gartenterrasse wird getanzt. Als die Kamera von dieser bunt beleuchteten Fläche zur Totale hochfährt, kommt die Werkskulisse ins Bild, und die Idylle erscheint wie ein Ufo in einer apokalyptischen Welt.

Am nächsten Morgen steht Karl Achilles wie immer um fünf Uhr auf. Er geht zur verseuchten Kippe und setzt seine Versuche mit der blauen Blume fort.

Sabine Wulff (1978, Erwin Stranka)

Im November 1978 schrieb der Filmkritiker der »Weltbühne« Peter Ahrens:

> »Das Bild hatten wir lange nicht in unserer Kino-Landschaft: Vor den Kassen drängt man sich nicht wegen Jean-Paul Belmondo und Louis de Funès (...), nicht allein Miloš Formans eindringlicher und aufwühlender Film Einer flog über das Kuckucksnest (One Flew Over The Cuckoo's Nest) läuft vor ausverkauftem Haus, sondern ebenso Filme von uns, über uns, für uns.«[23]

Gemeint waren Sieben Sommersprossen (1977) von Herrmann Zschoche und Sabine Wulff (1978) von Erwin Stranka. Sieben Sommersprossen nach einem Drehbuch von Christa Kožik erzählt mit großer Leichtigkeit und Offenheit vom Liebeserwachen junger Leute. Die Protagonistin in Sabine Wulff ist wenige Jahre älter. Auch sie sehnt sich nach Liebe, doch gerade erwachsen geworden, gerät sie mit ihren Träumen und Gefühlen bereits in existenzielle Konflikte mit der sie umgebenden Realität. Beide Filme wagen in der bis dato recht prüden DEFA deutliche Nacktheit. Doch für die an FKK-Campingplätze

---

23 Peter Ahrens: DEFA-Filme zum Anstehen und Ansehen, Weltbühne 48/1978, S. 1522.

gewöhnten Menschen in der DDR dürfte das nicht vorrangiges Motiv fürs Schlangenstehen an der Kinokasse gewesen sein. Hier reflektieren Filme sehr authentisch Gefühle und Fragen, die innerhalb der ostdeutschen Gesellschaft maßgeblich von Bedeutung waren.

Dabei greift SABINE WULFF explizit Themenfelder auf, die ansonsten eher tabuisiert waren: Jugendwerkhof, exzessiver Alkoholkonsum, linksradikale Aussteigerkritik am real existierenden Sozialismus, Mangelwirtschaft und daraus erwachsende Handwerkermacht, beliebige Sexualpartnerschaft, Gewaltpädagogik seitens Funktionärseltern und vor allem immer wieder Widersprüche in einem sozialistischen Großbetrieb. Eine solch quantitative Anhäufung von Problemfeldern ist dramaturgisch nur schwer zu bändigen. Entsprechende Defizite machte nicht nur Peter Ahrens aus. Darüber hinaus schrieb er jedoch:

>»Aber jetzt, heute und bei diesem Film, ist wichtiger die Resonanz, die er auslöst. Wichtig ist, was der Film an Realitätsbeobachtung und an Haltung öffentlich macht und daß er damit sicher auch zur Problembewältigung beiträgt.«[24]

SABINE WULFF: Filmteam beim Dreh auf dem Dach

Was verhandelt wurde, wie es verhandelt wurde und welche Bilder dabei entstanden sind, das erscheint im Rückblick ausgesprochen aufschlussreich, um DDR-Sozialisierung nachvollziehen zu können.

Nachdem Sabine aus dem Jugendwerkhof entlassen worden war, findet sie bei der Witwe Prieselank ein möbliertes Zimmer als neue Bleibe in einer Wohnung, in der die Zeit offensichtlich stehen geblieben ist. Szenenbildnerin Marlene Willmann hat ein vollgestopftes Ambiente kreiert, das in der Basis auf den Stil der 1930er-Jahre zurückgeht. Überall finden sich Nippes neben Erinnerungsstücken und Fotos von Frau Prieselanks verstorbenem Mann. Auf dem Garderobenständer hängen noch dessen Hüte. Sabines Zimmer mit Bett, Schrank und Waschgarnitur wird dominiert von einem Schlafzimmerbild aus den 1920er-Jahren mit Elfenreigen-Motiv. Genau mitten auf einem Tisch mit Fransendecke steht eine Vase, großgemusterte dunkle Tapeten bedecken die Wände. Alles wirkt ausgesprochen bedrückend. Doch für Sabine symbolisiert der Raum zunächst etwas Befreiendes. Hier verfügt sie zum ersten Mal allein über ein Zimmer. Und es kommt noch besser, weil Frau Prieselank ihr gutmütig erlaubt, dass sie es ein wenig umbauen könne.

Sabine zelebriert die Renovierung des Zimmers als großes Befreiungsfest. Die Möbel werden weiß gestrichen und alles wird entweder mit roten Fußabdrücken oder blauen Handmustern dekoriert. Der Elfenreigen wird durch satirische Verfremdung in die Lebenswelt der jungen Frau geholt. Die Wirtin ist natürlich zunächst erschrocken. Doch dann feiert sie die Aktion mit ihrer Mieterin als Aufbruch aus der Erstarrung. Sabine hat zwar die Wohnung von Frau Prieselank umgestaltet, doch gemeint ist ganz offensichtlich die Abnabelung vom elterlichen Zuhause. Dort, wo ihr Vater als Funktionär mit dogmatischer Strenge herrschte, gab es eine ähnlich kleinbürgerliche Enge, die sich allein im Stil der Jahrzehnte von ihrer Gastwohnung unterschied. In jenen Räumen konnte sie nie zu ihrer Persönlichkeit finden. Nunmehr ist ihr das symbolisch an anderer Stelle gelungen. Die Vorgänge werden nie explizit kommentiert. Sie ergeben sich aus den Bildern. Doch ist es auch eine außergewöhnliche Genauigkeit, mit der in diesem Film die damalige Arbeitswelt gezeigt wird, die ihn als besonderes Dokument heraushebt.

>>Was der Film optisch (Kamera: Peter Brand) und akustisch über Frauenarbeit in einer Schuhfabrik erzählt, ist beeindruckend illusionslos, aber zugleich frei von distanziert klagender Attitüde, die so billig wie sinnlos wäre.<<[25]

---

24 Ebd., S. 1524.
25 Ebd.

An Originalschauplätzen der Schuhfabrik werden Arbeitsabläufe monotoner Fließbandtätigkeit gezeigt, die gleichzeitig mit sozialer Interaktion der Tätigen unterfüttert sind.

1994 fand an der Hochschule für Film und Fernsehen »Konrad Wolf« eine Tagung statt, die sich vergleichend mit Jugendfilmen aus Ost und West auseinandersetzte. Auch SABINE WULFF stand zur Diskussion. Einführend setzte Michael Schäplitz, damals Student der Hochschule, Strankas Film mit Uwe Frießners ein Jahr später in der Bundesrepublik gedrehtem DAS ENDE DES REGENBOGENS (1979) in Beziehung. »SABINE WULFF bietet sich förmlich an, ihn als stark sozialistisch geprägten Propagandafilm für erstrebenswerte Lebensformen in der DDR zu betrachten, der zusätzlich über streitbare gesellschaftliche Perspektiven verfügt«[26], so stieg Schäplitz in seine Analyse ein. Nanu, sollten sich die Zuschauer 1978 tatsächlich freiwillig in einen Propagandaschinken gedrängt haben? Die Wurzeln eines derartigen Widerspruchs legte die nachfolgende Diskussion bei der Tagung offen. Die DEFA-Autorin Christa Kožik, die den Film einst kritisch gesehen hatte, meinte:

> »Ich verteidige den Film heute, weil ich glaube, er ist ein künstlerisches Dokument über Leben im Sozialismus, über Wunschträume, die zum Teil propagandistisch, zum Teil verlogen waren. Aber sie hatten auch eine tiefe Menschlichkeit.«[27]

Ein weiterer HFF-Student, Tobias Kurzweg, entnahm dem Film sachorientiert eine wichtige Erkenntnis zur DDR-Gesellschaft: »An dieser Figur, die man so sehr mag, wird ein in der DDR herrschendes Grundprinzip aufgezeigt: die ständige Bewährung.«[28] Joachim Bodag, Professor der Medienpädagogik Ost, verwies bezogen auf den Referenten auf noch heute dominierende unterschiedliche Perspektiven, unter denen kulturelle Güter aus den einst konträren deutschen Systemen betrachtet werden: »Bei DAS ENDE DES REGENBOGENS geht er von der Betroffenheit der Filmemacher aus, bei SABINE WULFF stellt er hingegen sofort fest, daß der Film ein systemstabilisierender Propagandafilm war.«[29] Und sein Kollege Dieter Baacke, Professor der Medienpädagogik West, verwies auf die Ursache für die unterschiedliche Bewertung: »Ich will SABINE WULFF nicht einen Propagandafilm nennen, sondern

---

26 Michael Schäplitz: Am Ende des Regenbogens steht nicht »Sabine Wulff«, in: Ingelore König, Dieter Wiedemann, Lothar Wolf [Hg.]: Zwischen Bluejeans und Blauhemd. Jugendfilm in Ost und West, Berlin 1995, S. 142.
27 Christa Kožik: Sabine und die Moral der Männer. Diskussion, ebd., S. 152.
28 Tobias Kurzweg, ebd.
29 Joachim Bodag, ebd., S. 153.

sogar, glaube ich, einen sehr wahrhaftigen Film. Er legt nur einfach eine andere Anthropologie zugrunde als im Westen.«[30] Will man durch Spielfilme etwas über die DDR erfahren, kann man nicht a priori den Machern vorwerfen, dass sie die dortige Gesellschaft mit ihrer Kunst verbessern wollten. Dazu stand nicht nur Erwin Stranka.

»Mit SABINE habe ich versucht, etwas von der spezifischen Kompliziertheit unserer Situation zu erfassen. Unser Land befindet sich ja in einem Prozeß, in dem geistige und moralische Entwicklungen unterschiedlichster Art eine Rolle spielen. (...) Junge und alte Zuschauer sollen zum Beispiel über Ehrlichkeit heute ins Gespräch kommen oder darüber, was für wen Gerechtigkeit bedeutet.«[31]

LACHTAUBEN WEINEN NICHT (1979, Ralf Kirsten)

Abstich an einem Siemens-Martin-Ofen. Der Kamerablick ist direkt in die Schmelzkammer gerichtet. Männer brechen unter hohem körperlichem Einsatz überflüssige Schlacke aus dem Ofen. Im riesigen Schrottbunker schläft ein betrunkener Kumpel seinen Rausch aus. Zwischen Stahlträgern der Hallenkonstruktion und den Schienen von Brückenkranen befinden sich Aufenthaltsräume und Meisterbüros. Die Kantine ist mit ihren Stahlrohrstühlen ebenso rustikal und staubüberzogen anzusehen wie das gesamte Produktionsambiente. In einer Gemeinschaftsdusche nackte Männer, die sich zum Feierabend von Schweiß und Staub befreien. Vor einem angebrochenen und trüben Spiegel ist jemand mit dem Rasierpinsel zugange. Für die »kleine Wäsche« steht ein runder Steingutkessel im Raum, in dessen Mitte eine Säule mit zahlreichen Wasserhähnen. Zwischen engen spartanischen Spind-Reihen kleiden sich die Stahlwerker um. Zum jeweiligen Schichtwechsel strömt ein Pulk an Männern durch die Werktore.

Jürgen Brauer hat mit sachlich gebauten Bildern die Arbeitswelt im Stahlwerk Gröditz Ende der 1970er-Jahre außerordentlich anschaulich eingefangen. Das Szenarium schrieb Helmut Baierl nach Motiven seines Theaterstücks »Die Lachtaube«. Dafür recherchierte er längere Zeit im Edelstahlwerk Freital. Die dabei gewonnenen Erkenntnisse schlugen sich nicht nur in authentischen Handlungsabläufen nieder, sondern auch in der Wortwahl bei der Gestaltung der Dialoge. Die Dominanz der Fabrik hört nicht an den Werktoren auf, sie wirkt sich unmittelbar auf alle Sozialstrukturen innerhalb der sie umgebenden Kleinstadt aus. Mehr Anschaulichkeit über ein vergangenes

---

30 Dieter Baacke, ebd.
31 Erwin Stranka: Es geht mir immer um die Gegenwart ... Gespräch, Kino DDR 11/1978, S. 5.

Industriezeitalter zu vermitteln, ist fast nicht möglich, auch nicht durch einen Dokumentarfilm, der kaum Zeuge solch intimer Situationen sein kann – und schon gar nicht in einem aufgeräumten Industriemuseum.

Zum Inhalt der Inszenierung durch Ralf Kirsten schrieb im Rückblick Klaus Wischnewski, es sei ein Film »über den Zusammenstoß zwischen Betriebsleitung und Stahlschmelzer-Brigade, in dem es um Rechte, Demokratie, Mitbestimmung geht oder um die Kunst, Industrie und Sozialismus zu verbinden«[32]. Tatsächlich ging es sowohl dem Autor als auch dem Regisseur um Anregungen, den von ihnen erlebten realen Sozialismus in Richtung eines erträumten Sozialismus zu entwickeln. Damit riskierten beide allerdings, in die Fänge der Agitatoren zu geraten. Und tatsächlich, der PROGRESS-Pressematerialien nahm sich der Filmkritiker des »Neuen Deutschland«, Horst Knietzsch, höchstpersönlich an. Er legte Thema und Konfliktentwicklungen des Films geradezu in den Mund seines SED-Generalsekretärs:

> »Erich Honecker hat auf dem VIII. Parteitag erklärt: Nichts geschieht bei uns um seiner selbst willen, sondern alles dient dem Wohl der Menschen, den Interessen der Arbeiterklasse und aller Werktätigen. LACHTAUBEN WEINEN NICHT ist ein künstlerischer Diskussionsbeitrag, der dazu auffordert, diese Orientierung niemals aus den Augen zu verlieren, überall feinfühlig auf Sorgen und Probleme der arbeitenden Menschen einzugehen und ihr Vertrauen zur Partei und zu ihrem Staat zu stärken.«[33]

Damit war für den Film das Verdikt, ein Propagandawerk zu sein, vorprogrammiert. Von diesem Stigma kam er im Verlauf der Rezeptionsgeschichte nicht mehr los. Doch solche Einschränkung wird dem Potenzial des Films nicht gerecht. Neben den Bildern des Stahlwerks liefert er einen interessanten Einblick in innergesellschaftliche Auseinandersetzungen der DDR. Dabei verweist er auf Widersprüche, die aus heutiger Sicht – unter Kenntnis des weiteren Geschichtsverlaufs – als systemimmanent und deshalb innerhalb des Systems als nicht lösbar wahrgenommen werden. Ralf Kirsten dagegen verdeutlichte solcherlei Widersprüche mit filmischen Mitteln in dem Glauben, sie seien im aktuellen Kontext lösbar.

Ein Problem lautet etwa, dass Leitungskader nicht mehr auf das Wort der Arbeiter hören. So baute Harry Leupold ein Direktorenbüro, welches die Phra-

---

32 Klaus Wischnewski: Träumer und gewöhnliche Leute 1966 bis 1979, in: Ralf Schenk: Das zweite Leben der Filmstadt Babelsberg. DEFA-Spielfilme 1946-92, Berlin 1994, S. 260.
33 Horst Knietzsch: Anregender Diskussionsbeitrag zum Thema: künstlerische Gestaltung aktiver Erbauer des Sozialismus, Kino DDR 9/1979, S. 23-24.

<small>LACHTAUBEN WEINEN NICHT:</small> Uwe Kockisch (l.), Eberhard Mellis

sen des Werkleiters optisch eindrucksvoll konterkariert. Im Mittelpunkt des Raums steht ein wuchtiger Schreibtisch mit Telefon, Unterschriftenmappen und Stahlarbeiterplastik, der jeden Besucher auf Distanz hält. Im Hintergrund, mit ironischer Bezüglichkeit, ein Ölgemälde, das Lenin im Gespräch mit Arbeitern zeigt. In einer Schrankwand zahlreiche Devotionalien des sozialistischen Aufbaus sowie ein Fernsehapparat, geschmückt mit einem Propagandawimpel. Vor dem Schreibtisch liegt ein Orientteppich, dahinter befindet sich mit den entsprechenden Stühlen und obligatem Aschenbecher ein massiver Konferenztisch. Dazu eine Sesselecke im selben Stil. Abgerundet wird alles durch dichte Gardinen und Standard-Topfpflanzen. Geradezu undurchdringlich erscheint die Tür: dick gepolstert gegen eventuelle Lauscher.

Entsprechend seiner Rolle als Vermittler, die ihm zugesprochen wird, hat der Parteisekretär ein schlichteres Büro in unmittelbarer Nähe zum Produktionsbereich.

Ein weiteres Konfliktthema, das im Film deutlich angesprochen wird, ist die miserable Wohnsituation für viele der Arbeiter. Davon betroffen ist der Schmelzer Rolf Ziener, genannt »Lachtaube«. Er ist mit sechs Geschwistern

149

in engen Verhältnissen aufgewachsen. Er will erst dann selbst heiraten, wenn er seiner Braut eine vernünftige Wohnung bieten kann. Bisher lebt er entweder im Wohnheim oder bei seiner Freundin in einer spartanischen Dachkammer, wo er sich an einem Ausgussbecken unterhalb der engen Treppenstiege waschen muss. Weil Lachtaubes Wohnungsgesuche ständig abgelehnt werden, nimmt sich sein Kollege Hubert Zementhin der Sache an. Der war wegen allzu ruppiger Leitungsmethoden gerade als Direktor eines anderen Stahlwerks abgelöst worden und sucht nun Läuterung als einfacher Schmelzer auf der Ofenbühne. Jetzt nimmt er nochmals seine vormalige Rolle ein und eilt mit Lachtaube im Schlepptau zum Wohnungsamt.

Christiane Dorst hat das Duo eindrucksvoll eingekleidet. Hier der Aktivist der Aufbaujahre im Ledermantel eines Kommissars, mit Pelzmütze auf dem Kopf, dort der widerständige Geist in Jeans und Nonkonformismus symbolisierendem Parka. Zementhin stürmt vorbei an den zahlreich Wartenden in die Büroräume der Wohnraumlenkung. Er ignoriert die Sachbearbeiterin, tritt mit einem Wortschwall an Parolen und Drohungen vor den leitenden Bürokraten, dem das Schicksal so vieler Menschen anvertraut ist. Der kleine Herrscher wähnt sich einem großen Herrscher gegenüber und wird zum liebedienernden Untertan. Lachtaube bekommt umgehend die langersehnte Wohnungszuweisung.

Die neue Wohnung liegt wieder in einem alten Haus. Doch hier fällt kein Putz von den Wänden. Die Räume sind groß genug, um sich das Leben mit einer Familie darin vorstellen zu können. Ein Elektroherd funktioniert trotz der alten Überputzstromleitungen. Über einem Doppelwaschtisch hängt ein Boiler zur Warmwasserbereitung. Das größte Ereignis ist für Lachtaube in diesen Räumen eine Wanne mit Badeofen hinter einem wasserabweisenden Vorhang. Hier ist eine Perspektive angedeutet, die vielleicht auch dafür sorgt, dass Lachtaube nicht mehr so viel Zeit wie bisher in Kneipen, die der Film ebenfalls in aller Anschaulichkeit zeigt, verbringen wird.

DIE STUNDE DER TÖCHTER (1980, Erwin Stranka)

Mit Beginn der 1980er-Jahre war mit zunehmender Deutlichkeit zu spüren, dass dem Gesellschaftsprojekt DDR die Luft ausgeht. Mit hehren Parolen und Geschichten von Arbeitshelden, an denen man sich orientiert und die die Gemeinschaft mitreißen, war im realen Leben und damit auch in Filmen, die das thematisieren wollten, endgültig kein Blumentopf mehr zu gewinnen. Das heißt nicht, dass DEFA-Filme nicht mehr aufgriffen, was im weitesten Sinne mit Arbeit zu tun hatte. Stärker als es bisher schon angeklungen war, standen nun das Suchen nach dem Sinn der Arbeit und die Frage nach Konsequenzen für eine individuelle Entwicklung im Mittelpunkt. Wiederum Erwin Stranka legte 1981 mit DIE STUNDE DER TÖCHTER eine Art Bilanzfilm vor.

Richard Roth, ein mit allen Insignien der Aufbaugeneration ausgestatteter Kaderleiter im VEB »Weimar-Werk« – hier stellten um 1980 zirka 6.000 Beschäftigte überwiegend Landwirtschaftsmaschinen und Krane her –, erleidet einen Herzinfarkt. Das verschafft ihm die Gelegenheit, seine vier Töchter, die völlig unterschiedliche Lebenswege gegangen sind, um sich herum zu versammeln. Erzählt wird von Ruth, die in verantwortlicher Position auf einer Werft eine dem Vater am nächsten stehende Entwicklung genommen hat. Subjektive Lebensansprüche hat sie dabei mit fatalen Konsequenzen vernachlässigt. Ganz das Gegenteil repräsentiert Eva. Sie hat ihren Beruf als Lehrerin aufgegeben, um ausschließlich die schöne Ehefrau an der Seite eines wohlhabenden Chirurgen geben zu können. Als der Gatte schließlich von einer Tagung im Westen nicht zurückkommt, steht sie vor innerer und äußerer Leere. Gerda repräsentiert jene berufstätigen Frauen, die Arbeit und Sehnsucht nach Familienglück in Übereinstimmung bringen wollen. Die Möglichkeit des Scheiterns ist dabei, wie im konkreten Fall bei Gerda, inbegriffen. Nanny als jüngste Tochter ist noch nicht festgelegt. Sie genießt das Leben. Mit ihr wird sachte eine Hoffnung angedeutet, dass alles besser und leichter werden könnte.

Eine derart breit angelegte Konfliktstruktur lässt die Erzählung vielfach zerfasern. Daher wirkt der Film wie ein didaktisch aufbereiteter Bilderbogen. Dennoch ist ihm nicht abzusprechen, dass er vordergründig das erfüllt, was Stranka erreichen wollte. »Dieser Film wurde mit der Absicht gemacht, Lebenshaltungen im gegenwärtigen Zeitraum an der Grenzscheide zwischen zwei Weltsystemen zu zeigen.«[34] Sehr genau sind nicht nur verschiedene Arbeitsräume, sondern in erster Linie unterschiedliche soziale Lebensräume in der DDR zu Beginn der 1980er-Jahre zu erleben. Das macht die Inszenierung zu einem aufschlussreichen zeithistorischen Dokument.

Richard wohnt in einer großen, vormals herrschaftlichen Wohnung. Auf Letzteres deuten die hohen Räume, mächtige Flügeltüren und ein aus figürlich gestalteten Kacheln bestehender Ofen hin. Hier sind alle vier Töchter aufgewachsen, aber nur Nanny lebt noch beim Vater. An den Wänden hängen Fotos von Richards verstorbener Frau und Erinnerungen an sein Arbeitsleben. Die Einrichtung besteht aus robusten, jedoch weitgehend abgenutzten Möbeln der 1950er-Jahre. Dominant sind ein Telefon, was auf die gesellschaftliche Bedeutung Richards verweist, und ein Fernsehapparat. Das Wohnensem-

---

34 Erwin Stranka: Von der Faszination der Entwicklungsmöglichkeiten. Gespräch mit Ilse Jung, Kino DDR 2/1981.

ble scheint in erster Linie vom Gebrauchswert her von Bedeutung zu sein. Doch als die Töchter in guter Absicht während Richards Krankenhausaufenthalt alles modernisieren, zeigt sich, dass für den Sechzigjährigen die alte Einrichtung nicht nur voller Lebenserinnerungen steckt, sondern dass sie für ihn wesentlich das Gefühl von Geborgenheit ausmacht. So müssen die sachlichen Regale, das klapprige Kunstledersofa und der kalte Glastisch im Design der frühen 1980er zugunsten der alten Möbel wieder verschwinden.

Gerda lebt mit den Kindern in einer mit vielerlei Dingen verstopften Kleinstwohnung. Spielzeug und Basteldinge sind Zeichen einer versuchten liebevollen Hinwendung zu den Kindern. Das sonstige Chaos aber verdeutlicht, dass die junge Frau mit beruflicher und familiärer Beanspruchung überfordert ist. Das ganze Gegenteil ist die opulente Villa, in der Eva mit ihrem Chirurgen wohnt und wo sie gestalterischen Ambitionen freien Lauf lassen kann. Überall finden sich Antiquitäten, die Möbel sind vom Feinsten und die Accessoires stammen nicht nur aus dem volkseigenen Handel. Der Mediziner verdient offenbar sehr gut. Doch das wird nicht in plumper Weise denunziert. Deutlich wird, dass der Mann sehr hart arbeitet und dabei eine hohe Verantwortung trägt. Auch das Motiv für seinen Weggang in den Westen wird angedeutet. Sein Ehrgeiz, in der Leitungsebene ganz nach oben aufzusteigen, wurde hintertrieben, weil er nicht Mitglied der SED ist. Darüber hinaus findet seine wissenschaftliche Arbeit wenig Aufmerksamkeit.

Ruth, die sich ganz ihren Leitungsaufgaben auf einer Werft hingibt, lebt allein in einer kleinen Wohnung, die voller Anspielungen auf ihr Arbeitsleben ist. Hier gibt es keine Zeit, um am Morgen das Bett zu machen. Der Lebensmittelpunkt ist ein Tisch voller Unterlagen, mit Handbüchern und einer Schreibmaschine. Hier fehlt auch nicht das »Neue Deutschland«, die großformatige Tageszeitung, die sich in der DDR bei der politischen Orientierung für maßgebend hielt.

Dach überm Kopf (1980, Ulrich Thein)

Das Jahr 1980 war für die DEFA ausgesprochen erfolgreich. Und nächstes Jahr am Balaton (1980, Herrmann Zschoche) sowie Solo Sunny (1978/79, Konrad Wolf) lockten mehr als eine Million Zuschauer ins Kino. Die Verlobte von Günter Reisch und Günther Rücker blieb nur knapp unter dieser magischen Marke, und Dach überm Kopf erzielte mit 388.506 Besuchern ebenfalls noch einen beachtlichen Zuspruch.[35] Hier hatte Ulrich Thein im

---

35 Ines Walk: DEFA in Zahlen. Zusammengestellt vom Filmmuseum Potsdam mit Unterstützung der DEFA-Stiftung.

Vergleich zu Erwin Stranka einen völlig anderen stilistischen Zugang zu den Arbeits- und Lebensverhältnissen in der DDR gefunden: »Ich strebte ein volksstückhaftes Kammerspiel mit jedwedem Mut zum Ausspielen der emotionell-dramatischen Vorgänge an.«[36]

Mit überwiegend komödiantischen Mitteln suchte Thein nach dem Sinn des Daseins von ganz normalen Menschen, deren zentrale Lebensdeterminante völlig selbstverständlich die Arbeit ist. Bereits die Eingangssequenzen des Films erzählen mit authentischer Wucht von einem Soziotop, welches in solcher Art bei der retrospektiven Betrachtung der DDR kaum vorkommt. Die Enddreißigerin Karoline Gluth arbeitet auf der Insel Rügen im »Deutschen Haus«, einer Gaststätte, die durch Karolines Kochkünste und die strenge Leitung der Mutter für die Familie eine Goldgrube darstellt. Doch in der Mitte ihres Lebens beschließt Karoline, für ihre Familie völlig überraschend, aus den gewohnten Strukturen auszubrechen. Am Stammtisch neben dem Tresen setzt sie sich nach heftiger Diskussion gegenüber der Mutter durch. Sie nimmt ihr Erspartes und macht sich auf den Weg nach Berlin, wo sie am Stadtrand auf gut Glück ein Häuschen gekauft hatte.

Doch das potenzielle Heim erweist sich als baufällige Bruchbude. Voreiliges Aufgeben ist aber nicht Karolines Art. Mit Herz und pragmatischem Verstand erschließt sie sich beim Versuch, das Haus bewohnbar zu machen, eine ganz spezielle Männerwelt. Vermittelt durch einen ihr wohlgesonnenen jugendlichen Außenseiter rücken peu à peu Bauarbeiter als Feierabendbrigaden auf ihrem Grundstück an. Die Anbahnung der Geschäfte und die dann folgenden Abläufe werden ausgesprochen doppeldeutig erzählt. Zunächst erscheint alles wie ein Mafia-Arrangement. Da ist von einem mysteriösen »Boss« die Rede, und Karoline muss Rollen annehmen, die sie für den seine Arbeit Gebenden irgendwie wichtig erscheinen lassen. Vor allem aber werden immer wieder Summen geraunt, die das Konto der Hilfesuchenden schnell abschmelzen lassen. Beim Elektriker wird sogar von halbe-halbe geredet. Das heißt eine Hälfte in Ostmark, die andere in Westmark.

Der Film erzählt über diese Art der Schattenwirtschaft in keiner Weise anklagend. Hier wird etwas sehr realistisch aufgenommen, was beim privaten Baugeschehen in der DDR in deren letztem Jahrzehnt gängige Praxis war. In heiterer Weise geht es letztendlich darum, wie sich der Einzelne in den nun mal vorhandenen Strukturen zu behaupten versteht. Geld war bei den Auftraggebern offensichtlich kein Problem, es fehlte allenthalben an Ma-

---

36 Ulrich Thein: Ein volksstückhaftes Kammerspiel. Gespräch mit Hans-Dieter Tok, Kino DDR 9/1980, S. 43.

DACH ÜBERM KOPF: Renate Geißler, Dieter Franke

terial und Arbeitern. Damit verbunden war eine latente Verschiebung von Sozialprestige. Was war schon ein Lehrer mit seinem spärlichen Einkommen gegenüber einem staatlich und privat vielfach gepäppelten Maurer?

Der »Boss« erweist sich dann auch als der hochgeschätzte Brigadier Kotbuß, der auf der einen Seite um die Planerfüllung bei der Errichtung von Neubaugebieten ringt und auf der anderen Seite an den Wochenenden für sich und seine Kollegen Gelegenheiten für Schwarzgeldeinkünfte heranschafft. Dieser Mann ist ein bärbeißiger Typ, der Karoline erst einmal unumwunden erklärt, dass sich bei ihrer Hütte keine Reparatur mehr lohne. Doch die Frau hat sich etwas in den Kopf gesetzt und da kann sie ebenso hartnäckig wie der Baumeister sein. Die Auseinandersetzung zwischen den beiden läuft auf einer sehr menschlichen und dabei subtilen Ebene ab. So hart, wie jeder von ihnen sein kann, so viel Sensibilität liegt in ihnen verborgen. Also wird gebaut und das nicht nur, weil Karoline bereit ist, den horrenden »Berliner Kurs« zu zahlen. Dabei nimmt naturgemäß das Häuschen eine zentrale Rolle ein.

Für den Szenenbildner Harry Leupold bestand die Aufgabe darin, ein kaputtes Haus zu zeigen, dann Umbauetappen aktiv während der Filmhandlung zu verdeutlichen und schließlich den turbulenten Abriss des ganzen Ensembles zu zelebrieren. Gleichzeitig galt es, Karolines Leben in das ihr bis vor kurzem unbekannte Domizil zu bringen. Dabei ging es nicht nur um Kälte oder Wärme, je nachdem ob der Schornstein funktioniert oder nicht. Anfänglich ist da nur morbide Kargheit, die eher Verlorenheit denn Aufbruch symbolisiert. Langsam entsteht Geborgenheit, temporär ergeben sich gemütliche Ecken, die gleichzeitig etwas von der Vision der Frau verdeutlichen. Ein Dauerbrandofen vermittelt wohnliches Behütetsein. Vor dem Fenster steht ein Korbsessel, daneben ein Tisch, an dem Karoline ihre Post erledigen kann. Es ist ein bescheidenes Glück, das hier angedeutet wird, doch es ist *ihr* Glück.

Allmählich entwickelt sich eine Art Liebesbeziehung zwischen Karoline und Kotbuß. Es ist berührend zu sehen, wie die beiden erwachsenen Menschen ganz schüchtern Zeichen der Zuneigung austauschen. Jeder von ihnen hat nicht nur ein Kind aus früheren Beziehungen, sondern beide sind auch sichtbar misstrauisch gegenüber allzu deutlicher Darstellung von Gefühlen der Hoffnung. Man könnte sich ja täuschen. Am Ende wird zwar ein nagelneues Haus auf Karolines schönem Grundstück gebaut, doch wer dort schließlich einzieht – das bleibt der Phantasie des Zuschauers überlassen.

Ein deutliches Kompliment von Kotbuß an Karoline ist der Umstand, dass er sie zur Weihnachtsfeier seiner Kollegen einlädt. Man habe ordentlich Geld verdient, da könne man es auch mal krachen lassen. Der Mann führt seine Begleitung zum Berliner Palast der Republik. Über Seitentreppen eilen sie in fremd wirkender Abendgarderobe in die oberste Etage der Veranstaltungsstätte, die nach außen gemeinhin als Ort großer Politinszenierungen bekannt ist. Kotbuß öffnet die Tür eines Nebensaals. Drinnen singt das damals im Osten sehr beliebte Schlagerduo Monika Hauff und Klaus-Dieter Henkler, dazu schunkeln die Bauleute an weißgedeckten, in quadratischer Konferenzordnung aufgestellten Tischen beseelt mit ihren Ehefrauen. Herzlich willkommen in der ganz normalen DDR des Jahres 1980.

ALLE MEINE MÄDCHEN (1979, Iris Gusner)

Ebenfalls 1980 hatte Iris Gusner mit ALLE MEINE MÄDCHEN einen Film vorgelegt, der zwar unmittelbar in den Produktionsbereich hineingeht, dort aber weniger Produktionsbilanzen und Plananstrengungen verhandelt, sondern explizit die zwischenmenschlichen Beziehungen der beteiligten Arbeiterinnen, insbesondere die Aufmerksamkeit füreinander, hinterfragt. Dabei zeigt sich eine starke Diskrepanz zwischen der gern beschworenen sozialistischen Menschengemeinschaft und den realen sozialen Strukturen. Transportiert wird die Geschichte über die Figur eines Regiestudenten, der eine Frauenbrigade im Berliner Glühlampenwerk NARVA porträtieren will. Gusner gelingt es, zusammen mit ihrem Kameramann Günter Haubold, die Arbeitssituation in einem Großbetrieb ausgesprochen stimmig einzufangen. Die Regisseurin sagt über ihre Inszenierung:

>Vor den Dreharbeiten ließ ich ›meine Mädchen‹ eine Woche in NARVA am Band arbeiten, damit sie Haltung, Gestus und Tonfall der Arbeiterinnen studieren konnten, die sie später darstellen sollten. Das ist ihnen so gut gelungen, daß der russische Regisseur Alexander Mitta einmal zu mir sagte, er hätte anfangs geglaubt, echte Arbeiterinnen spielen da. Das NARVA-Werk war sehr entgegenkommend, und trotz der harten Drehbedingungen – Lärm der Maschinen, wahnsinnige Hitze, Anpassung an die laufende Produktion in der Werkhalle – haben wir diesen Film sehr gern und fröhlich gedreht. Vielleicht ist diese Lebensfreude, die der Film ausstrahlt, einer der Gründe dafür, daß ich mit der in ihm enthaltenen gesellschaftlichen Kritik zum ersten Mal ›oben‹ nicht aneckte und mir einige Freunde sogar den Vorwurf machten, ich hätte das Leben geschönt.«[37]

Aus meiner Sicht – auch geprägt durch eigene Erfahrungen im Ost-Berliner Glühlampenwerk – ist hier nichts geschönt. Mit ALLE MEINE MÄDCHEN liegt ein wahrhaftiger Film über ein Stück reales Leben in der DDR vor.

Marie, die Meisterin der Mädchenbrigade, bricht nach einer spannungsgeladenen Versammlung gegenüber den jungen Frauen, die sie bisher mit geradezu mütterlicher Wärme und Strenge geführt hatte, körperlich zusammen. In Erregung hatte sie bei dem Treffen über ein Notizbuch gesprochen, in dem sie Fehlzeiten festhielt. Das sahen die Mädchen als Vertrauensbruch. Marie gibt daraufhin die Schlüssel ab und verlässt die Fabrik. Als die Brigade ihre Chefin in deren Wohnung besuchen will, um die Situation zu klären, können sie nur einen kurzen Blick auf eine völlig zerstörte Einrichtung werfen. Die Gardinenstange hängt herab und alle Sachen sind wild durcheinandergeworfen. Marie hat offensichtlich das erlitten, was man heute Burn-out nennt. Nachdem die Frau geheilt ist, besucht der angehende Regisseur sie in ihrer Wohnung. Diese liegt in einem überdimensionierten, völlig anonymen Neubaublock.

Während Marie über ihre große Liebe spricht, die sie nach Kriegsende verloren hat, erzählt die von Dieter Adam gebaute Wohnung etwas über ihre innere Seelenlage. Mit dem Besucher steht sie zunächst in der fensterlosen Küche, die mit einer Tapete ausgestattet ist, auf der holländische Fliesen imi-

---

37 Iris Gusner, zitiert nach: Ingrid Poss, Peter Warnecke (Hg.): Spur der Filme. Zeitzeugen über die DEFA, Berlin 2006, S. 358-359.

tiert sind. Vor ihnen die verglaste »Durchreiche«, wie sie in den Typenbauten immer wieder vorkommt. In deren Regalfächern bulgarische Hirtentrinkflaschen und andere Souvenirs aus sozialistischen Reiseländern sowie Schnapsgläser. An der Wand verteilt folkloristisch bemalte Holzbrettchen, Strohblumen und ein präparierter Zwiebelzopf, wie es ihn als Besonderheit auf dem Weimarer Zwiebelmarkt gibt. Das Pilzessen des Regisseurs schlägt Marie aus. Bei ihr gibt es, wie oft, Bockwurst und Kartoffelsalat.

Das Wohnzimmer ist im Gegensatz zum ersten Eindruck, den die Kamera vermittelt hatte, komplett aufgeräumt. Hier finden sich eingerahmt von großgemusterter Tapete, die durch Kunstdrucke, einen Wandteppich und Blumentöpfe kontrastiert wird, die üblichen Dinge: Schrankwand, Sitzgarnitur, eine Blumenbank und eine Zeitungsablage. Alles wirkt, als werde hier nicht gelebt. Auf dem Sofa sitzt Wilhelm, ein stiller Trinker, der bei Marie Geborgenheit sucht und ihr dabei eine Illusion von Wärme vermittelt.

Der Trinker erscheint in diesem Film symptomatisch. Es gibt keinen anderen DEFA-Gegenwartsfilm, in dem die DDR-Volksdroge Alkohol derart explizit ins Bild gesetzt wird. Bei der Versammlung der Mädchenbrigade steht

ALLE MEINE MÄDCHEN: Barbara Schnitzler, Madeleine Lierck, Evelin Splitt (v. l. n. r.)

wie selbstverständlich Nordhäuser Doppelkorn auf dem Tisch. Wilhelm reichert schon das Frühstück mit Wodka an, und bei einem Dorftanz greifen die jungen Leute geradezu extensiv nach den Schnapsgläsern. Ein Dozent an der Filmhochschule formuliert gegenüber einer sichtbar schuldbewussten Kollegin, dass die gebildeten Frauen nicht in die Kneipe gingen, sondern abends allein zu Hause trinken. Und niemand spreche darüber.

Die Zuschauer beim ersten Nationalen Spielfilmfestival der DDR in Karl-Marx-Stadt haben den Film als eine wahrhafte Bestandsaufnahme ihrer Gesellschaft empfunden und verhalfen ihm zum Publikumspreis. Doch anders als von Iris Gusner zunächst gedacht, ging hier, wie auch andernorts immer häufiger, die Sicht des Volkes und derer »da oben« ziemlich weit auseinander. Im November 1981 bediente sich die Parteiführung ausgerechnet eines »Volks-Avatars«, um jegliche Tendenz der Nachdenklichkeit im DEFA-Spielfilm in die Schranken zu weisen. »Hubert Vater«, angeblich Hauptmechaniker im VEB Kraftverkehr Erfurt, schrieb auf Seite 2 im »Neuen Deutschland«, dass ihm die meisten Filme über unsere Zeit viel zu wenig sagen:

> »Ich spüre darin zu wenig Stolz auf das, was die Arbeiterklasse und ihre Partei im Bunde mit allen Werktätigen unseres Landes an Großem vollbracht hat in den Jahrzehnten bis heute. Wo sind die Kunstwerke, die das – ich nenne es so – Titanische der Leistungen bewußt machen, die in der Errichtung, im Werden und Wachsen unseres stabilen und blühenden Arbeiter-und-Bauern-Staates besteht?«[38]

Über diesen Leserbrief gab es allgemein viel bitteres Lachen. Offenbar hatten nun die führenden Genossen völlig das Gespür für die Realität verloren. Für die direkt angesprochenen Filmkünstler ging es hier allerdings um existenzielle Fragen. Wenn selbst Filme wie die von Stranka und Gusner, die sich als konstruktive Beiträge zur Diskussion über die Verbesserung der DDR-Gesellschaft verstanden, in Misskredit gerieten, wohin sollte das dann führen? Immerhin, von heute aus gesehen bedeutet diese Art Misskredit eher ein Ausweis dafür, dass man sich mit seiner Arbeit nahe an dem, was wirklich war, befand.

ZWEI SCHRÄGE VÖGEL (1989, Erwin Stranka)

Im Hubert-Vater-Brief heißt es an einer anderen Stelle: »Mit welchem Wagemut stellt man sich den Anforderungen, die aus der wissenschaftlich-technischen Revolution, aus der Entwicklung auf den Weltmärkten erwach-

---

38 Hubert Vater: Was ich mir von unseren Filmemachern wünsche, Neues Deutschland, 17.11.1981.

sen?«[39] Gemeint waren die »Produktionseinheiten in Gestalt der Kombinate«, die nicht ausreichend gewürdigt würden. Erst Ende der 1980er-Jahre konnte Erwin Stranka auf solcherlei Replik antworten. Allerdings ganz und gar nicht so, wie sich das der Schreiber des Vater-Briefs gedacht hatte. Im September 1989 kam Strankas Film ZWEI SCHRÄGE VÖGEL über zwei Computerexperten, die in tiefster Provinz eine Hightech-CNC-Maschine in Gang bringen sollen, ins Kino. Dabei handelt es sich allerdings nicht um jenen erwarteten Erbauungsfilm zum gelingenden wissenschaftlich-technischen Fortschritt, sondern um eine ziemlich derbe Satire über Bürokratie und Formalismus in der sozialistischen Wirtschaft.

»Ich entsinne mich nicht, je eine solche Stimmung im Kino erlebt zu haben. Es gab, eingebettet in bescheideneres Lachen, mindestens dreißig rollende Lachsalven, mehrfachen Szenenapplaus, dazu schätzungsweise fünf Minuten Schlußbeifall, der in das allseits beliebte rhythmische Klatschen mündete. Man konnte sich offenbar ganz und gar identifizieren mit Art und Inhalt des kritischen Vortrags und wollte sich schier scheckig lachen, obwohl es, wie ich beim Hinausgehen von einer jungen Dame hörte, ›eigentlich zum Weinen‹ sei«,[40]

so blickte Günter Sobe in seiner Filmkritik auf die Berliner Premiere zurück. Hier zeigte sich, wie viel Dampf im Kessel war, der nur knapp zwei Monate später die Mauer zum Einsturz brachte. Bezeichnenderweise meinte der Drehbuchautor Diethardt Schneider in einem Gespräch mit dem »Filmspiegel« auf die Frage, was an seinen Vögeln eigentlich schräg sei:

»Für mich war ›schräg‹ ein Wort für eine Lebenshaltung, die sich darin äußert, daß man seine individuellen Eigenheiten, Begabungen, Bedürfnisse und Interessen durchsetzen will in der Gesellschaft. Das ist eine Haltung, die ich für notwendig erachte, auch dort, wo sie unbequem, ungewöhnlich, vielleicht sogar schockierend oder überheblich wirkt.«[41]

Mit solchen Ansprüchen war die erstarrte DDR-Gesellschaft, wie sich längst zeigte, überfordert. Bei einer Vorführung des Films 2019 an der Technischen Universität Ilmenau habe ich beim Publikum nur noch ein eher müdes Lächeln erleben können. Allenfalls beim Thema »Optimierung der Raumbele-

39 Ebd.
40 Günter Sobe: Kam ein schräger Vogel geflogen ..., Berliner Zeitung, 27.9.1989.
41 Diethardt Schneider: Im Gespräch mit Karl-Heinz Dorschner, Filmspiegel 18/1989.

gung an der Uni« erwies sich der Stoff nach wie vor als brisant. Und noch etwas fand besondere Aufmerksamkeit. »Die Mädchen (Simone Thomalla und Gerit Kling) sind reizend anzusehen, ob sie mehr können, ist nach diesem Film schwer zu beurteilen«,[42] schrieb 1989 Felicitas Knöfler in der »Tribüne«, und da gab es im Publikum nunmehr einige Experten, die das Frau Knöfler gern beantwortet hätten. Ansonsten war es selbst angesichts solcher Satire erstaunlich, wie deren realitätsnahe Bilder zum differenzierten Gespräch über DDR-Wirklichkeit anregten.

EINE SONDERBARE LIEBE (1984, Lothar Warneke)

Zwischen Vater-Brief und dem Wendejahr 1989 gab es natürlich weitere Filme, die in der Arbeitswelt angesiedelt waren. So etwa UNSER KURZES LEBEN (1980, Lothar Warneke), DER HUT DES BRIGADIERS (1985, Horst E. Brandt) oder LIANE (1987, Erwin Stranka). Alle vermitteln Bilder, die Einblicke in ostdeutsche Lebenswirklichkeit ermöglichen. Doch thematisch ist meist eine gewisse Verunsicherung zu spüren. Man vermeidet die eigentlichen Konflikte und vermittelt Scheinlösungen, bei denen sich die »Abweichler« meist einsichtig zeigen. Eine Ausnahme ist in jener Zeit Lothar Warnekes EINE SONDERBARE LIEBE aus dem Jahr 1984. Der Filmkritiker Hans-Günther Dicks hat den Plot des Films anlässlich des West-Berliner Kinostarts 1986 wunderbar auf den Punkt gebracht:

> »Der Titel paßt. Sonderbar ist fast alles an dieser Liebe zwischen Sibylle Seewald und Harald Reich, wenn man es denn überhaupt eine Liebe nennen will. Jedenfalls endet ihre Beziehung dort, wo sie üblicherweise anfängt: beim Sich-Kennenlernen. Damit nicht genug, sie beginnt auch mit dem, was im ›ordentlichen‹ Liebesfilm das Kennenlernen abschließt: die erste heiße Liebesnacht.«[43]

Für einen gängigen Liebesfilm recht ungewöhnlich ist auch das Alter der Protagonisten. Beide, Sibylle und Harald, sind jeder fast vierzig Jahre alt, womit sie schon einen ordentlichen Teil ihrer Lebenswege im Gepäck tragen. Lothar Warneke hat gemeinsam mit Wolfram Witt, damals DEFA-Neuling, und der Dramaturgin Erika Richter die Geschichte direkt von den beiden Hauptfiguren her entwickelt. Dabei habe unmittelbar eine Erfahrung mit einer Nebenfigur aus seinem vorausgegangenen Erfolgsfilm DIE BEUNRUHIGUNG (1981) nachgewirkt.

---

42 Felicitas Knöfler: Flotte Sprüche und Bonmots. DEFA-Premiere zu den 17. Tagen des sozialistischen Films in Cottbus: »Zwei schräge Vögel«, Tribüne 13.9.1989.
43 Hans-Günther Dicks: Ins Bild gerückt, was Hollywood verdrängt hat. Westberliner Kinostart des DEFA-Films »Eine sonderbare Liebe«, Die Wahrheit, 19.3.1986.

»Die Rolle der Richterin, die Walfriede Schmitt spielt, also eine Frau, die trotz ihres beruflichen Einsatzes und Erfolges dennoch verkümmert ist, hat auf vielen Filmforen ein großes Interesse erweckt, so daß ich die Frauenfigur, die jetzt geschaffen werden sollte, immer mehr in dieser Richtung sah. Es sollte also nicht mehr eine Frau sein, die einen liberalen Lebensstil hat wie die Psychologin Inge Herold, sondern eine, die diszipliniert lebt, die von da gewisse Handicaps mitbringt.«[44]

Damit wurde ein zentrales gesellschaftliches Problem der DDR in den 1980er-Jahren in den Mittelpunkt der Filmerzählung gerückt. Gerade bei den Leistungsträgern – jenen, die sich immer angesprochen fühlten, wenn es hieß, man müsse alle Kraft in die Arbeit stecken, damit es mit der erhofften sozialistischen Entwicklung vorangehe – stellte sich die Frage, was das eigentlich für ihr persönliches Lebensglück bedeutet habe. Warneke verlegte den Handlungsraum des Films in die industrielle Arbeitswelt, also dorthin, wo laut Wolfgang Engler zwar nicht die Macht ausgeübt wurde, von wo jedoch die sozialen Prägungen des Landes ausgingen.

Harald ist Elektriker im VEB Sodawerk »Karl Marx« in Bernburg an der Saale. Sibylle leitet die Großküche im selben Betrieb. Sie investiert ihre gesamte Kraft als Chefin der Küchenabteilung in die Arbeit, setzt ihre Ziele durch, ist streng und macht sich dabei scheinbar völlig emotionslos bei ihren Mitarbeiterinnen unbeliebt. Gelegentlich sucht sie sich willige Partner für temporäre sexuelle Begegnungen. Ansonsten konzentriert sie ihre Gefühle auf ein Meerschweinchen, das bei ihr in der steril wirkenden Neubauwohnung lebt.

Sibylle kommt genervt von der Arbeit nach Hause. Im Einkaufsnetz ein paar schnell besorgte Lebensmittel und eine Bierflasche. Vor dem Nachbareingang ihres Blocks stehen ein Polizeiauto, ein Krankenwagen und ein Leichentransporter, flankiert von einer Menschentraube. Ein Sarg wird aus dem Haus getragen. Eine Frau resümiert gegenüber Sibylle, jetzt stünden sie alle da, doch niemand habe vorher bemerkt, dass die alte Frau Noack schon mehrere Tage nicht zu sehen gewesen ist. Nun habe man sie tot in ihrer Wohnung gefunden. Schlagartig wird Sibylle die eigene Einsamkeit bewusst. Vom Ausmaß dieser Einsamkeit gibt ihr Zuhause beredt Auskunft.

Georg Wratsch hat deutlich zugespitzt fehlendes Leben in die Räume gebaut. Das große, jedoch einzige Zimmer der Wohnung besitzt eine breite

---

44 Lothar Warneke, in: Joachim Maaß: Im Gespräch mit der Dramaturgin Dr. Erika Richter und dem Regisseur Lothar Warneke, Kino DDR, Sonderheft II/1984.

Fensterfront. Davor dichte Gardinen und Topfpflanzen, die wenig Pflege beanspruchen. In einer Ecke steht der Fernsehapparat, darauf ein Ständer mit ungenutzter Kerze. Die Möbel sind modern im Stil der 1970er-Jahre gehalten, in einer anderen Ecke steht ein imitierter antiker Sekretär, davor ein Sessel im geblümten Design. In einer weiteren Ecke befindet sich ein schlichter Kleiderschrank, gegenüber die Tür zum Flur. Eine Schrankwand mit wenigen dekorativen Dingen ist an einer der Längsseiten aufgebaut. Nur ein alter Karteikasten, der offensichtlich mit dem Betrieb zu tun hat, fällt auf. Auf der anderen Seite stehen auf einem zeitgemäßen Teppich eine ausklappbare Schlafcouch, davor ein höhenverstellbarer Tisch und ein großer Sessel.

Die eher dezent gemusterte Tapete zeugt auch in diesem Szenenbild von der wundersamen Kreativität, die die DDR-Industrie in diesem Konsumgütersegment entwickelt hatte. Über dem Sofa hängen ein paar Kunstdrucke und ein Wandkalender. Das Bad, immerhin mit Fenster, ist ebenso sachlich ausgestattet wie die Küche. Hier finden sich die notwendigen technischen Gerätschaften, angeordnet in einer Arbeitszeile. Gegenüber steht ein Tischchen mit Kofferradio, seitlich daneben sind zwei Stühle aufgestellt. Geschirr ist kaum zu sehen. Im Flur: neben der Garderobe ein Spiegel, Einbauschränke und ein Beistelltisch mit Telefon.

Ganz anders zeigt sich die Wohnsituation bei Harald. Er ist seit geraumer Zeit Witwer, trägt Verantwortung für einen erwachsenen Sohn, der zurzeit bei der Armee dient, und einen kleineren Jungen, der noch die unteren Klassen der Schule besucht. Die Familie lebt in einem älteren Reihenhaus, das deutlich biografische Wurzeln offenbart. Im Inneren wirkt vieles unaufgeräumt und es scheint, als habe sich hier seit dem Tod der Frau nur noch das unbedingt Notwendige bewegt.

Zentraler Ort ist die Küche, deren Einrichtungsgegenstände aus den 1920er-Jahren stammen. Gekocht wird auf einem »Kombiherd«, auf dem man sowohl mit Holzfeuer als auch auf Gasflammen das Essen zubereiten kann. Über der Doppelspüle befindet sich ein Gasboiler, an den Wänden sind Handtuchhalter befestigt sowie diverse Borde. Darauf stehen eine Handkaffeemühle und weitere betagte Haushaltsgegenstände. Das Wohnzimmer nimmt den Stil der Küche auf. Auch hier ein Büffet mit Glasteil und entsprechender Uhr darauf. Neben dem Kachelofen in der Ecke stehen zwei Sessel. Es gibt sowohl einen Fernsehapparat als auch einen Plattenspieler mit opulenten Lautsprecherboxen. Über dem Esstisch mit dazu passenden Stühlen hängt ein siebenarmiger Leuchter. An der Zimmerwand mit gemusterter Tapete befinden sich ein Wandteppich, ein Barometer, einige Reproduktionen und Fotos. Auch steht im Raum ein Klappsofa, das allerdings so wirkt,

EINE SONDERBARE LIEBE: Regisseur Lothar Warneke, Carsten Falke, Jörg Gudzuhn, Christine Schorn, Kameramann Thomas Plenert (v. l. n. r.)

als habe sich hier ein Besucher nur vorübergehend eingerichtet. Über diesem Sofa ist ein großes Regal angebracht, darin befinden sich diverse Nippes, obenauf ein Stapel Fotoalben sowie im Zwischenfach eine Reihe mit überwiegend Fachbüchern.

Als Fluchtort dient Harald eine Kurzwellenstation unter dem Dach, wo er über Kontakte zu Funkern aus aller Welt den Problemen seines Lebens zu entfliehen sucht. Diesen Arbeitsplatz hat er selbst gebaut. Er erscheint im Gegensatz zum sonstigen Zustand im Haus aufgeräumt. Die Funkgeräte stehen im warmen Licht einiger Arbeitslampen. Ein bequemer Stuhl lädt zum Träumen ein.

Neben den beiden Wohnungen, die als kongenial gebaute Räume die in ihnen lebenden Menschen genau charakterisieren, stellen die Fabrik und die sie umgebende Stadt zentrale Handlungsorte dar. Der Kameramann Thomas Plenert hat hier im Rahmen eines Spielfilms Bilder festgehalten, die als Vorläufer seiner späteren Aufnahmen in Helke Misselwitz' zu Recht hochgeschätztem Dokumentarfilm WINTER ADÉ (1988) gelten können. Hautnah zu erleben ist die schwere Arbeit der Frauen in der Küche sowohl beim Kochen als auch beim immer wiederkehrenden Reinigen der gewaltigen Kessel am Ende einer jeden Schicht. Beeindruckend sind die Aufnahmen vom Inneren der Produktionsstätte mit all der monströsen und veralteten Technik und jene vom Äußeren des Werkes, wo alles, wie auch die umliegenden Häuser und Straßen, mit einem grauen Schleier überzogen ist.

Zu der Zeit, als der Film ins Kino kam, hatte ich meine Schwester, die in Bernburg (Saale) an einer Landwirtschaftshochschule studierte, besucht. Eines Morgens war der Ort in einen solchen Nebel gehüllt, er kam sowohl von der Saaleniederung als auch aus den vielen Schornsteinen der Wohnhäuser, jedoch an erster Stelle von der Sodafabrik, dass man an Straßenkreuzungen offene Holzfeuer entfacht hatte, um dem Berufsverkehr Orientierung zu geben. Ein für mich bleibendes Erlebnis, zu dem mir der Film später einen aufschlussreichen Hintergrund geliefert hat.

Ein erschreckend dröges Betriebsfest lässt bei Sibylle die innere Krise offen ausbrechen. Sie betrinkt sich und schleppt den eher introvertierten, doch nun ebenfalls durch Alkohol enthemmten Harald auf die Tanzfläche. Ironischerweise zu Ute Freudenbergs Popballade »Jugendliebe« kommen sich beide sehr nah, was folgerichtig auf Sibylles Schlafcouch führt. Ausgerechnet nun beschließt sie, anders als in vorhergehenden Situationen, bei ihm ihrer Sehnsucht nach einer dauerhaften Liebesbeziehung nachzugehen. Sie kündigt im Betrieb und zieht – ohne wirklich nachzufragen – mit Sack und Pack beim Auserwählten ein. Hier füllt sie zwar das Mutterdefizit der Söhne aus, doch ähnlich resolut wie sie zuvor ihre Abteilung führte, beginnt sie, Haus und Leben von Harald umzukrempeln. So kann das nicht gutgehen. Doch stets ist die Sehnsucht beider Protagonisten, aus ihrer Einsamkeit auszubrechen, deutlich zu spüren. Der Film entlässt seine Zuschauer mit einem Bild, das sowohl andeutet, es könnte gutgehen, als auch, es muss aber nicht gutgehen.

Die DDR-Filmkritik reagierte nach der Filmpremiere mit überraschender Distanz. Die berühmte »Kino-Eule« Renate Holland-Moritz, die in ihren Texten ebenso brillant wie vernichtend sein konnte, befand etwa:

> »Doch das anvisierte Ziel wurde nicht erreicht. Man mag es einfach nicht glauben, daß diese hübsche, gescheite, selbstbewußte Frau in totaler Isolation lebt, daß sich zu keiner Zeit ein Heiratskandidat gefunden haben soll, daß es keine Freunde gibt, nicht einmal eine intime Busenfreundin zum Austausch gegenseitig interessierender Fragen.«[45]

---

45 Renate Holland-Moritz: Kino-Eule, Eulenspiegel 44/1984.

Günter Sobe sinnierte, ob Warneke aus dem vorliegenden Stoff nicht eindeutig eine Komödie habe machen sollen. Das versuchte er, ausgerechnet jemandem zu empfehlen, den er vorher ganz anders eingeordnet hatte:

> »Seine Sache ist nicht das Sensationelle, seine Filme sind eher schlicht, still, sachlich, sie sind wirklichkeitsverbunden, auf soziale Glaubwürdigkeit bewußt bedacht, halten der Überprüfung am Tatsächlichen stand.«[46]

Warum konnte der Kritiker genau das im vorliegenden Film nicht erkennen? Fred Gehler grübelte im »Sonntag«, wie er betont, nach mehrmaligem Ansehen des Films, dass, wenn die Konstellation des Konflikts erst einmal gegeben sei, nichts mehr dazu käme.

> »Ich vermute, daß diese Crux dem Regisseur nicht neu ist. Wie anders ist das Ausschmücken von episodischem Beiwerk zu erklären, das schon naturalistische Ausufern mancher Sequenzen (etwa die Schäbigkeit des Betriebsfestes, das Zelebrieren mancher Arbeitsvorgänge in der Großküche, auch die parodistische Etüde auf Theaterprovinz).«[47]

Was Gehler hier »naturalistisches Ausufern« nennt, würde ich als künstlerisch verdichteten episodischen Einblick in einen Alltag bezeichnen, der für die Entschlüsselung des zentralen Konflikts von wesentlicher Bedeutung ist. Alle Kritiker wunderten sich unisono, dass der Film vor seinem Start im Kino auf dem 24. Filmfestival in Karlovy Vary einen Hauptpreis bekommen konnte. Selbst Jutta Voigt widmete sich in ihrem fast ganzseitigen Festivalbericht zwar in großer Ausführlichkeit Ettore Scolas Le Bal – Der Tanzpalast (1983) sowie zahlreichen Entdeckungen in diversen Nebenreihen; Warnekes Film dagegen nahm sie nur in einem abschließenden Nebensatz wahr.

> »Daß die DEFA, unter 47 Konkurrenten aus 37 Ländern, einen Hauptpreis für Eine sonderbare Liebe von Lothar Warneke und Wolfram Witt gewann (mit Christine Schorn und Jörg Gudzuhn), war eine Überraschung. Die Freude der Beteiligten übersonnte die verregnete Heimfahrt im Karlex-Coupé.«[48]

---

46 Günter Sobe: Eine sonderbare Liebe. Neuer DEFA-Spielfilm von Lothar Warneke, Berliner Zeitung, 1.12.1984.
47 Fred Gehler: Eine sonderbare Liebe, Sonntag 43/1984, S. 6.
48 Jutta Voigt: Ball im Orfeum. Notizen vom 24. Filmfestival in Karlovy Vary, Sonntag 33/1984, S. 10.

Dabei war die DDR doch geradezu erpicht auf internationalen Zuspruch gegenüber ihren Hervorbringungen! Dann gab es aber auch noch Günter Agdes Rezension im »Filmspiegel«. Er würdigt zunächst die Schauspieler und den »glänzenden« Kameramann Thomas Plenert, geht dann ebenfalls auf durchaus auszumachende formale Unstimmigkeiten ein, um schließlich zu enden:

> »Die Genre-Unentschiedenheit, die ich erkläre, aber nicht gutheißen kann, muß man wohl auch der Mitte anlasten, die der Film zwischen Kunst und Pamphlet, zwischen Publizistik und Ästhet einnehmen muß. So sei er uns als guter, weil zwingender und ehrlicher Diskussionsbeitrag willkommen.«[49]

Eine noch ganz andere Perspektive eröffnet Hans-Günther Dicks zum Abschluss seiner Rezension mit Blick auf ein westliches Publikum:

> »Diese Figuren leben, weil sie auch alltägliche Dinge tun, z. B. arbeiten gehen. Es muß an solcher Realitätsnähe liegen, wenn die letzte Sonderbarkeit nicht im Film liegt, sondern in seiner Rezeption hierzulande: Er rückt ins Bild, was uns Hollywood verdrängen gelernt hat.«[50]

Die DEFA als Kontrapunkt zu Hollywood, weil sie generell die Arbeitswelt im Auge behielt – das ist doch eine schöne Zuweisung an Besonderheit innerhalb der Filmgeschichte.

Nische Kinder- und Jugendfilme

Bei der Frage nach spezifischen künstlerischen Formen im DEFA-Spielfilm machte Detlef Kannapin im bereits erwähnten Aufsatz des Jahrbuchs der DEFA-Stiftung »apropos: Film 2000« eine partielle Stilrichtung aus, die er »poetischer Realismus« nannte. Hier werde bei der Darstellung realer Handlungen auf märchenhafte bzw. träumerische Sujets zurückgegriffen. Das habe zur Konsequenz:

> »Soziale Utopien und Wunschvorstellungen können z. B. im poetischen Realismus anschaulicher dargestellt werden, weil die formale Begrenzung auf ausschließlich in der äußeren Realität vorgefundenen Handlungskonstellationen

49 Günter Agde: Sonderbar ja, aber Liebe?, Filmspiegel 20/1984.
50 Hans-Günther Dicks: Ins Bild gerückt, was Hollywood verdrängt hat ..., Die Wahrheit, 19.3.1986.

wegfällt. Das heißt jedoch nicht, daß die soziale Außenwelt in solchen Momenten verschwindet. Sie wird symbolisch kodiert und kommt dadurch zum Teil prägnanter zum Ausdruck.«[51]

Der Versuch, mit Mitteln der symbolischen Verfremdung reale Lebenszusammenhänge zu hinterfragen, habe allerdings wenig Gegenliebe auf filmpolitischer Ebene gefunden. DAS KLEID (1961/1990, Konrad Petzold) als erster Versuch in dieser Hinsicht war sofort verboten worden. Diese auf Hans Christian Andersens »Des Kaisers neue Kleider« aufbauende bissige Parabel über einen Herrscher, der sich und sein Reich hinter hohen Mauern versteckt, war so direkt auf die realen Verhältnisse ausgerichtet, dass hier kein Pardon gegeben werden sollte. Andere Filme, die Kannapin in diesen Kontext einordnet – wie KÖNIGSKINDER (1962, Frank Beyer), DER GETEILTE HIMMEL (1964, Konrad Wolf) oder ABSCHIED (1968, Egon Günther) –, erfreuten sich zwar auch nicht größerer Beliebtheit bei den Funktionären, sie konnten aber fertiggestellt werden und gehören heute zu den besseren Stücken im DEFA-Nachlass. Bei diesen Filmen wurde nicht der komplette Handlungsrahmen verfremdet, sondern hier erreichte man innerhalb der zeitgeschichtlich gegebenen Realität durch die Bildsprache eine besondere poetische Überhöhung. Mit DIE RUSSEN KOMMEN (1968/1987, Heiner Carow) erstarb in den Augen des Autors auf Betreiben der Kulturbürokratie bereits wieder der poetische Realismus im DEFA-Spielfilm.

Wo aber ist unter dieser Perspektive SECHSE KOMMEN DURCH DIE WELT (1972, Rainer Simon) einzuordnen? Manfred Freitag und Joachim Nestler haben in ihrer Drehbuchadaption der Märchenvorlage der Brüder Grimm deutlich satirische Bezüge zu ihrer Alltagswelt in der DDR hergestellt. Bemerkenswerte Charakterdarsteller wie Christian Grashof, Friedo Solter oder Jürgen Holtz wussten nuancenreiche mimische Anspielungen zu setzen, und Roland Gräf schuf mit der Kamera Bilder in einer ausgesprochen symbolhaften poetischen Überhöhung. Schon der Filmanfang ist eine witzig gemachte, allgemeingültige Gesellschaftssatire. Ein König lobt sich und die Hohlköpfe seiner Umgebung für außerordentliche Taten, die eigentlich sein Volk unter Leiden erbrachte und wofür es keinen wirklichen Lohn gab. Der Film kam trotz solcherlei Anspielungen ins Kino. Man könnte annehmen, dass dabei die Schublade »Kinderfilm« nicht von Nachteil war. Genau aus

---

51 Detlef Kannapin: Gibt es eine spezifische DEFA-Ästhetik? Anmerkungen zum Wandel der künstlerischen Formen im DEFA-Spielfilm, in: apropos: Film 2000. Das Jahrbuch der DEFA-Stiftung, Berlin 2000, S. 156.

SECHSE KOMMEN DURCH DIE WELT: Jürgen Holtz (sitzend), Margit Bendokat (stehend Mitte), Berthold Schulze (r.)

diesem Grund findet er nunmehr aber auch keine Erwähnung, wenn über den DEFA-Film – etwa unter dem Aspekt »poetischer Realismus« – gesprochen wird. Diese Stilrichtung ist 1968 nicht verschwunden, sie hat sich in die Nische »Kinderfilm« verlagert.

Wenn die Sprache auf den Kinderfilm kommt, wird nicht zu Unrecht hervorgehoben, dass dort in der Regel eine gelungene Ansprechhaltung gegenüber Kindern zu finden sei. Doch darüber hinaus muss er am Katzentisch der Interpretationsforen zum DEFA-Film bleiben. Das gilt leider auch bei der Einordnung von DAS EISMEER RUFT (1983, Jörg Foth) oder »Gritta von Rattenzuhausbeiuns« (1984) in der Regie von Jürgen Brauer. Der Gritta-Stoff geht auf ein romantisches Märchen Bettina von Arnims zurück. Die Autorin drängte in ihrem Jahrhundert auf demokratische Reformen innerhalb des absolutistischen Regimes Friedrich Wilhelms IV. Lebensenge, politische Verbohrtheit und gesellschaftliche Stagnation sollten überwunden werden. Wer Mitte der 1980er-Jahre in Brauers filmischer Adaption keine Bezüge zur DDR-Alltagswelt finden konnte, musste schon mit Ignoranz geschlagen sein. Hinzu kommt die Figur der Gritta als ein emanzipiertes und modernes Mädchen, welches selbstbestimmtes Handeln sehr eindeutig einfordert. Das kann auf alle Fälle als gelungenes Beispiel für »poetischen Realismus« bei der DEFA sowohl hinsichtlich einer märchenhaften Verfremdung als auch bezüglich der Art der praktizierten Bildfindungen eingeordnet werden. Möglich wurde der Film vielleicht nur, weil er hinter dem Schutzschirm »Kinderfilm« entwickelt worden war.

Will man heute DEFA-Filme als Ganzes würdigen mit Blick darauf, welche Aussagen sie über die Zeit ihrer Entstehung treffen, dann muss man jene Filme, die unter dem Label »Kinder« produziert worden sind, in den Gesamtkanon einordnen. Die eben genannten Beispiele schöpfen ihre Poesie, über die aktueller Zeitbezug transportiert wird, in erster Linie aus einem märchenhaft-historischen Bezug. Doch selbst wenn man das Geschehen unmittelbar im gegenwärtigen Alltag angesiedelt hat, geschah das vielfach mit poetischer Überhöhung das Stilmittel. Grundsätzlich sollten aus der Handlungsperspektive von Heranwachsenden soziale Beziehungen durchschaubar gemacht und produktive Impulse für das eigene Handeln gesetzt werden. Es bestand der Anspruch, den Egon Schlegel im Zusammenhang mit seinem Film Das Pferdemädchen (1979), in dem es um schwerwiegende Themen wie Leben und Tod geht, leitbildhaft formulierte:

>»Die Berechtigung für Kinder zu arbeiten, leite ich eben daraus ab, dass ihre Probleme auch die meinen sind, und umgekehrt. Ich kann ihnen vielleicht über das Filmerlebnis noch ein paar Denkanstöße geben.«[52]

Ganz selbstverständlich impliziert diese Aussage, dass Kinder wie Erwachsene in ein und derselben Welt leben. Wird diese Welt aufgegriffen, so müssen sich generationsübergreifend alle darin wiedererkennen. Über die Fiktion, eventuell transportiert durch phantastische Mittel, kann sich der Blick über den gewohnten Alltag hinaus weiten, er sollte aber auf diesen zurückwirken.

Philipp, der Kleine (1975, Herrmann Zschoche)

Philipp, der Kleine ist einer der erfolgreichsten Kinderfilme aus dem Babelsberger Spielfilmstudio. Hier wird in besonderem Maße deutlich, wie der Dualismus zwischen Phantasie und Realität als formales Erzählprinzip eine herausragende Wirkung erreicht. Philipp lebt mit seinem Vater, der als Lok-

---

52 Egon Schlegel: Ereignis Kino. Im Interview mit Joachim Giera, Film und Fernsehen 2/81, S. 21.

führer arbeitet und folglich viel unterwegs ist, allein. Obwohl sich Oma Hundertgramm, eine Nachbarin, liebevoll um den Jungen kümmert, ist er doch oft sich selbst überlassen. Dieses Alleinsein ist für Philipp umso schwerer, weil er viel kleiner als seine Altersgenossen ist und deshalb von diesen oft verspottet wird. Einzig Trixi, die noch in den Kindergarten geht, steht an seiner Seite. Doch diese Beziehung ist zusätzlicher Ansporn für den Hohn seiner Klassenkameraden. So zieht sich Philipp in eigene Traumwelten zurück, was ihn wiederum in Konflikt mit Lehrer Breitkreuz bringt. Eines Tages schenkt ihm sein Vater eine Flöte. Philipp beginnt zu üben, um auf dem Instrument spielen zu können. Doch dann fällt die Flöte in einen Fluss. Trotz aller Bemühungen gelingt es ihm nicht, sie wieder herauszufischen.

Traurig geht Philipp zum Musikalienhändler der Stadt, der die Not des Jungen erkennt. Im Rahmen einer wundersamen Inszenierung als Musikclown übergibt der Mann ihm eine Zauberflöte. Mit dieser kann Philipp Gegenstände und Lebewesen kleiner oder größer werden lassen. Sich selbst könne er allerdings nicht verzaubern. Wenn er aber fleißig übe, dann sei ein anderes Wunder zu erwarten. Nun stiftet Philipp im Städtchen einige Verwirrung. Trixis kleine Katze wird zum Löwen, der die Einwohner gehörig aufschreckt. Die Schulglocke wird kleiner, Oma Hundertgramms Äpfel werden größer und ein Lastwagen mutiert zum Spielzeugauto. All diese Zaubereien werden vom Flötenspiel Philipps begleitet, das immer besser wird. Und dann geschieht das Bemerkenswerte. Die Einwohner der Stadt vergessen sämtliche Merkwürdigkeiten, sie wenden sich gebannt dem nun virtuosen Musizieren des kleinen Philipp zu. Das angekündigte Wunder ist geschehen. Trotz seiner geringen Körpergröße findet der Junge öffentliche Anerkennung.

Wie in fast all seinen Filmen erzählt Herrmann Zschoche auch hier eine im realen Alltag verortete Geschichte in dezenter poetischer Überhöhung. Das Drehbuch Christa Kožiks, zu der Zeit Absolventin der Potsdamer Filmhochschule, lieferte ihm eine kongeniale Vorlage, um vermittels eines zunächst privaten Rahmens auf humorvolle und ironische Art Nachdenken über gesellschaftliche Verhältnisse zu befördern. Die Figur des Philipp stellt ein eindeutiges Identifikationsangebot für Kinder dar. Seine Entwicklung wird für die jüngsten Zuschauer nachvollziehbar in modellhafter Weise als Selbstfindungsprozess erzählt, ohne dabei einen belehrenden Duktus aufkommen zu lassen. Dies alles geschieht in einem genau gezeichneten sozialen Umfeld, das nicht nur im Rückblick einen interessanten Einblick in soziale Verhältnisse innerhalb der DDR Mitte der 1970er-Jahre ermöglicht.

»Musik kann die Schwachen stark machen und Starke schwach«, diese Grundidee bezeichnet Christa Kožik als Leitmotiv beim Schreiben ihres

Drehbuchs. Daher war es ihr wichtig, einen Drehort festzulegen, der über-greifend ein starkes Verhältnis zur Musik impliziert. Diesen Ort fand sie mit Arnstadt in Thüringen, wo Johann Sebastian Bach im Jahr 1703 seine erste Stelle als Organist angetreten hatte. Darüber hinaus hatte die Stadt im Rahmen der Filmgeschichte eine tragende Funktion. Das in seiner ursprünglichen, kleinteiligen Struktur erhaltene mittelalterliche Zentrum bot einen idealen Raum für poetisch überhöhtes Erzählen. Gleichzeitig ließ sich hier sehr konzentriert und glaubhaft ein reales Lebensumfeld für Philipp in Szene setzen. Die großen Türen mit ihren prächtigen Klinken der Brau- und Bürgerhäuser am Markt schaffen einen markanten visuellen Kontrast zur Körpergröße des Jungen. Wenn Oma Hundertgramm Wäsche aufhängt, dann kommen die mit Schuppen und Ställen zugebauten einstigen Höfe ins Bild, die dennoch einen Freiraum im Verhältnis zu den noch engeren Wohnungen bieten. Philipp läuft oft durch die Gassen der Altstadt. Die rücken besonders anschaulich ins Bild, als er von dem Löwen begleitet wird. Wenn die Kamera über die Dächer oder durch die Gassen der Stadt streift, wird sichtbar, welch interessantes urbanes Kleinod der Ort darstellt.

Es ist aber auch nicht zu übersehen, dass große Teile der Bausubstanz dem Verfall preisgegeben waren. Statt großflächig zu sanieren, wurden fünf Jahre nach Fertigstellung des Films große Teile der Altstadt abgerissen und durch Plattenbauten ersetzt. Schwer vorstellbar ist heute, dass zur Entstehungszeit des Films noch der gesamte Autofernverkehr durch das enge Stadtzentrum führte. Auch das ist im Film zu erleben. Dabei kommt es zu einem kleinen Unfall mit einem Lastwagen. Petra Kelling als junge Verkehrspolizistin versucht, das dadurch entstandene Chaos zu entwirren. Den Unfallverursacher kann sie allerdings nicht überzeugen. Aus dessen Sicht hätten »Weiber keine Ahnung«, sie gehörten »an den Kochtopf«. Auch wenn in der DDR viel von Gleichberechtigung die Rede war – viele Menschen hatten sie noch lange nicht verinnerlicht. Hier greift der Kinderfilm dezent in einer zusätzlichen Ebene Momente kritischer Auseinandersetzung mit der seinerzeit gegebenen Wirklichkeit auf. Interessant sowohl im authentischen Aussehen als auch hinsichtlich der dort gezeigten Sozialbeziehungen sind darüber hinaus Szenen in einer Kaufhalle, beim Wochenmarkt und vor allem in der Schule. Arnstadt war einst ein wichtiger Eisenbahnknotenpunkt. Auch darauf nimmt der Film Bezug, wenn er Philipps Vater bei der Arbeit auf einer Dampflok zeigt.

Dieses Zusammenspiel von Realität und Phantasie wird immer wieder im DEFA-Kinderfilm aufgegriffen. MORITZ IN DER LITFASSSÄULE (1983, Rolf Losansky), ebenfalls nach einem Buch von Christa Kožik, bedient sich einer animierten Katze, um dem von der Schnellläufigkeit der Zeit überforderten Moritz eine Perspektive zu eröffnen. Gleichzeitig werden Eltern und Lehrer daran erinnert, dass es Aufmerksamkeit braucht, um kindlicher Individualität gerecht zu werden. Auch Hannelore Unterberg verknüpfte in ihrem Film Konzert für Bratpfanne und Orchester (1975) Realität und phantastisches Geschehen in gelungener Weise. Es wird dabei, optisch verstärkt über Animationen, der Musik gehuldigt, und zwar im aussagekräftigen Ambiente eines konkreten historischen Moments. Das Herz des Piraten (1987, Jürgen Brauer) greift mit seiner Verbindung von Phantasie und Realität eine literarische Vorlage von Benno Pludra auf. Die zehnjährige Jessi lebt mit ihrer berufstätigen Mutter in einem Dorf an der Ostsee. Hier sucht sie, über einen nur für sie sichtbaren leuchtenden Wunderstein, Kontakt zum ihr fehlenden Vater zu finden.

»Wie schon in seinem ersten Kinderfilm Gritta von Rattenzuhausbeiuns läßt Jürgen Brauer ein reiches, imposantes Umfeld mitspielen. Abenteuerliche Sequenzen, in denen malerische alte Segelfregatten in voller Takelung erschei-

Gritta von Rattenzuhausbeiuns: Ilja Kriwoluzky, Nadja Klier, Mark Lubosch (v. l. n. r.)

nen. Kämpfe mit Seeräubern und Schmugglern sowie zerfließende Traumbilder korrespondieren mit der Gegenwart, stellen gleichzeitig eine Verbindung zu ihr her. So können Jessis Gefühle und Sehnsüchte glaubhaft und wirklich erscheinen ...«,[53]

so stellte Ehrentraud Novotny in einer Rezension das Zusammenspiel von Phantasie und Realität dar.

SABINE KLEIST, 7 JAHRE ... (1982, Helmut Dziuba)

Die siebenjährige Sabine verlor ihre Eltern bei einem Autounfall. Seither lebt sie in einem Kinderheim, wo sie meint, in der Erzieherin Edith eine Ersatzmutter gefunden zu haben. Als Edith das Heim verlässt, weil sie ihren Schwangerschaftsurlaub antritt, ist Sabine tief verletzt. Abermals fühlt sie sich ungerechterweise allein gelassen. Auf der Suche nach einer erhofften Alternative verschwindet sie aus dem Heim und streift zwei Tage und Nächte durch die Straßen Ost-Berlins. Der Regisseur Helmut Dziuba erhielt für diesen Film sowohl bei Kindern als auch bei Erwachsenen sehr viel Zuspruch. Der begründet sich zuerst aus der Art, mit der er seine Hauptdarstellerin Petra Lämmel durch die Handlung führt. Wie die Siebenjährige auf die sie umgebende Welt blickt, mit welcher Naivität sie genau jene Fragen stellt, die im Alltag gern verdrängt werden, in welcher Weise sie ihr Leiden an der Einsamkeit vermittelt – das ist in höchstem Maße anrührend.

Darüber hinaus ergreift das, was Helmut Dziuba und sein Kameramann Helmut Bergmann in dokumentarischer Form an Alltagsepisoden im damaligen Ost-Berlin eingefangen haben. Innerhalb einer konkreten Gegenwartszeichnung, und das wird mit größerem historischen Abstand erst richtig deutlich, stellt der Film über diese Bilder in verdichteter Form unabhängig von Raum und Zeit elementare allgemeinmenschliche Fragen. Der von Dziuba hier praktizierte Realismus beinhaltet sowohl poetische als auch sozialkritische Elemente. Erzählt wird vom Kind aus, doch der Blick ist nicht in eine künstliche Kinderwelt gerichtet. Gegenüber seinem Schüler, dem Regisseur Bernd Sahling, erläuterte Helmut Dziuba seine Haltung:

»Es gibt eben keine ›zweigeteilte Welt‹ (...), eine für Kinder und eine für Erwachsene. Kindsein ist doch nur noch ein kurzer Augenblick. Die gleichen Hoffnungen, die gleichen Ängste und Träume (...). Die Gesellschaft heute fordert

---

53 Ehrentraud Novotny: Das Herz des Piraten. DEFA-Kinderfilm von Jürgen Brauer, Berliner Zeitung, 19.4.1988.

bald den ›ganzen Mann‹, die ›ganze Frau‹. Gut und böse, Freund und Feind –
so einfach funktioniert das nicht. Ich will mit meinen Geschichten dem jungen Zuschauer Partner sein, nicht Besserwisser: So habt ihr die Welt zu sehen!
Vorgekaut bis zum Letzten und voller ›Spaß und Sonnenschein‹. Und eine Antwort auf jede Frage hab ich nicht!«[54]

Von solcher Maßgabe sind alle Stationen, die Sabine durchläuft, gezeichnet.
Fast surreal wirkt der Zug einer Zirkustruppe durch die nächtliche Karl-Marx-
Allee. Es gibt auf der Straße keine Passanten. Ein Blick auf die Häuserfassa-
den mit erleuchteten Fenstern klärt auf: Jeder hat sich in seinen individuellen Raum zurückgezogen. Sabine durchstreift weitere Stadträume und kommt
dabei auch in die reale Christinenstraße, wo Edith mit ihrem Mann lebt. Hier
verschrecken die ausführlich dargestellten maroden Mietshäuser, die, obwohl
bewohnt, dem Verfall preisgegeben sind. Das Kind gerät in die Entbindungsstation eines Krankenhauses. Dort erlebt es Vorfreude auf neues Leben, die
Skepsis eines Jungen gegenüber zu erwartender Konkurrenz im Kinderzim-
mer sowie Verzweiflung wegen einer nicht glücklich erfolgten Entbindung.
    In einem Neubaugebiet fängt das Mädchen im eigentlichen Sinne des Wor-
tes, vor allem aber in moralischer Hinsicht, einen angetrunkenen Aktivisten
der sozialistischen Arbeit auf. Dieser hadert mit seinem Renteneintritt. Karl
Schindler kommt von der Feier, bei der er aus seinem Betrieb verabschiedet
worden ist. In den Händen seine Aktentasche, ein Beutel mit Geschenken
und in Zeitungspapier eingewickelte Blumen. Am Revers des Anzugs eine
Aktivistenmedaille. Erst vor 14 Tagen ist er in die Gegend gezogen, die noch
eine halbe Baustelle ist. Jugendliche verhöhnen den torkelnden Mann, der
seine Haustür nicht finden kann. Sabine stellt sich ihm zur Seite und führt
ihn zur Nummer 96 innerhalb einer normierten und langgezogenen Häu-
serzeile. Nachdem Karl von seinem besonderen Tag erzählt hat, bedankt er
sich mit einer Rose bei Sabine und nimmt Abschied. Doch das Mädchen will
nicht gehen. Möglicherweise könnte Karl jemand sein, der sie braucht. Der
sieht Sabines Blick und lässt sie daraufhin in die Wohnung, um unmittelbar
darauf auf einem Sofa in den Schlaf der Gerechten zu fallen.
    Sabine sieht sich in der noch unvollständig eingeräumten Wohnung um.
Von besonderem Interesse sind Fotos und Urkunden, die auf einem alten
Vertiko liegen. Indem sie sich die Sachen ansieht, werden das gesamte Leben
Karls und die damit verbundene Welthaltung sichtbar. Jugendfotos von ihm

---

54 Helmut Dziuba: Gespräch mit Bernd Sahling, in: Klaus-Dieter Felsmann, Bernd Sahling:
Deutsche Kinderfilme aus Babelsberg. Werkstattgespräche – Rezeptionsräume, Berlin 2010, S. 71-72.

SABINE KLEIST, 7 JAHRE ...: Petra Lämmel

und seiner Frau, sein Meisterbrief, Bilder von Trümmerlandschaften, in denen er mit anderen jungen Menschen aufräumt, und ein Foto mit Trauerflor. Es zeigt jene drei sowjetischen Kosmonauten, die 1971 mit dem Raumschiff Sojus 11 tödlich verunglückten. Durch die Abzugshaube in der Küche hört Sabine den schrecklichen Ehestreit in einer darüberliegenden Wohnung, und im Bad kann sie endlich mal wieder duschen. Dann schläft das Mädchen auf zwei zusammengerückten Sesseln ein.

Am nächsten Morgen gibt es Frühstück auf dem Balkon. Innerhalb kürzester Zeit macht sich ein Wandel im Gemütszustand von Karl bemerkbar. Er ist mit legerem Hemd und Weste »flott« gekleidet und hat einen gediegenen Frühstückstisch gezaubert. Eine Balkonnachbarin zeigt deutlich Interesse am Witwer und ist umgehend mit Kuchen zur Stelle. Als Sabine von ihrer Flucht aus dem Heim erzählt, glaubt Karl, für das Mädchen und für sich eine Lösung gefunden zu haben. Er bewirbt sich in der Einrichtung als Hausmeister, womit er nebenher sogar immer in der Nähe von Sabine sein könnte. Sie sucht aber jemanden, der nur für sie da ist. Folglich verschwindet sie in einem unbeobachteten Moment.

Am Ende ihrer urbanen Odyssee geht Sabine zurück ins Heim. Damit ist zwar ihr eigentliches Problem nicht gelöst, doch sie hat nun wichtige Erfahrungen gesammelt, um mit ihrer Situation besser umgehen zu können. Neben viel Zuspruch für die Protagonistin und die wahrhaftigen Alltagsbilder gab es gegenüber dem Film kritische Stimmen, die meinten, letztendlich sei doch alles etwas zu niedlich. Natürlich wären weitaus härtere Konfrontationen für Sabine möglich gewesen, doch das hätte dann eine andere Geschichte ergeben. Indem Dziuba keine Figur denunziert, sondern sie alle in ihren menschlichen Unzulänglichkeiten zeichnet, fügen sie sich mit ihren jeweiligen Lebenssituationen als Verweise in die zentrale Problemstellung ein. Damit blieb der Regisseur konsequent an seinem zentralen Thema, das nach Ursachen und Folgen von Einsamkeit in einer übervollen Welt fragt.

Für Helmut Dziuba stand seinerzeit fest: »Jedenfalls darf kein Bereich unserer Gesellschaft, dürfen keine Spannungen und Auseinandersetzungen der Realität unseres gesellschaftlichen Seins im Kinder- und Jugendfilm ausgelassen werden.«[55] Unter dieser Maxime drehte er seinen nächsten Film, der sich in erster Linie an Jugendliche richten sollte. Mit ERSCHEINEN PFLICHT (1983) traf er eine weit verbreitete Stimmung, doch er machte den tonangebenden Funktionären gleichzeitig Angst. Bemerkenswert erscheint unter diesen Umständen, dass der Film trotz vieler Diskussionen fertiggestellt werden konnte. Auf dem folgenden Nationalen Spielfilmfestival in Karl-Marx-Stadt nahm ihn das Publikum mit großer Begeisterung auf, doch eine Auszeichnung blieb ihm durch politische Order verwehrt. Später suchten die Verantwortlichen den Film möglichst weitgehend aus dem Kinoprogramm herauszuhalten.

ERSCHEINEN PFLICHT (1983, Helmut Dziuba)

Die 16-jährige Elisabeth wächst in relativem Einklang mit sich und ihrer sozialistischen Umgebung im Haushalt eines SED-Funktionärs auf. Als der Vater plötzlich stirbt, verliert sie dadurch den bisher wichtigsten Bezugspunkt und damit ihre innere Sicherheit. Sie beginnt, ihre Umgebung differenzierter wahrzunehmen. So gerät in Konflikt mit Verlogenheit und Resignation, die sie allenthalben in der Gesellschaft feststellt. Dabei geht Elisabeth ein entscheidendes Stück auf dem Weg zu einer autark handelnden Persönlichkeit.

In den Eingangssequenzen des Films wird Elisabeth im Dienst-Wolga des Vaters zur Schule gefahren. Zu sehen ist in der Stadt Brandenburg ein signifikantes Stück DDR-Realität zu Beginn der 1980er-Jahre. Die holprigen Straßen, durchzogen von Eisenbahnschienen, wären in dieser Eindrücklichkeit kaum

---

55 Helmut Dziuba: Gespräch mit Constanze Pollatschek, Kino DDR 5/1984.

noch für ein Filmset nachzubauen. Dazu die Mischung aus Schwerindustrie und Wohnbebauung sowie die durch Blicke und Mimik verdeutlichte Spannung zwischen Obrigkeit und Volk. Elisabeths Mutter, einst beflissene Sekretärin, lebt nun das Leben einer spießigen Funktionärswitwe. Im Gegensatz dazu die Mutter von Stefan, einem Jungen, in den sich das Mädchen verliebt hat. Die Frau wurde aus dem Schuldienst entfernt, weil ihr Mann von einer Reise in den Westen nicht zurückgekehrt war. Nun ist sie chancen- und illusionslos, dem Alkohol verfallen und muss sich von ihrem Sohn betreuen lassen. Der Klassenlehrer Boltenhagen, ein Skeptiker, ist wiederum bemüht, seinen Schülern die Wahrheit durch die Blume zu sagen. Elisabeths älterer Bruder Peter, einst ein glühender Sozialist, hat sich nach einem Zerwürfnis mit den Eltern ob der Verlogenheit offizieller Phrasen völlig von der Familie zurückgezogen.

Szenenbildner Heinz Röske hat für den Film Räume gestaltet, die sowohl den Konflikt Peters mit seinen Eltern als auch jenen zwischen der Aufbaugeneration und deren Kindern aufschlussreich veranschaulichen. Nach dem Tod ihres Mannes sitzt Elisabeths Mutter verloren und depressiv im großen Wohnzimmer ihres Hauses. Der Raum ist eine einzige Fassade, die demonstrieren soll, dass man etwas geschafft hat. Wohnlich ist hier nichts. Weder die wuchtige Ledergarnitur um einen Couchtisch noch der zentral stehende ovale Tisch aus dem Antikhandel, der mit einem Spitzendeckchen dekoriert ist. Ergänzt wird die Einrichtung durch einen wertvollen alten Schrank und einen Sekretär, die beide so gar nicht zur zeitgenössischen Schrankwand passen. Die Dekoration besteht aus einer Reihe schön anzusehender Bände klassischer Literatur, Keramiktöpfen, Gläsern und edlem Geschirr. Alles in militärischer Ausrichtung drapiert. Das Tapetenmuster, die trostlosen Grünpflanzen und die dichten Gardinen machen den Raum noch dunkler, als er ohnehin schon ist.

Peter dagegen wohnt in der Pfarrstraße in Berlin-Lichtenberg. Die Gegend gilt heute als teures Szeneviertel. Damals waren die Häuser, wie man im Film deutlich sehen kann, innen und außen baufällig. Mit reichlich handwerklichem Geschick hat sich Peter hier eine wohnliche Bleibe hergerichtet, in der auch seine Freundin am Wochenende ein Zuhause findet. Die Küche ist weiß gestrichen, es gibt Holzarbeiten, die verschiedene bauliche Mängel verkleiden. Direkt im Raum steht eine selbstgezimmerte Duschkabine, die als letzter technischer Schrei damaliger Ausstattung über eine Durchlauftherme versorgt wird. Das Zimmer ist luftig gestaltet. Die Möbel kommen vom Sperrmüll, wie offensichtlich auch das Küchengerät. Selbstgebaute Teile sind mit den alten Sachen kombiniert und geben dem Ganzen einen Rahmen. In

ERSCHEINEN PFLICHT: Peter Sodann, Vivian Hanjohr

einem Schuppen versucht Peter in mühevoller Kleinarbeit ein pneumatisches Klavier zu restaurieren. Er lebt in einem Provisorium, das ihm allerdings ein kleines Maß individueller Freiheit ermöglicht.

Die Konfliktfelder als auch die dazugehörigen Bilder machen den Film zu einem bemerkenswert authentischen Dokument, das nachempfinden lässt, warum sich in den späten 1980er-Jahren immer mehr Menschen vom System des DDR-Sozialismus abwendeten, warum sie nach alternativen Diskussionsforen suchten oder sogar das Land verlassen wollten. Elisabeth sagt an einer Stelle des Films: »Gerecht kann nur gerecht sein«, man könne das nicht relativieren. Der offiziell behauptete Gerechtigkeitsanspruch hatte schon lange nichts mehr mit dem wirklichen Leben zu tun. Dziuba lag es fern, mit dem Film dem gesamten System des Sozialismus eine Absage zu erteilen. Ganz im Gegenteil. Da werden ausführlich und in großer Breite junge Menschen präsentiert, die gegen westliche Rüstungspläne protestieren. Elisabeth verteidigt vehement eine Fahne der FDJ gegenüber einem besoffenen Bauarbeiter, der diese aus der S-Bahn werfen will. Insgesamt sollte der Film zur Diskussion über eine Verbesserung der politischen Situation beitragen. Erst im Rückblick zeigt er deutlich, dass allein hier schon wegen des überdeutlichen Generationsbruchs nicht mehr viel zu kitten war. Er trägt heute dazu bei, nicht vorschnell einseitige Antworten auf Fragen nach Gründen für das Scheitern der DDR gelten zu lassen.

Ebenfalls aufschlussreich ist in retrospektiver Sicht Herrmann Zschoches Jugendfilm DAS MÄDCHEN AUS DEM FAHRSTUHL (1990), über den die Autorin Gabriele Herzog in diesem Band bereits gesprochen hat.

DAS MÄDCHEN AUS DEM FAHRSTUHL (1990, Herrmann Zschoche)

Franks Leben scheint in gesicherten Bahnen zu laufen. Seine Eltern sind hohe Wirtschaftsfunktionäre, haben für ihren Sohn zwar wenig Zeit, dafür aber umso mehr Verständnis. In seiner 10. Klasse zählt er zu den besten Schülern und ist anerkannter FDJ-Sekretär. In Mathematik ist Frank sogar ein kleines Genie. Als Regine neu in die Klasse kommt, hat das einen Bruch in Franks Weltverständnis zur Folge. Er verliebt sich in das sensible Mädchen, das immer irgendwie abwesend wirkt und sich kaum auf schulische Dinge konzentrieren kann. Bald kennt Frank die Gründe für dieses Verhalten. Regine muss sich allein um ihre drei jüngeren Geschwister kümmern, weil die Mutter, eine Alkoholikerin, dazu nicht in der Lage ist. Wegen ihrer schlechten Zensuren wird Regine bei der Berufswahl als Kindergärtnerin abgelehnt. Frank stellt nun öffentlich die Frage, warum Zensuren mehr zählen als Begabung. Das führt zu Konflikten mit der Schulleitung. Nachdem diese sich immer mehr zuspitzen, wird er wegen seiner Renitenz aus dem Jugendverband FDJ ausgeschlossen. Damit ist für ihn der Weg auf eine weiterführende Schule verbaut. Doch durch die Beziehungen des Vaters hat er die Chance, das Abitur in einer Spezialklasse an der TU Dresden doch noch zu erwerben. Dafür verrät Frank letztendlich nicht nur seine Freundin.

Deutlich wie selten zuvor in einem DEFA-Film wird hier der Widerspruch zwischen der Arroganz der Macht und den realen Lebensbedürfnissen der Menschen sichtbar. Frank gerät nicht in Konflikte, weil er unangenehme Fragen stellt, sondern für ihn wird zum Problem, dass er *überhaupt* Fragen stellt. Als Debattenbeitrag innerhalb der DDR kam der Film zu spät. Inzwischen, fast dreißig Jahre später, lohnt sich eine Neuentdeckung durchaus. Auf der einen Seite gibt der Film wegen seiner realistischen Erzählweise Erklärungen dafür, warum die DDR neben vielen anderen Gründen zerbrochen ist. Er ist darüber hinaus ein interessantes Dokument über soziales Leben in den 1980er-Jahren innerhalb der DDR und stellt im historischen Gewand moralische Fragen, die sich mitnichten beim Niedergang des Arbeiter-und-Bauern-Staates erledigt haben.

Individuum versus Gesellschaft

Auch wenn es eine zentrale Prämisse im Programm der DEFA war, sich mit Filmgeschichten in die Welt der Arbeit zu begeben, und das in der Umsetzung vielfach zu interessanten Angeboten führte – was im Rückblick als herausragende Besonderheit im Œuvre des Studios angesehen werden kann –, blieben es dennoch stets individuelle Schicksale, die für das filmische Erzählen insgesamt von Bedeutung waren: Was macht das Leben des Einzelnen in einem als festgefügt geltenden gesellschaftlichen Rahmens aus? Welche subjektiven Konflikte sind auszutragen? Was zeigt sich an Hoffen und Bangen in einem konkreten historischen Umfeld? Welche Prägungen gehen daraus hervor und was wird hinsichtlich der Gesellschaft deutlich?

Filme, die Fragen jenseits der Arbeitswelt in den Mittelpunkt rückten, fanden nicht nur damals beim Publikum eine gute Resonanz, sie stellen über ihre Zeit hinaus ein interessantes Diskussionsangebot für nachfolgende Generationen dar. Beispiele sind etwa IKARUS (1975, Heiner Carow) oder INSEL DER SCHWÄNE (1982, Herrmann Zschoche). In beiden Filmen stehen Kinder im Mittelpunkt des Geschehens. Es wäre dennoch müßig, darüber nachzudenken, ob es deshalb nun Kinderfilme wären. Legte man die Maßstäbe der Berlinale für das Programm »Generation« – verstanden als Filmauswahl für Heranwachsende – zugrunde, wären beide DEFA-Angebote dort gut aufgehoben. Wären Kriterien heutiger deutscher Fernsehsender für das Kinderprogramm entscheidend, dann könnten Filme mit derart tiefgreifender Problemlage dort keinen Platz finden. Für die jungen Helden gibt es keine eindeutige positive Lösung, überhaupt werden viel zu viele grundsätzliche soziale Fragen aufgeworfen – so in etwa würden Begründungen lauten. Was die zwei Filme auf alle Fälle verdeutlichen, ist der Umstand, dass es sowohl für Kinder als auch für Erwachsene nur *eine* Welt gibt, in der jeder um seinen Platz ringen muss. Je nachdem, in welcher Art man mit Blick auf diese Zielgruppen erzählt, werden fließende Grenzen tangiert.

Der achtjährige Mathias in IKARUS sucht nach der Aufmerksamkeit seines Vaters und muss lernen, damit umzugehen, dass er die nicht finden kann. Der 14-jährige Stefan in INSEL DER SCHWÄNE wird aus der Geborgenheit seiner dörflichen Lebenswelt herausgerissen und muss sich nun in der Tristesse eines unfertigen Neubaugebiets behaupten. Beide Filme suchen Antworten darauf, welche Opfer der Einzelne bringen muss und was es an Alternativen gibt, um in einer modernen Welt zu bestehen. Was die jeweiligen Handlungsräume angeht, so vermitteln die Filme detailliert ein genaues Abbild jener

Wirklichkeit, in der sie entstanden sind. Wahrzunehmen ist eine symbolisch verdichtete Authentizität von Leben in der DDR. Natürlich wirtschaftete die DDR ökonomisch nicht effizient, doch eine Industriegesellschaft war sie schon. Insofern sind die Fragen, die diese Filme stellen, im Kern auch heute nicht erledigt. Möglicherweise kann man sie sogar ob der inzwischen historischen Folie, vor der sie verhandelt werden, mit Blick auf die Gegenwart unbefangener diskutieren.

DER NACKTE MANN AUF DEM SPORTPLATZ (1973, Konrad Wolf)

Konrad Wolf und sein Drehbuchautor Wolfgang Kohlhaase greifen in DER NACKTE MANN AUF DEM SPORTPLATZ das große Thema des ambivalenten Verhältnisses zwischen Künstler und Publikum, zwischen ausgeprägter Individualität und gesellschaftlicher Gegebenheit auf. Damit haben sie einen Schlüsselfilm geschaffen, der sowohl generelle Widersprüche im öffentlichen Leben der DDR sichtbar macht, als auch die andauernden Binnenkonflikte im DEFA-Studio reflektiert. Dabei wird das Thema in einer Art und Weise verhandelt, die immer wieder zu Verallgemeinerungen herausfordert und damit aus heutiger Sicht ebenfalls eine große Anschlussfähigkeit herstellt.

Eugen Sperschneider, der einstige Meistertorwart des Mergenbacher Fußballvereins, ist plötzlich verstorben. Für die Einwohner des kleinen Ortes war Eugen ein Held, und wie sollte man diesen besser ehren, als mit einem Denkmal. Da fügt es sich gut, dass der in Berlin lebende Bildhauer Herbert Kemmel seinem Heimatort nach wie vor eng verbunden ist. Könnte er nicht die Torwartpersönlichkeit in all ihrer Würde und Dynamik modellieren? Kemmel willigt ein und besorgt sogar eine staatliche Förderung für das Projekt. So weit, so gut. Noch ahnen die Mergenbacher nicht, wie weit ihre Vorstellungen vom Sportlerdenkmal von den Intentionen des Künstlers abweichen.

Kemmel steht kurz vor seinem 40. Geburtstag. Immer wieder wird er mit dem spannungsreichen Konfliktfeld zwischen künstlerischer Arbeit und Publikumsverständnis konfrontiert. Er schafft ein Bodenreformrelief, das bei den Bauern, deren Kantine es schmücken soll, zwar auf Unverständnis, doch immerhin auf Toleranz stößt. Anonym bleibende Funktionäre verbannen das Werk dann in eine Abstellkammer. Er formt einen Porträtkopf, für den er aufwendig nach einem Modell suchen muss. Als er schließlich einen Bauarbeiter findet, der sich zwar anfangs sträubt, die Plastik am Ende aber durchaus akzeptiert, verwirft Kemmel das Ergebnis seiner Arbeit. Ein Maurer, der für den Bildhauer in praktischen Dingen sehr hilfreich ist, wünscht sich vom Meister einen Zierfrosch für einen Springbrunnen. Kemmel erwehrt sich mit großer Nachsicht dieser Zumutung. Dafür schätzt er die naiven Holzplastiken eines Nachbarn ebenso wie die durch die Kulturbürokratie negierten Bilder des Hallenser Malers Albert Ebert.

Kemmels Tante ermahnt ihren Neffen, das Grübeln über die Zeit des Zweiten Weltkriegs endlich einzustellen. Doch der Künstler fragt sich immer wieder nicht nur nach dem Schicksal seines Vaters als Wehrmachtssoldat, sondern vor allem nach dem Widerspruch zwischen den idyllischen Landschaften von Ravensbrück, Buchenwald oder Babyn Jar, einer romantischen Schlucht bei Kiew, und den in diesem Umfeld geschehenen Massenmorden durch die Generation seiner Vorfahren. Kemmel ist kein Mann des Wortes. Seine Fragen, Ansichten und Gefühle sucht er über die robusten Materialien eines Bildhauers zum Ausdruck zu bringen. Das macht weder seiner Frau Gisi noch seinem Sohn den Umgang mit ihm leicht. Ähnlich wie die Leute in Mergenbach, die statt einer naturalistischen Sperschneider-Plastik die Skulptur eines nackten Läufers bekommen, sind sie immer wieder herausgefordert, sich den Menschen Kemmel über dessen Kunst zu erschließen.

Die Grundmotive des Films verdankte Drehbuchautor Wolfgang Kohlhaase seiner Begegnung und baldigen Freundschaft mit dem Bildhauer Werner Stötzer. Beide Künstler hatten ähnliche Fragen an die Welt, deren Antworten sie mit ihrem Schaffen näher kommen wollten. Kohlhaase schätzte an Stötzer besonders, wie dieser in seinem Metier geistige Prozesse durch manuelles Tun an widerstandsfähigem Material zum Ausdruck zu bringen suchte. Anders als in der Literatur kann man hier unmittelbar visuell wahrnehmen, dass das Schaffen von Kunst harte Arbeit ist. Über die Erzählungen von Wolfgang Kohlhaase sah später auch Konrad Wolf in dieser Konstellation einen interessanten Stoff für ein Filmprojekt. Er selbst hatte sich soeben in seinem opulenten Goya-Film mit dem Verhältnis von Kunst und Gesellschaft in historischem Kontext beschäftigt. Hier nun konnten die entsprechenden Fragen im gegenwärtigen Bezugsfeld gestellt werden.

Kohlhaases Drehbuch orientiert sich weitgehend an Lebensepisoden Werner Stötzers, ohne diese zwangsläufig wie tatsächlich geschehen wiederzugeben. Der Bildhauer hatte bereits in der Zeit seiner Ausbildung eine nackte Läuferfigur für das Stadion in Steinach, wo er aufgewachsen war, geschaffen. Für den Film wurde das Motiv ins nahe gelegene Dorf Steinheid im Thüringer Schiefergebirge verlegt. Während in Steinach das Denkmal die Leistungen der Bürger beim Stadionbau würdigen sollte, ging es im Film in Steinheid um das fiktive Idol Sperschneider. Fußballbegeisterung spielte jeweils eine entscheidende Rolle, und eine nackte Figur war auch am realen Ort des Geschehens nicht erwartet worden.

DER NACKTE MANN AUF DEM SPORTPLATZ: Werner Stötzer, Kurt Böwe, Dieter Franke (v. l. n. r.)

Trotz der inhaltlichen Verschiebungen bestanden Regisseur und Autor darauf, wegen der Authentizität ausschließlich an Originalschauplätzen zu drehen. Nur hier schien ihnen das spezielle Verhältnis zwischen dem Künstler und seinen Mitmenschen wahrhaftig erzählbar zu sein. Im Glasbläserort Steinheid wurden die Gassen, der Sportplatz und der Friedhof zu zentralen Drehorten. Viele Bürger, der Chor und die Musikkapelle des Dorfes waren in die Filmaufnahmen einbezogen. Zu erleben ist ein dokumentarisches Figurenensemble, das zahlreiche Spitzendarsteller der DEFA und der großen Berliner Theater geradezu wie Korsettstangen zusammengehalten haben. Höhepunkt dieser Inszenierung ist eine Szene im damals größten Gasthaus des Ortes. Hier wirkt nichts künstlich.

Im Zentrum des Films steht das Atelier des Bildhauers. Stötzer selbst wollte sein damaliges Arbeitsumfeld im Berliner Vorort Altglienicke für die Filmarbeiten nicht räumen. So wurde in der Nähe ein ähnliches Kleinbauerngehöft entsprechend umgebaut. Wenn es auch ausdrückliches Anliegen war, wahrhaftig zu erzählen, so schloss das explizit ein, dass Szenenbildner Alfred Hirschmeier am authentischen Ort mit entsprechenden Gestaltungsmitteln die Szenerie vielfach überzeichnet und damit verdichtet hat. Nach seinen Worten sollte die Dekoration die komplizierten Widersprüche, in denen sich der Künstler befindet, auf spezifische Weise aufnehmen und reflektieren. Werner Stötzer selbst hat im Film die kleine Rolle des Bürgermeisters von Mergenbach übernommen. Wesentlicher aber war sein darstellerischer Beitrag der »arbeitenden Hände«, die auf der Bildebene des Films eine zentrale Rolle einnehmen. Es sind Stötzers Hände. Und hier wird deutlich, was Kohlhaase meinte, als er davon sprach, dass geistiges Tun durch manuelles Handeln sichtbar werde. Der Kameramann Werner Bergmann musste für diese Aufnahmen mit seiner Kamera sehr nah an den arbeitenden Bildhauer heran. Den originalen Gegebenheiten geschuldet, war der Platz dafür sehr eng. Konrad Wolf konnte hier nicht selbst Regie führen, er musste sich insbesondere in diesen Szenen auf die Regiefähigkeiten seines Kameramanns verlassen.

GLÜCK IM HINTERHAUS (1979, Herrmann Zschoche)

Anfang der 1980er-Jahre sind es zwei literarische Vorlagen von Günter de Bruyn, auf deren Grundlage DEFA-Gegenwartsfilme entstehen, die mit großer Genauigkeit subjektiven Befindlichkeiten ihrer Protagonisten nachspüren und dabei exzellente Zeitbilder zeichnen. Für GLÜCK IM HINTERHAUS nach de Bruyns »Buridans Esel« lag das Szenarium von Ulrich Plenzdorf schon seit 1973 auf den Schreibtischen der Studioverantwortlichen. Doch die Satire auf kleinbürgerliche Grundzüge sozialistischer Leitungspersönlichkeiten wurde vielleicht zu persönlich genommen. Erst sechs Jahre später erteilte man unter zahlreichen Korrekturauflagen doch noch eine Drehgenehmigung. Der fertige Film wurde von der Kritik relativ gedämpft aufgenommen. Peter Ahrens schreibt in der »Weltbühne«, dass der Film einschichtig bleibe: »Es fehlen Untertext, Assoziationsmöglichkeiten und die für den Roman so wesentliche Dialektik von Privatem und Gesellschaftlichem.«[56] Aus diesen Worten klingt verständliche Enttäuschung eines Kenners von Günter de Bruyns Literatur. Das Publikum ging weniger befangen an den Film heran, und mehr als 300.000 Zuschauer empfanden einen Kinobesuch als lohnend.

Der Bibliotheksdirektor Karl Erp, wohlsituiert in einer von der Gattin gehüteten Villa lebend, verliebt sich in die Praktikantin Fräulein Broder. Zunächst steigt er geradezu euphorisiert die Treppen zu deren Hinterhofwohnung hinauf. Dort findet er sinnlichen Genuss und lässt sich bewundern. Je mehr aber die junge Frau eigene Haltungen geltend macht und gleichzeitig von ihrem Liebhaber grundsätzliche Entscheidungen erwartet, desto stär-

---

56 Peter Ahrens: Späte Verfilmung, Weltbühne 16/1980, S. 504.

ker kühlen bei Erp die Gefühle ab. Schließlich kehrt er in die Rolle eines im System angepassten Menschen in die Langweile seines biederen Wohlstands zurück. Trotz aller administrativen Eingriffe im Vorfeld der Dreharbeiten zeichnet auch dieser Film ein anschauliches Bild von DDR-Realität. Der optische Kontrast zwischen dem Lebensraum der Praktikantin und dem des Funktionärs symbolisiert weit deutlicher, als verbalisierte Weltsichten das tun, genau jenen Bruch, der sich zwischen der dominierenden Aufbaugeneration und den Nachgeborenen zeigt.

Karl Erp wacht in einer Dachkammer seiner Vorstadtvilla auf. Offensichtlich sucht er nicht mehr die nächtliche Nähe zu seiner Frau im Schlafzimmer. Peter Wilde hat die Kammer aber so gestaltet, dass sie darüber hinaus weit mehr über das Seelenleben des Anfang Vierzigjährigen erzählt. Der Raum ist als Studentenbude gestaltet, in der die Jugendträume ihres Bewohners eingefangen scheinen. Hier gibt es keine üppige Bibliothek, sondern auf einem grobgezimmerten Bord nur Bücher, die unmittelbares Leseinteresse signalisieren. Dazu ein kleiner Schreibtisch und ein Dachfenster, durch das Karl Erp bedeutungsvoll in die Ferne blicken kann.

In der unteren Etage des Hauses dagegen strahlt alles die kleinbürgerliche Gediegenheit eines Menschen aus, der es beruflich geschafft hat. Im Wohnzimmer ein zeitgenössisches Leiterregal mit Platz für Schrankteile und Bücher. Davor steht ein Esstisch mit einer Apfelschale, gegenüber befindet sich eine Couchecke mit Stehlampe. Ein siebenarmiger Leuchter ziert die Decke, an der Wand hängen einige dezente Stiche sowie die Reproduktion eines Gemäldes von Caspar David Friedrich. Alles verrät die ordnende Hand von Erps Frau Elisabeth, die er allerdings ebenfalls eher für einen Einrichtungsgegenstand hält. Große gusseiserne Heizkörper vermitteln, dass hier niemand äußerlich frieren muss. Das übrige Ambiente deutet jedoch überdeutlich auf innere Kälte, die in diesem Haus herrscht. Hier gibt es keine Verankerung zur eigenen Biografie, hier wohnt ein Aufsteiger, der seinen gewonnenen Wohlstand seelenlos präsentiert.

Fräulein Broder, auf die Erps Begehren zielt, lebt in einer klassischen Berliner Mietskaserne im Obergeschoss des Hinterhauses. Wenn er zu ihr geht, wird er mit Lebenswelten konfrontiert, die er im eigenen Milieu leicht ausblenden kann. Hinter Wohnungstüren wird gestritten, Säufer ziehen über den Hof, eine Druckerei ist laut und Kinder lärmen. Doch selbst wenn von diesen Menschen nichts zu hören oder zu sehen wäre, die Szenerie verdeutlicht den sozialen Bruch zu Erps sonstiger Welt. Äußerlich setzt sich die Diskrepanz im Treppenhaus mit verbogenen Briefkästen, abgetretenen Stufen und bröckelndem Deckenputz fort: verschlissene Wandfarben, Elektroleitungen liegen über Putz, das Licht geht immer wieder aus. Ein Telefon hat hier niemand. Deshalb gibt es an den Türen Notizzettel, wo für die Wohnungsinhaber Nachrichten hinterlassen werden können. Auf jedem zweiten Zwischenabsatz befinden sich Türen der Außenklos, die jeweils von den darüber bzw. darunter lebenden Mietern genutzt werden. Die Wohnungstür der Praktikantin ist grob repariert worden. Offenbar wurde sie schon mindestens ein Mal aufgebrochen. Zur Wohnung hin hängt vor der Tür eine Wolldecke, so zieht es nicht so vom Treppenhaus her.

Die Einrichtung Fräulein Broders besteht aus einfachen Erbstücken. Sie ist hier im Haus aufgewachsen. Teilweise wurden Schränke umfunktioniert, damit dort Bücher Platz finden können. Es gibt einen einfachen, mit Zeitschriften und Manuskripten überladen Schreibtisch, einen Couchtisch mit absurdem Tischläufer, eine Stehlampe, ein Radio aus den 1930er-Jahren und einen Kachelofen, der zumindest für den, der sich an ihn anlehnt, wohlige Wärme spendet. Das Bettzeug kommt allmorgendlich von der Schlafliege in eine Korbtruhe, waschen muss man sich in einer Schüssel in der Küche. An den Wänden hängen einige moderne Zeichnungen und Skizzen sowie eine Kopie der Ansicht des Berliner Stadtschlosses, offensichtlich von Adolf Menzel. Es ist eine Unterkunft, wie sie damals viele junge Leute in Ost-Berlin hatten. Man konnte darin wohnen, war in diesen vier Wänden unabhängig, doch ist hier nichts auf Dauer angelegt. Für Karl Erp, der das alles zunächst durch das Filter seiner Geliebten wahrnahm, schien der Ort zunächst wie ein Paradies. Doch der Alltag ernüchtert ihn. Die Chance, von hier aus an anderer Stelle neu anzufangen, kann er nicht ergreifen. Und so versucht er, dorthin zurückzukehren, wo er herkam.

MÄRKISCHE FORSCHUNGEN (1981, Roland Gräf)

Als Roland Gräf zwei Jahre später Günter de Bruyns »Märkische Forschungen« unter Beibehaltung des Titels für das Kino adaptierte, musste er sich glücklicherweise nur weniger Eingriffe von außen erwehren. Entstanden ist ein Film, von dem Klaus Wischnewski als Kritiker schwärmt:

> »MÄRKISCHE FORSCHUNGEN ist für mich Gräfs kräftigster Film – durch die Erzählsubstanz und -struktur, die in sich geschlossen und zugleich offen ist für Weiterdenken, durch die charakterliche und assoziative Potenz des Figurenensembles und der Dialoge, also durch die gesellschaftliche und individuelle Relevanz.«[57]

---

57 Klaus Wischnewski: Abschweifungen zum Thema, Film und Fernsehen 5/1982, S. 17.

MÄRKISCHE FORSCHUNGEN: Hermann Beyer (l.), Kurt Böwe

Für diese Relevanz sind aus Wischnewskis Sicht neben dem Regisseur genauso die hervorragenden Leistungen der Schauspieler sowie die des Szenen- und Kostümbilds verantwortlich.

> »Und die Kamera: (...) Peter Brand erfaßt Alltag nicht alltäglich, sondern macht das gelebte Leben spürbar, märkische Landschaft ist Lebensfeld, in kleinen Räumen wird unauffällig bewegt, intim erzählt, die Professorenvilla wird als Fremd-Raum mit den Augen des Dorflehrers aufgenommen.«[58]

Das hier Gesagte gilt nach wie vor, und so kann man durchaus empfehlen, aktuell sowohl aus cinéastischem als auch aus zeitgeschichtlichem Interesse auf diesen Film zu schauen.

Erzählt wird eine Geschichte, die auf der Metaebene keinesfalls antiquiert erscheint. Der etablierte Wissenschaftler Winfried Menzel hat das Ziel, sich über Forschungen zu einem längst vergessenen märkischen Dichter zu profi-

---

58 Ebd., S. 18.

lieren. Als er dabei auf den Dorflehrer Ernst Pötsch trifft, der ebenso leiden-
schaftlich an dem Autor namens Max von Schwedenow interessiert ist, will
er ihn für seine Interessen einspannen. Doch der Freizeithistoriker möchte
sich nicht an der zeitgemäß gefälligen Uminterpretation des neu entdeckten
Dichters beteiligen. Im Gegenteil: Pötsch nähert sich mit einer immer schlüs-
sigeren Beweiskette der Hypothese, dass Schwedenow identisch mit dem kon-
servativen Autor Friedrich Wilhelm Maximilian Massow ist. Dieser Massow
hatte sich nach den Karlsbader Beschlüssen von 1819 als Handlanger für das
preußische Oberzensurkollegium betätigt. Damit würde sich das kurz vor der
Veröffentlichung stehende Zentralwerk Menzels, in dem er Schwedenow als
revolutionären Geist im Sinne der DDR-Geschichtsschreibung huldigt, erledigt
haben. Das will der Professor unter allen Umständen verhindern. Nachdem
er Pötsch nicht als seinen wissenschaftlichen Schreibknecht ködern konnte,
versucht er, den Konkurrenten mithilfe seiner Machtposition zu desavouieren.

Szenenbildner Dieter Adam wurde für seine Arbeit an diesem Film beim
2. Nationalen Spielfilmfestival der DDR 1982 ausgezeichnet. Er hatte nicht nur
zwei Lebenswelten geschaffen, die vordergründig auf soziale Unterschiede
zwischen den beiden Männern hindeuten, sondern Räume, die genau über
deren Lebensphilosophien erzählen. Ernst Pötsch lebt mit Frau, Kindern, Bruder und Mutter auf dem ehemaligen Kleinbauernhof der Eltern. Der liegt in
der Brandenburger Provinz in einem Dorf, das überwiegend im Regen gezeigt
wird. Alles ist grau, die unbefestigten Straßen sind aufgeweicht. Hier scheint
die Welt zu Ende zu sein. Der Hof, auf dem die Mutter noch ein paar Schwei-
ne und Gänse hält, wirkt desolat. Dächer, Tor oder Türen von Scheune und
Ställen sind defekt. Man könnte das als Zeichen des allgegenwärtigen Ma-
terialmangels verstehen, doch so eindeutig ist es nicht. Immerhin sind zwei
Männer auf dem Hof. Könnten die nicht die Dachrinne richten, wenigstens
provisorisch ein paar Ziegel austauschen oder die Holztüren erneuern? Obwohl in der Familie mehrfach darüber gesprochen wird – sie tun es nicht.
Damit wird eine typische Situation aufgezeigt, wie sie zum Ende der DDR
nicht bloß in Brandenburg vorzufinden war. Die Vergesellschaftung der Land-
wirtschaft hat bei den Menschen tiefe Spuren hinterlassen. Der eigene Hof
war zu lästigem Ballast geworden. Man wollte modern leben und so wurde,
wenn überhaupt, allein ins Wohnhaus investiert.

Bei Familie Pötsch hält sich aber auch das in Grenzen: Elektroherd und
Kühlschrank, Warmwasserboiler über dem Abwaschbecken und ein Fernsehapparat sind angeschafft, ein paar Geranien auf der Außentreppe des Hauses drapiert worden. Ansonsten lebt man in einer Einrichtung, in der schon
die Großmutter als Kind gewohnt haben muss: mit einfachen Fenstern, dem

Plumpsklo auf dem Hof und einer engen Stiege ins Dachgeschoss des Hauses. Mittelpunkt des solidarischen Familienlebens ist die Wohnküche. Hier gibt es ein Buffet, Wandborde mit Vorräten aus dem Garten, Handtuchhalter, ein kleines Sofa, die stillgelegte Kochmaschine und einen runden Tisch, um den sich alle zum Essen und für wichtige Besprechungen versammeln. Der Tisch ist rustikal, aber üppig gedeckt. Dort stehen Lebensmittel, Bier- und Milchflaschen, Töpfe und Teller. Im Raum ist genügend Platz für ein Bügelbrett und zum Blechkuchenbacken vorhanden. Die Wohnstube ist besonderen Momenten wie etwa Besuch vorbehalten. In der Vitrine mit den Glasscheiben steht das »gute« Geschirr. An der Decke hängt eine Schalenlampe, die Tapete ist groß gemustert, die Gardinen sind dicht. Abgerundet wird alles durch klobige Sessel und einen Kachelofen.

Das Schlafzimmer von Pötsch und seiner Frau ist ebenfalls ein Erbstück. Hier schläft man unter dicken Federbetten, die bei schönem Wetter draußen auf der Wäscheleine gelüftet werden. Im Kleiderschrank hängen eng Kleidungsstücke, die bereits in die Jahre gekommen sind. Auf dem Dorf, in dem man festsitzt, braucht man derbe Bekleidung. Barbara Braumann hat eine Auswahl getroffen, über die sich schon die Biografie der Protagonisten erschließen lässt.

Ernst Pötschs Lebensmittelpunkt ist seine Studierstube unterm Dach. Auf einem alten Tisch liegen seine Unterlagen, darüber ein Bücherbord, daneben hängt ein Porträt von Max von Schwedenow. Das gesamte Haus strahlt angenehme Gemütlichkeit aus, doch es bräuchte nicht einmal das Angebot des Professors, nach Berlin zu ziehen, um zu spüren, dass außer der Oma jeder Einzelne sofort bereit wäre, das Alte in der provinziellen Abgeschiedenheit hinter sich zu lassen.

Die Welt des Winfried Menzel kann für Ernst Pötsch dennoch keine Alternative sein. Das erkennt man bereits beim ersten Besuch in Menzels Haus. Der Garten der Villa ist durch ein Eisentürchen gesichert, das man erst nach Kommunikation über eine Sprechanlage passieren kann. Menzel sucht den Gast sofort durch eine Hausführung zu beeindrucken. Dabei geht es eher um Quantität denn um Qualität. Erstes »Ausstellungsstück« ist die Haushälterin, das zweite die Bibliothek. Hier sind nicht nur alle relevanten zeitgenössischen Bücher, sondern Erstausgaben aus verschiedenen Jahrhunderten angehäuft. Originalgrafiken hängen an den Wänden. Im Nebensatz betont der Professor, dass man, wenn man bei anderen in seinen Kreisen Originalkunst sieht, selbst keine Reproduktionen mehr ertragen kann. Sein Arbeitslabor befindet sich im Keller neben Garagenzugang, Heizungsraum und Sauna. Hier gibt es kaum Schmuck. Auf dem Tisch eine Schreibmaschine und in den Regalen seine Manuskripte, die er wie in einem Tresor lagert.

Angesichts seines 50. Geburtstags, zu dem Pötsch und Frau eingeladen sind, entfaltet der eitle Mann seine ganze Egozentrik. Der Tisch ist mit Delikatessen reich gedeckt. Damit zeigt jemand, dass er alles »ranschaffen« kann. Eine Bananenstaude spricht Bände. Menzel sieht sich als Sonne, um die sich alles drehen muss. Selbst dem Minister schneidet er das Wort ab. Seine erste Frau und die gemeinsamen erwachsenen Kinder werden als Dekoration behandelt. Auf dem Geburtstagstisch finden sich neben edlen Schnäpsen diverse Devotionalien der Preußenzeit, ob aus Porzellan oder Zinn. Daneben jedoch fällt ein gerahmtes Foto auf, das Winfried Menzel als enthusiastischen FDJler der Aufbaujahre zeigt. Ein älterer Kollege schenkt ihm zudem eine antiquarische Ausgabe des »Neuen Deutschland«, in der der junge Menzel einst Stalin huldigte. Man nimmt es als Witz.

Dieser Professor Menzel ist ein Emporkömmling, der Aufstieg und Macht genießt. Während Pötsch Erkenntnisgenuss zieht aus Steinen aus der Schwedenow-Zeit, benutzt Menzel seine Forschungsergebnisse, um in erster Linie sich selbst zu feiern. So ein Mensch wird alles tun, damit niemand den von ihm erreichten Status gefährdet. In seinem Wesen ist Menzel ein würdiger Nachfolger der im ironischen Sinne verwendeten Kunstfigur Gottfried von Bouillons, den der Kabarettist Otto Reutter in den 1920er-Jahren als Typus »Neureich« besang:

»Eine Villa hab' ich mir gekauft sogleich, / denn des Menschen Villa ist sein Himmelreich. / Ein verarmter Graf hat sie mir abgegeben. / Sein Wappen ließ ich kleben – aber dicht daneben / steht MEIN Name über meine Tür / und ich stell' mir gerne unter ihr. (...) / In meinen Zimmern liegt ein Teppich auf den andern, / schon vor der Türe dreie, eh' ins Haus wir wandern. / Und auch ›Jobeline‹ könn'n wir nicht entbehren, / beim Portier da draußen sind schon zwei ›Portjöhren‹ / Alles ist aus Seide und aus Plüsch – / der Lateiner sagt: ›Nobleß o plüsch.‹«[59]

Ernst Pötsch kehrt letztendlich in sein Dorf zurück. Es ist wahrlich keine Luxuswelt, aus der er kommt, doch sie ermöglicht ihm Unabhängigkeit und autarkes Denken.

Drost (1985, Claus Dobberke)

Ein DEFA-Spielfilm, der weitgehend aus dem öffentlichen Gedächtnis verschwand, ist Claus Dobberkes Drost nach einem Szenarium von Diethardt Schneider. Der Grund für solcherlei Verdrängen ist relativ schnell zu erklären. Im Zentrum der Filmerzählung steht ein langjähriger Offizier der Nati-

---

59 Siehe: www.otto-reutter.de/index.php/couplets/texte/184-der-kriegsgewinnler.html [25.1.2020].

onalen Volksarmee (NVA), denn Anlass für die Produktion dieses Filmes war der 30. Jahrestag der Gründung eben dieser Armee.

> »Die Produktion des Films, von vornherein als Staatsauftrag gekennzeichnet, unterliegt besonderer Kontrolle: Die Hauptabteilung I des Ministeriums für Kultur (ihre Mitarbeiter tragen militärische Dienstgrade) und das Ministerium für Nationale Verteidigung wachen gemeinsam mit den üblichen Institutionen darüber, daß am Ende herauskommt, was der Wehrerziehung, der positiven Einstellung Jugendlicher gegenüber der Armee dient«, [60]

schildert Elke Schieber im Rückblick die politischen Rahmenbedingungen für das Entstehen dieses Films. Die Abnahme stand schließlich unter Leitung von Generaloberst Heinz Keßler, der in dieser Zeit zum Minister für Nationale Verteidigung aufsteigen sollte. Das sind natürlich keine Referenzen, die aus heutigem Allgemeinverständnis die Rezeption dieses Films empfehlen. Doch sieht man von den beschriebenen Rahmenbedingungen ab und schaut auf den Film, so wie er vorliegt, dann ergeben sich überraschende Entdeckungen. Obwohl hier ein Armeejubiläum gefeiert werden sollte, fehlt weitgehend der bei früheren ähnlichen Anlässen gewohnte vordergründige Propagandapopanz.

Oberstleutnant Jürgen Drost wird nach 35 Jahren aus dem Militärdienst entlassen und soll künftig in jenem Dorf als Bürgermeister arbeiten, in das es ihn 1945 als Flüchtlingskind verschlagen hatte. Als er in dem Ort ankommt, findet er mehr oder weniger trostlose Verhältnisse vor. Die Straßen sind kaputt, die Häuser grau, überall steht irgendwelches Gerümpel herum. Sein Jugendfreund, inzwischen Lehrer mit Parteiabzeichen am Revers, lebt eine rückwärtsgewandte Kleinbürgerlichkeit, in der er sich ein Eigenheim zusammengebastelt hat, der LPG-Vorsitzende interessiert sich allein für die Planzahlen seines Betriebes, der Direktor der Erweiterten Oberschule ist ein Zyniker und die Bauern des Dorfes sind allenfalls beim Bau einer eigenen Brauerei motiviert. Ausgerechnet die Väter dieser Bauern waren es, die 1950 den aus Schlesien vertriebenen Jungen unter Alkohol nötigten, das dörfliche Soll für die Rekrutierung zur »Kasernierten Volkspolizei«, die Vorgängerin der NVA, zu erfüllen. Drost ging nicht freiwillig zum Militär. Zudem ließ er seine pflegebedürftige Mutter in einem Heim zurück.

Die zentralen Ereignisse der Vergangenheit werden in Rückblenden erzählt, so auch in eindrucksvollen Impressionen die Bombennacht von Dres-

60 Elke Schieber: Anfang vom Ende oder Kontinuität des Argwohns. 1980 bis 1989, in: Ralf Schenk: Das zweite Leben der Filmstadt Babelsberg. DEFA-Spielfilme 1946-92, Berlin 1994, S. 312.

den, in der Drosts Schwestern ums Leben kamen und seine Mutter traumatisiert worden war. Eine andere Rückblende erzählt, was es in der öffentlichen Wahrnehmung in der DDR gar nicht geben durfte. Ein Soldat war bewaffnet geflüchtet, er hatte Drost beim Vermittlungsversuch angeschossen. Angedeutet wird auch, dass Offizier Drost Frau und Sohn durch Ehescheidung verlor, weil er Dienstpflichten über das Interesse der Familie stellte. Der Mann hat für die Gesellschaft Opfer gebracht. Nun kommt er in eine ziemlich desolate Welt, angesichts derer sich die Frage nach dem Sinn eigenen Tuns förmlich aufdrängt. Wir sind in der DDR vier Jahre vor dem Mauerfall, und was in diesem Film an Trostlosigkeit gezeigt wird, vermittelt ein ziemlich genaues Stimmungsbild jener Zeit.

Nun kann es nicht das vordergründige Ziel der Militärführung gewesen sein, zum eigenen Jubiläum ausschließlich Traurigkeit zu zelebrieren. Nein, man hatte auch eine Vision. Drost kümmert sich zunächst um seine Mutter und holt sie zu sich nach Hause. Er korrigiert zwar den von der Armee geprägten Sprachduktus, doch die als positiv gezeichnete Auffassung von Disziplin dort will er in sein Bürgermeisteramt übertragen. Der Sohn seines Jugendfreundes ist gleichermaßen intelligent wie renitent. Massiv begehrt der Junge gegen die Verlogenheit, die er beim Vater, in der Schule und überhaupt in der Gesellschaft wahrnimmt, auf. Drost versucht, auf diesen Rebellen in einer ehrlichen Haltung zuzugehen und hat Erfolg damit. Dennoch plagen den Protagonisten immer wieder Selbstzweifel. Die werden durch ein DDR-typisches Klischee aufgelöst. Drost bekommt Besuch von einem sowjetischen Offiziersfreund. Der verabschiedet sich, um an einem anonymen Ort in der Sowjetunion Dienst zu tun, an dem selbst für den Briefträger Zutrittsverbot herrscht. Jetzt weiß der Held, worauf es ankommt. Nicht nur die Kritikerin Renate Holland-Moritz sollte genau das aus dem Film herauslesen:

»Der Film weicht keiner Frage aus, und sei es der bittersten. Und eben deshalb kommt er unaufdringlich und unpathetisch zu der einfachen Antwort, daß es Dinge gibt, die getan werden müssen, auch wenn jene, die sie aus höherer Einsicht tun, von persönlichen Verlusten bedroht sind.«[61]

Und im »Sonntag« hieß es: »Aus der Geschichte gelernt zu haben, heißt, persönliche Konsequenzen zu ziehen, das heißt, die Gegenwart mit diesem Wissen zu leben, um die Zukunft zu retten.«[62] War der Film also als Durchhalteparole gedacht? Sah sich die Armee als potenzielles Stabilisierungselement innerhalb einer aus den Fugen geraten Wirtschafts- und Zivilordnung? Das sind Spekulationen, die allerdings von der Erzählung und vom Kontext her in bestimmter Weise bedient werden. Vor allem wird nochmals ein Grundprinzip des herrschenden ideologischen Denkens deutlich: Gesellschaftliche Belange wurden immer über individuelle Anliegen gestellt. Eine halbe Million Zuschauer hat den Film 1986 – darunter auch in organisierter Form – gesehen. Laut Untersuchung des Leipziger Zentralinstituts für Jugendforschung beurteilte das Publikum das Werk im Durchschnitt mit »Gut«.[63]

Wer sich heute dafür interessiert, was DDR-Gesellschaft ausmachte, der findet in DROST interessante Anregungen. Die Filmbilder sind ernüchternde Dokumente vom Alltag in den 1980er-Jahren. Sie bieten aufschlussreiche Blickwinkel, aus denen heraus man heute erkennen kann, wie in jener Zeit geschichtliche Entwicklung erzählt wurde.

---

61 Renate Holland-Moritz, Eulenspiegel 10/1986.
62 Gerda Paul: Drost. DEFA-Spielfilm von Diethardt Schneider und Claus Dobberke, Sonntag 12/1986.
63 B. Lindner: Kino 86: der DEFA-Film »Drost« und seine Resonanz beim Publikum, Leipzig: Zentralinstitut für Jugendforschung (ZIJ) 1986, www.nbn-resolving.org/urn:nbn:de:0168-ssoar-399395 [26.01.2020].

Schaut man auf DEFA-Gegenwartsfilme, so spiegeln sie trotz und auch wegen der politischen Reglementierungsversuche ein beachtliches authentisches Bild der DDR-Geschichte wider. In Kenntnis um die Anliegen der Protestbewegung 1989 und vom Ende dieses Staates kann man aus den Filmen viele Indizien ablesen, die solche Entwicklungen nachvollziehbar machen. Die postulierten ideologischen Ansprüche wurden zwar als Herausforderung begriffen, doch sie kamen nie in Kongruenz zum realen Leben.

Da war doch noch was ...

Einige DEFA-Gegenwartsfilme aus den beiden letzten Jahrzehnten der DDR erfreuten sich nach Abwicklung des Studios weiterhin einer signifikanten öffentlichen Aufmerksamkeit. Exemplarisch seien DIE BEUNRUHIGUNG (1981, Lothar Warneke), BIS DASS DER TOD EUCH SCHEIDET (1978, Heiner Carow), BÜRGSCHAFT FÜR EIN JAHR (1981, Herrmann Zschoche), SOLO SUNNY (1978/79, Konrad Wolf) oder DIE LEGENDE VON PAUL UND PAULA (1972, Heiner Carow) genannt. Dabei handelt es sich um Arbeiten, die ohne Zweifel zu den cinéastischen Glanzstücken der Babelsberger Produktion gehören. Entsprechend fanden sie in den Folgejahren eine gut nachlesbare publizistische Resonanz. Deshalb wurden sie in diesem Text nicht ins Zentrum der Betrachtung gestellt. Allerdings müssen sie immer mitgedacht werden, wenn man sich auf Grundlage inszenierter Bilder in DEFA-Spielfilmen eine Vorstellung von gesellschaftlichen Entwicklungen und vom Alltag in der DDR machen will.

Abgesehen von formalen Gesichtspunkten fällt auf, dass es sich bei den im gesamtdeutschen Kulturraum vorwiegend beachteten Filmen weitgehend um jene handelt, die bei aller lokaler Verortung einen starken universellen Subtext bedienen und die am ehesten kompatibel mit einer westdeutsch geprägten Gesellschaftserzählung sind. Konkret heißt das, wenn die Filmgeschichte primär auf individuelle Bezüge eingeht, dann stellt sich eine relativ gute Anschlussfähigkeit her. Das zeigt sich etwa in der ausgesprochen lesenswerten Magisterarbeit von Brigitte Zeitlmann zum Frauenbild im DEFA-Film der 1970er-Jahre, die sie 2006 an der Universität Bonn verteidigte. Die Autorin bezieht sich mit ihrem Thema auf die beiden Filme Heiner Carows DIE LEGENDE VON PAUL UND PAULA (1972) und BIS DASS DER TOD EUCH SCHEIDET (1978). Sie hebt hervor:

»In der (...) Individualisierungsphase Ende der sechziger und Anfang der siebziger Jahre lösten sich die Frauen in der DDR von einem eher kollektivistisch patriarchalischen Geschlechterbild und sahen sich als individuelle Subjekte mit einem emanzipierten Selbstverständnis in der ›entwickelten sozialistischen Gesellschaft‹. Für die künstlerische Rezeption ist dieser Individualisierungsprozess besonders interessant, weil er zwei synchron verlaufende Individualisierungsformen beschreibt: Die Suche nach mehr gesellschaftlichen, kulturellen und politischen Freiheiten in Opposition zum DDR-Staat auf der einen Seite und das Streben nach einem eigenen weiblichen Selbstverständnis in Opposition zum patriarchalischen Gebaren der Männer in der DDR auf der anderen Seite. Frauen in der DDR bewegten sich in jenen Jahren in komplexen, oft widersprüchlichen Emanzipationsbewegungen und ›die Frau‹ wurde in den Artefakten der Künste und Medien zum Inbegriff und zur Projektionsfigur der Tauwetterperiode Anfang der siebziger Jahre. Dabei bleiben auch die tragischen Komponenten dieser Individualisierung nicht ausgespart.«[64]

Das ist eine interessante Feststellung, doch sie lässt sich erst richtig einordnen, wenn man andere künstlerische Wirklichkeitsdarstellungen dazu in Bezug setzt. Dabei könnte sich zeigen, dass man der DDR-Realität eher nahekommt, wenn der Begriff »Opposition« etwas weniger und stattdessen der Begriff »Auseinandersetzung« etwas mehr benutzt wird. Wenn sie auch nicht im Zentrum der Handlung steht, für die zentralen Frauenfiguren beider Filme spielt die Arbeitswelt, in diesen Fällen als Verkäuferin, eine wichtige Rolle. Ihr Widerstand richtet sich in erster Linie gegen die sie umgebende Piefigkeit, die sich gern in plumpem Machogehabe der Männer manifestiert.

Auch in SOLO SUNNY (1978/79, Konrad Wolf) sucht sich eine junge Frau innerhalb eines kleinbürgerlichen Milieus zu emanzipieren. Einer politischen Opposition ist allenfalls ihr Freund Ralph zuzuordnen. Mit dieser Figur wird in einem DEFA-Film erstmals jemand aus dem Milieu im Prenzlauer Berg vorgestellt, aus dem sich zum Ende der DDR hin die zentralen Oppositionsgruppen formierten. Ohne Worte wird der Mann durch das von Alfred Hirschmeier gestaltete Szenenbild charakterisiert. Seine enge Altbauwohnung ist mit selbstgebauten Regalen, vollgestopft mit Büchern und Papieren, ausgefüllt. Dazu ein paar Möbel vom Sperrmüll, ein Ofen, ein Plattenspieler und eine Matratze für den notwendigen Schlaf oder gelegentliche Damenbesuche. Hier hält jemand gar nichts von Konsumansprüchen. Die überwiegend älteren Bücher machen deutlich: Die Verlautbarungen der unmittelbaren Gegenwart sind nicht seine Sache. Ralph hört Musik gern unter Kopfhörern und wirkt damit derart entrückt, wie er es im tatsächlichen Leben wohl ebenfalls ist. Ein Egozentriker, der in seiner Andersartigkeit Sunny zunächst fasziniert, von dem sie sich aber energisch trennt, als sie schmerzvoll erfahren muss, dass er eigentlich nur an sich selbst denkt.

Ein anderer Film, der mit starker emotionaler Kraft von der Selbstfindung einer Frau erzählt, ist DIE BEUNRUHIGUNG (1981, Lothar Warneke). Eine Frau, Ende dreißig, wird mit einer Krebsdiagnose konfrontiert. Sie bilanziert ihr Leben und somit indirekt auch jenes der Gesellschaft, in der sie lebt. In dokumentarischen

---

64 Brigitte Zeitlmann-Krüger: Das Frauenbild im DEFA-Film der 70er Jahre. Eine vergleichende Untersuchung zweier Filme von Heiner Carow. Magisterarbeit zur Erlangung des Grades einer Magistra Artium M.A., vorgelegt der Philosophischen Fakultät der Rheinischen Friedrich-Wilhelms-Universität zu Bonn, 2006, Archiv des Autors.

DAS ZWEITE LEBEN DES FRIEDRICH WILHELM GEORG PLATOW: Fritz Marquardt

Schwarz-Weiß-Bildern entfaltet sich zu beiden Gedankenfeldern eine nachdenkliche Grundstruktur, die allerdings nicht zu einem resignativen Fazit führt.

Zehn Jahre zuvor hatte Siegfried Kühn in DAS ZWEITE LEBEN DES FRIEDRICH WILHELM GEORG PLATOW (1973) im Rahmen einer Satire DDR-Realität auf andere Weise in Szene gesetzt. Ein älterer Mann emanzipiert sich angesichts aufkommender technischer Herausforderungen. Der Schrankenwärter Platow muss mit der anstehenden Elektrifizierung der Eisenbahn zurechtkommen. Durch dieses Sujet schafft das Filmteam nicht nur bemerkenswerte Aufnahmen einer längst vergangenen Eisenbahnwelt, der zentrale Konflikt erlangt sogar mit jedem technischen Innovationsschub neue Aktualität.

Mithilfe der Filmbilder lässt sich im Rückblick erklären, weshalb das Gesellschaftmodell der DDR nicht funktionieren konnte, auch erkennt man auf ihrer Grundlage, welch Mühen um gelingendes Leben trotz allem unternommen wurde. Die szenischen Darstellungen ermöglichen uns, zeitgeschichtliche Momente zu deuten. Sie wären weniger eindrucksvoll, hätte die DEFA nicht über eine große Anzahl hervorragender Schauspielerinnen und Schauspieler verfügt, die ihren jeweiligen Filmfiguren eine authentische Ausdruckskraft verliehen haben.

Bildnachweis

Dank

Mein besonderer Dank gilt den Gesprächspartnerinnen und Gesprächspartnern Susanne Hopf, Gabriele Herzog, Barbara Braumann, Dieter Adam und Jürgen Brauer für die Zeit, die sie mir geschenkt haben, und ihre inspirierende Offenheit; Christiane Dorst für die Freigabe diverser länger zurückliegender Gesprächsprotokolle; Dorett Molitor, Katrin Abromeit und Ines Belger vom Filmmuseum Potsdam für die Beratung und Materialbereitstellung; Sabine Söhner, Ralf Schenk und Philip Zengel von der DEFA-Stiftung für die umsichtige Betreuung des Projekts; Brigitte Zeitlmann für den anregenden Gedankenaustausch; Gabriele Funke für das umsichtige Lektorat; meiner Tochter Juliane Felsmann für die Transkription der Gesprächsmitschnitte sowie meiner Frau Barbara Felsmann für vielfältige Motivation, kritisches Hinterfragen und die Schaffung notwendiger Freiräume.

Über den Autor

Klaus-Dieter Felsmann – 1951 in Berlin geboren, Studium der Germanistik und Geschichte. Filmpublizist (u.a. »tv-diskurs«, »Filmdienst« sowie zahlreiche Buchbeiträge) und Autor der in der DEFA-Schriftenreihe erschienenen Bände »Deutsche Kinderfilme aus Babelsberg« (gemeinsam mit Bernd Sahling) und »Klang der Zeiten. Musik im DEFA-Spielfilm – Eine Annäherung«. Er war Leiter der »Buckower Mediengespräche« und Herausgeber der damit verbundenen Publikationsreihe. 2019 erschien in Zusammenarbeit mit der Thüringer Landeszentrale für politische Bildung die Publikation »DEFA-Film in Thüringen gedreht«.

Filmtitelregister

Personenregister

Filmografische Angaben zur DVD-Beilage

EINE SONDERBARE LIEBE

100 min, Farbe, DEFA-Studio für Spielfilme, 1984

Regie und Drehbuch: Lothar Warneke | *Szenarium:* Wolfram Witt | *Dramaturgie:* Erika Richter | *Kamera:* Thomas Plenert | *Musik:* Jürgen Ecke | *Schnitt:* Erika Lehmphul | *Ton:* Horst Mathuschek | *Produktionsleitung:* Manfred Renger

Darsteller/Darstellerinnen:
Christine Schorn | Jörg Gudzuhn | Christa Lehmann | Annemone Haase | Mike Gregor | Franz Viehmann | Peter Sodann | Wilfried Pucher | Carsten Falke